U0802572

决策咨询系列

国家科学思想库

新一代能源系统

（上）

周孝信　等　著

科 学 出 版 社
北 京

内 容 简 介

本书为我国新一代能源系统战略研究的总论部分，涉及我国能源电力发展现状、未来需求、发展前景预测，国内外可再生能源和综合能源系统研究发展概况和趋势，新一代能源系统的运营模式和市场机制，源端大规模可再生能源电力的传输、消纳及转化技术，受端多能互补综合能源系统及其规划运行分析和控制技术，储能技术在大规模可再生能源电力系统中的需求和应用，以及能源互联网技术。本书详细阐述了新一代能源系统的主要目标、形态特征、构建方案，以及运营模式、市场机制和重大技术需求，并提出加快我国新一代能源系统发展的措施和建议，为制定现代能源体系国家战略提供支撑。

本书适合政府、能源与电力领域的企业及研究机构的中高层管理人员、研究人员、高校师生及对相关专业感兴趣的科技工作者阅读。

图书在版编目(CIP)数据

新一代能源系统(上) / 周孝信等著. —北京：科学出版社，2021.12

ISBN 978-7-03-070476-4

Ⅰ. ①新… Ⅱ. ①周… Ⅲ. ①能源经济-研究-中国 Ⅳ. ①F426.2

中国版本图书馆CIP数据核字(2021)第226036号

责任编辑：范运年 / 责任校对：樊雅琼
责任印制：师艳茹 / 封面设计：蓝正设计

科学出版社 出版
北京东黄城根北街16号
邮政编码：100717
http://www.sciencep.com
北京虎彩文化传播有限公司 印刷
科学出版社发行 各地新华书店经销
*
2021年12月第 一 版 开本：720 × 1000 1/16
2024年 1 月第二次印刷 印张：10 3/4
字数：211 000

定价：98.00 元

(如有印装质量问题，我社负责调换)

《新一代能源系统》

专　家　组

组　长：周孝信

成　员：

卢　强	韩英铎	徐建中	杜祥琬	黄其励
邱爱慈	贾承造	余贻鑫	程时杰	李立浧
王锡凡	金红光	郭剑波	刘吉臻	陈维江
何雅玲	宋永华	吴青华	刘建明	李俊峰
吴　云	孙华东	夏　清	张东霞	陈星莺
王秀丽	何继江	胡学浩	李柏青	梁　军
张祖平	马　钊	干中学	应光伟	华　贲
王志峰	胡兆光	沈　江	佟光华	张建华
曾　嵘	李若梅	文劲宇	康重庆	刘超群
马世英	鲁宗相	荆朝霞	姚　伟	

上册编写组

主要编写人员：

周孝信	鲁宗相	赵　强	马士聪	张玉琼
荆逸然	刘应梅	陈紫薇	王铁柱	徐浩田
侯玮琳	张　曦			

前　言

能源是人类赖以生存和发展的重要物质基础，攸关国计民生和国家安全，人类文明的每一次重大进步都伴随着能源的改进和更替。近百年来，人类大量开发使用化石能源，不仅导致传统能源枯竭加速、能源安全问题凸显，更造成环境污染日益严重、极端气候事件频发，人类生存和发展面临重大挑战，探索一条可持续的能源发展之路刻不容缓。

长期以来，我国的能源消费结构仍以煤炭为主，石油对外依存度过高，能源安全和环保问题日益严峻。传统的能源系统是按照不同能源类型划分的，由相对独立的多个子系统构成，其建设以单一系统的纵向延伸为主，如煤炭、电力、天然气等各类能源计划单列、条块分割，各类能源产业都通过自身的规划、建设、投资和运营来确保本能源的供需平衡，然而各能源系统间物理互联和信息交互较少，在技术、体制、机制等方面存在壁垒，包括能源特性不同导致的能源生产与配置环节互联互通的技术壁垒，各系统运营与管理相互独立导致的体制壁垒，市场化程度低导致的转换交易机制壁垒等。

近年来，我国围绕智能电网和综合能源系统开展了一系列研究和示范，但智能电网的研究侧重电网侧和智能微网问题，综合能源系统的研究仅限于用户端小规模系统的能源转换综合利用。未来，发展以智能电网为主干、与信息系统融合、各类能源综合利用的新一代能源系统是我国能源发展的必然趋势，而我国在这方面的研究和探索才刚刚开始。

在调研能源系统国内外现状和发展趋势的基础上，中国科学院学部第五届咨询评议工作委员会第十四次会议于 2015 年 9 月 23 日决定立项开展“我国新一代能源系统战略研究”咨询项目研究工作，项目起止时间为 2015 年 10 月至 2017 年 10 月。由周孝信院士担任项目负责人，卢强、程时杰、王锡凡、贾承造、杜祥琬、余贻鑫、李立浧、韩英铎、金红光、徐建中、黄其励、郭剑波、邱爱慈、刘吉臻、陈维江、何雅玲、宋永华等 17 位院士，及吴青华、李俊峰等海内外资深专家和研究人员共 50 余位专家参与，历时两年时间完成全部研究，并形成了项目技术报告，于 2017 年 12 月提交全部咨询报告。

该系列报告由总报告及七个分篇专题报告组成。报告内容包括我国能源电力发展现状，未来需求和发展前景预测，国内外可再生能源和综合能源系统研究发展概况和趋势，新一代能源系统的运营模式和市场机制，源端大规模可再生能源电力的传输、消纳及转化技术，受端多能互补综合能源系统及其规划运行分析和控制技术，储能技术在大规模可再生能源电力系统中的需求和应用和能源互联网技术。报告提出新一代能源系统是以电力为中心，以电网为主干和平台，各种一次、二次能源的生产、传输、使用、存储和转换装置以及它们的信息、通信、控制和保护装置直接或间接连接的网络化物理系统。新一代电力系统是新一代能源系统的核心组成部分，是新形势下第三代电网和智能电网的概念向综合能源系统的扩展。积极推进电源结构清洁转型，构建新一代电力系统，构建源端基地和终端消费综合能源系统等，是实现我国能源转型、构建新一代能源系统的关键路径。报告详细阐述了新一代能源系统的主要目标、形态特征和构建方案，运营模式、市场机制和重大技术需求，提出加快我国新一代能源系统发展的措施建议，为制定现代能源体系国家战略提供支撑。

本书在项目总报告的基础上，根据项目完成以来国内外能源电力发展的现状及趋势，特别是2020年国家“双碳”目标提出后的新进展，对原报告的内容做了补充和更新。在本书即将付梓出版之际，要特别向咨询项目工作组成员、参与编写本书各章节的专家及所在单位表示最诚挚的感谢，向参与研讨和通过不同方式提出宝贵意见和建议的专家表示最诚挚的感谢。此外还要特别感谢中国电机工程学会、中国电力科学研究院、清华大学、华南理工大学、华中科技大学、河海大学、广西大学等单位，对咨询项目研究工作、咨询报告编撰与本书出版的大力支持。虽然本项目通过成立专题工作组集合了国内外领域内优秀专家，凝聚了国内外专家在本领域的最新成果和共识，在咨询报告和本书编写过程中也多次征求了各方面意见，但由于咨询报告形成距今已有三年时间，虽然本书编写工作组在这三年中也在不断滚动修正完善相关内容，但限于环境迁移性、认知局限性等原因，书中难免存在不足和疏漏，请广大读者予以谅解，并恳请读者提出宝贵意见和建议。

最后，希望本书对促进我国能源电力事业发展及科技进步发挥积极作用，为政府、行业制定相关政策提供有益参考。

作　者

2021年10月1日

目　录

第 1 章　国内外能源电力发展现状和趋势

1.1　国际能源电力发展现状和趋势

1.1.1　世界能源电力生产和消费现状

2019 年世界一次能源消费总量约为 199.23 亿 tce，同比增加 1.3%，低于过去十年的平均增速（1.6%）[1]。2009～2019 年世界一次能源消费量及增速如图 1-1 所示。

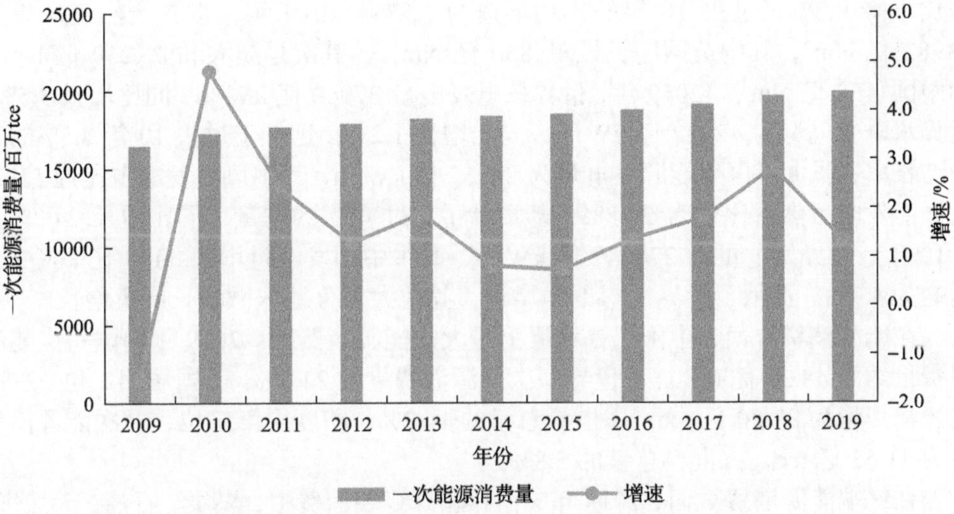

图 1-1　2009～2019 年世界一次能源消费量及增速

2019 年，世界原煤、原油、天然气、核电、水电、非水可再生能源分别占一次能源总消费量的 27.0%、33.1%、24.2%、4.3%、6.4%、5.0%。2019 年世界一次能源消费结构如图 1-2 所示。其中原油在世界一次能源消费中的地位维持不变，而煤炭在能源结构中的占比持续下降，是近 16 年来的最低水平。2019 年世界一次能源增长主要由非水可再生能源和天然气引领，世界非水可再生能源消费增长创下历史性新高（同比增长率 12.2%，增长量 1.07 亿 tce），尤其是风能和太阳能消费量快速增长（同比增长率分别为 12.1%、23.0%），天然气消费同比增长 2%（0.95 亿 tce）。

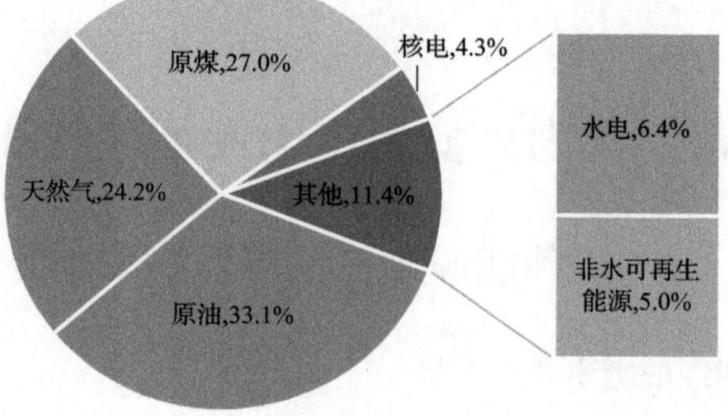

图 1-2　2019 年世界一次能源消费量的品种结构统计图

在能源生产方面，2019 年，世界煤炭总产量为 81.29 亿 t，同比增长 0.5%，低于过去 10 年 1.6%的年均增速。2019 年，世界石油总产量达到 44.85 亿 t，同比下降 0.3%，过去 10 年的年均增速为 1.2%。2019 年，世界天然气产量为 38983 亿 Nm^3，其中美国增长最多（850 亿 Nm^3），其次是澳大利亚（230 亿 Nm^3）和中国（160 亿 Nm^3）。2019 年，世界核电发电量 27960 亿 kW·h，同比增长 3.5%；世界水电发电量为 42222 亿 kW·h，同比增长 1.2%，远低于过去 10 年 2.5%的年均增长率；非水可再生能源发电量为 28055 亿 kW·h，其中风力发电占比近 51%，太阳能发电虽然占比仅为 25.8%，却贡献了超过 40%的增量，同比增长 24.3%。2019 年，世界发电量为 270047 亿 kW·h，其中中国发电量增长 3400 亿 kW·h，增速为 4.7%，贡献了世界 95%的净增量，其他大部分地区微增长或负增长。

在能源消费方面，中国仍是世界上最大的能源消费国。2019 年中国一次能源消费量约为 48.35 亿 tce①，占世界一次能源消费量的 24.3%；美国居第二位，一次能源消费量为 32.30 亿 tce；占世界总量的 16.2%；印度居第三位，一次能源消费量为 11.62 亿 tce，占世界总量的 5.8%。

在终端能源消费方面，2018 年，世界能源终端消费中，煤炭、石油、天然气、电力、热力及其他能源分别占 10.0%、40.8%、16.2%、19.3%和 13.7%。2000～2018 年世界终端能源消费量及增速如图 1-3 所示，2018 年世界终端能源消费结构如图 1-4 所示。

1.1.2　世界能源电力发展趋势

在气候变化和能源安全等问题的长期压力下，未来世界能源发展将面临重大转型，总体都趋向大力开发利用可再生能源，减少化石能源的过度依赖，并在发展社会经济的同时努力降低能耗。根据国际能源总署（International Energy Agency，IEA）、美国能源信息管理局（Energy Information Administration，EIA）、日本能源经济研

① BP《2020 年统计年鉴》数据，与我国《2019 年国民经济和社会发展统计公报》有一定差异。

究所(The Institute of Energy Economics of Japan，IEEJ)、英国石油公司(British Petroleum，BP)的预测，未来世界一次能源需求总量如表 1-1 所示[1]。

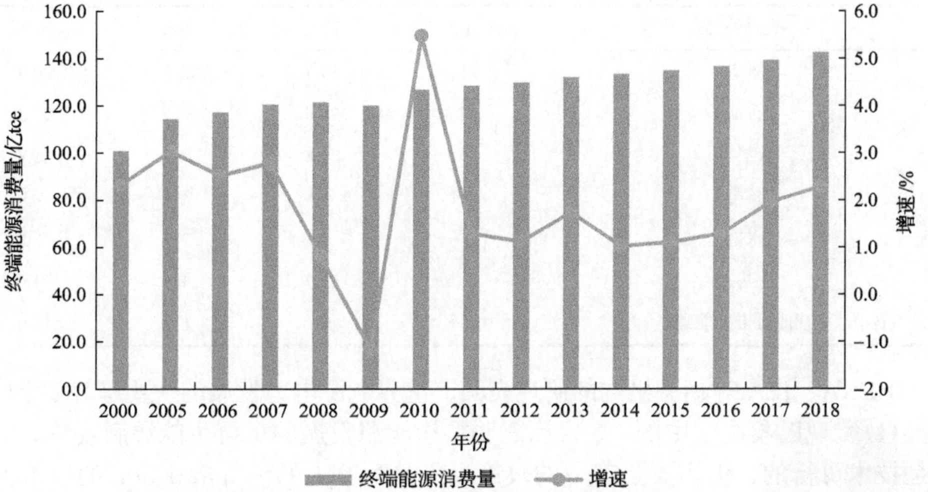

图 1-3　2000～2018 年世界终端能源消费量及增速

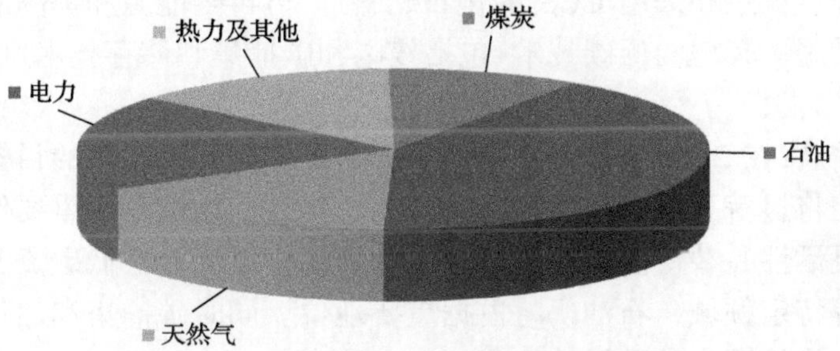

图 1-4　2018 年世界终端能源消费结构

表 1-1　未来世界一次能源需求总量　　(单位：亿 tce)

预测机构	预测基准	2025	2030	2040	2050	年均增速
IEA	204.5(2018 年)	222.0	233.0	253.2	—	1.0%
EIA	223.2(2018 年)	239.4	253.9	286.2	327.9	1.2%
IEEJ	199.6(2017 年)	—	236.6	256.9	268.0	0.9%
BP	193.0(2017 年)	218.1	229.9	255.2	—	1.2%

根据国网能源研究院 2020 年最新预测结果，在加快转型情景下，2025 年世界一次能源需求将达到 209 亿 tce，2035 年将达到 222 亿 tce，2050 年将达到 223 亿 tce。

能源结构方面，各机构预测趋势一致，均认为未来煤炭和石油的比重继续降低，天然气和非化石能源的比重提高。IEA、EIA、IEEJ 和 BP 对 2040 年的世界一次能源需求结构预测如表 1-2 所示。

表 1-2 各机构对 2040 年世界一次能源需求结构预测 (单位：%)

能源种类	IEA	EIA	IEEJ	BP
煤炭	21.3	19.7	23.7	20.3
石油	27.8	26.6	30.2	27.2
天然气	25.1	21.8	26.1	25.8
核电	5.1	4.2	4.5	4.3
水电	3.0	—	2.5	7.0
生物质	10.3	27.7	1.3	—
其他可再生能源	7.4	—	8.5	15.4

IRENA、IEA 等相关机构的研究表明，世界能源电力发展的主要趋势如下[2-6]。

(1)实现巴黎协定中的 2℃目标需要重构能源发展的可再生能源新场景，该场景是技术可行的，但需要强有力的政策、极具竞争力的碳价格和显著的技术创新支撑。2050 年能源供给结构中在可再生能源场景(REmap)下，70%是低碳能源(包括可再生能源、核能和采用 CCS 的化石燃料)。可再生能源和提高能效将是最具潜力的减排措施，其他的低碳技术(包括核电和碳捕集和储存技术)也将发挥十分重要的作用。

(2)化石燃料在 2050 年仍然不可或缺。为了实现气候改善的目标，化石能源中煤炭的使用将显著下降。天然气将会在能源转型中继续发挥重要作用，以保证电力系统的灵活性并替代高碳排放的燃料。石油将会部分被低碳资源取代，但在如石化行业等特定领域，石油仍将占据重要地位。同时碳捕集和储存技术在电力和工业部门中将发挥愈发重要的作用。

(3)能源转型需要稳定和长期的价格信号，以实现低碳技术在经济上的竞争性，价格变化的延迟将会显著增加搁浅资产和投资需求。

(4)能源行业的转型将跨越从电力生产到终端用能等环节。电动汽车将在客运和货运交通中占据主导地位。可再生能源除了在电力领域的发展还将扩展到供热及交通领域。在一些特定的终端用能领域，廉价、可靠、可持续的生物质能将会是替代现有能源的最佳选项。

(5)在向可持续能源转型的长期过程中，技术的革新将处于核心地位。对于技术创新，短期及未来大规模的研究、开发、示范和部署将会有助于关键技术的实现及成本的下降。现有技术难以完全满足减排的需求，电动汽车、储能电池等目前未在市场中大规模应用的低碳技术在能源转型中将发挥重要作用，这些技术创新必须靠政策、制度建设及新的商业模式等提供支持。

(6)2050年可再生能源场景(REmap)预测中，可再生能源供给将占全球一次能源供给的三分之二，为了达到这个目标需要所有可再生能源技术共同发展。在终端用能方面，光热和生物质能成为增长主力，而在电力领域，风电和光伏增速最快。预计大多数可再生能源发电技术的装机容量年增长率在 10%以下，只有小部分技术的装机容量年增长率将达到 20%左右。

(7) 在发电装机容量上，光伏发电将增长最快。2030 年光伏装机将达到 1760GW，光伏发电量将占全球发电量的 7%，2025 年集中式光伏发电的平准化成本将较 2015 年下降一半以上。

(8) 新型的储能方式将助力波动性可再生能源发电量的大幅增长。储能可以增加电力系统的灵活性，在时间和空间尺度上调节能源供需。众多储能技术中，由于电动汽车市场的迅速扩大及波动性可再生能源大量接入，储能电池在近些年增速最快。储能电池的容量将从目前不足 1GW 发展到 2030 年的 250GW，同时成本也将显著下降。以锂电池为例，其装置成本已经降到了 350$/kW·h(比 2010 年下降了 65%)，且预计在未来 10 年内降到 100$/kW·h 以下。

(9) 电力系统中可再生能源比例的增高使灵活性调节服务的需求增多，传统的电力市场设计不能反映这种服务的真实成本和价值，美国、英国等都开始进行相关的研究，改进电力批发市场的设计。

(10) 新一代能源系统中电、气、热等多种能源在生产、消费侧的耦合程度增加，要求能源系统进行综合、统一的规划和运行优化，许多国家的机构开始研究电力、天然气、碳等多种能源相关产品的联合交易市场模型和机制。

1.2　我国能源电力发展现状和趋势

1.2.1　我国能源电力生产和消费现状

1. 一次能源生产和消费现状

根据国家统计局发布的年度公报，2019 年中国一次能源消费总量为 48.6 亿 tce，同比增长 3.3%，占世界一次能源消费的 24.3%。

化石能源方面，截至 2019 年底，中国煤炭查明资源储量 17182.6 亿 t，2019 年产量 27.23 亿 t，消费量 27.87 亿 t，占世界煤炭消费量的 51.7%；中国石油剩余技术可采储量 35.5 亿 t，2019 年中国石油产量 1.91 亿 t，消费量 6.96 亿 t，占世界原油消费量的 14.6%，进口原油 5.05 亿 t，对外依存度已经高达 72.7%。中国天然气剩余技术可采储量 5.97 万亿 m^3，2019 年中国天然气产量 1761 亿 m^3，消费量 3073 亿 m^3，占世界天然气消费量的 7.8%；中国页岩气查明资源储量 3841.8 亿 m^3；中国煤层气查明资源储量 3040.7 亿 m^3。

非化石能源方面，2019 年中国核电装机容量 4874 万 kW，占全球发电总装机容量的 2.4%，核电消费量为 3487 亿 kW·h，占世界核电消费 12.5%；2019 年底，全国水电总装机容量达到35640万kW，水电装机占全国发电总装机容量的17.7%，2019年全国水电发电量约1.3万亿kW·h，占全国发电量的17.8%；中国气象局发布《2019年风能太阳能资源年景公报》表明，全国地表平均水平面总辐射年辐照量约为1470.9kW·h/m^2，其中西部太阳能电站可开发总量超过15亿kW，分布式光伏可开发总量达7.5亿kW，截至2019年底，我国光伏发电累计装机容量2.05亿kW，占全部发电装机容量的10.2%，是全球光伏发电装机容量最大的国家，年发电量2238亿kW·h，占全部发电量的3.1%；中国气象局发布《2019年风能太阳能资源年景公报》表明，全国陆面70m高度年平均风速约5.5m/s，年平均风功率密度约为232.4W/m^2，陆面风能资源技术可开发量为26亿kW，近海5亿kW，2019年，风电累计并网装机容量达到2.1亿kW，占全部发电装机容量的10.4%，风电发电量4057亿kW·h，占全部发电量的5.5%。

2. 电力生产和消费现状

表1-3、表1-4分别给出了2020年我国主要电源装机容量、发电量及占比。截至2020年底，全国发电装机总容量达到22.01亿kW，其中煤电、气电、水电、核电、风电、太阳能、生物质能发电装机容量分别为107992万、9802万、37016万、4989万、28153万、25343万、2952万kW，水电、核电、风电、太阳能、生物质发电等非化石能源发电装机占比44.74%，风电、太阳能装机总容量超过5.3亿kW。2020年全年我国发电量约7.62万亿kW·h，非化石能源发电占比达33.9%，风电、太阳能发电占比达 9.54%。煤电在我国电源结构中仍然占据主导地位，装机容量占比49.1%，发电量占比60.8%。

表1-3 2020年我国主要电源装机结构①

装机类型	煤电	气电	水电	核电	风电	太阳能	生物质
装机容量/万kW	107992	9802	37016	4989	28153	25343	2952
装机占比/%	49.1	4.5	16.8	2.3	12.8	11.5	1.3

表1-4 2020年我国主要电源发电量分布②

装机类型	煤电	气电	水电	核电	风电	太阳能	生物质
发电量/(亿kW·h)	46316	2485	13552	3662	4665	2611	1326
占比/%	60.8	3.3	17.8	4.8	6.1	3.4	1.7

图1-5给出了2015～2020年我国电源装机容量、发电量的变化，并给出了年

① 装机占比是根据该类电源装机量/年底总装机量计算，其中年底总装机量为中国电力企业联合会《2020年全国电力工业统计快报》中数据22.0058亿kW(含此表中未列出的部分其他火电装机)。

② 发电量占比是根据该类电源年发电量/全国年发电总量计算，其中年发电总量为中国电力企业联合会《2020年全国电力工业统计快报》中数据7.6236万亿kW·h(含此表中未列出的部分其他火电发电)。

度增长率。总体来看，近 5 年来我国发电装机容量、发电量以每年约 5%～10%的增速稳步增长。在 2020 年，受到新冠疫情的影响，我国发电量增速有所放缓，相比于 2019 年仅增长 4%，但装机容量增速却创 5 年来的新高，达到 9.5%。

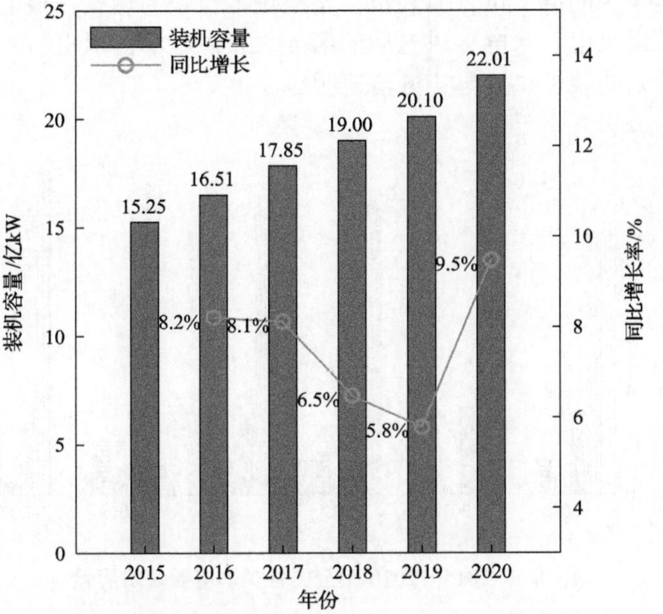

(a)

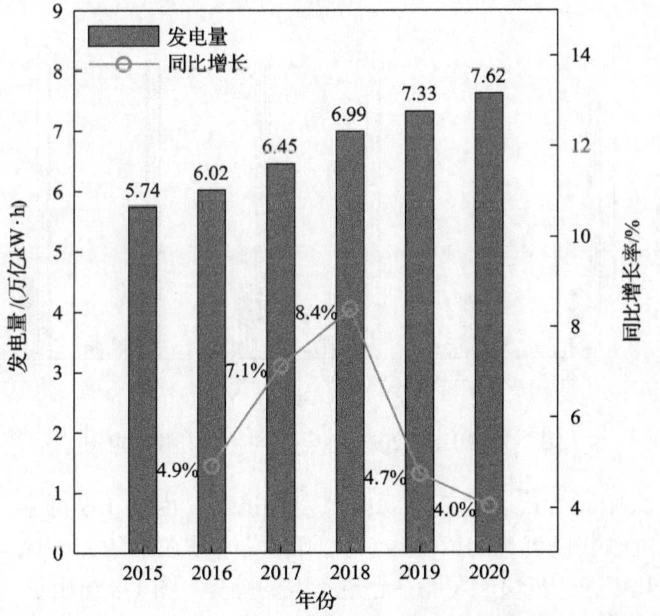

(b)

图 1-5　2015～2020 年全国总装机、发电量以及同比增长率

图 1-6、图 1-7 分别给出了各类型电源的装机容量、发电量变化趋势，图中从左到右分别为火电、水电、核电、风电及太阳能。可见，直到 2020 年，火电，仍然在装机、发电结构中占据主导地位，近年来仍在增长，但增速有所放缓。水电位于我国电能来源的第二位，但装机、发电量增长较为迟缓。核电稳步发展，连续 6 年为我国继火电、水电、风电后的第 4 大发电电源。风电、太阳能等波动性新能源在近年来的装机、发电容量增速明显。

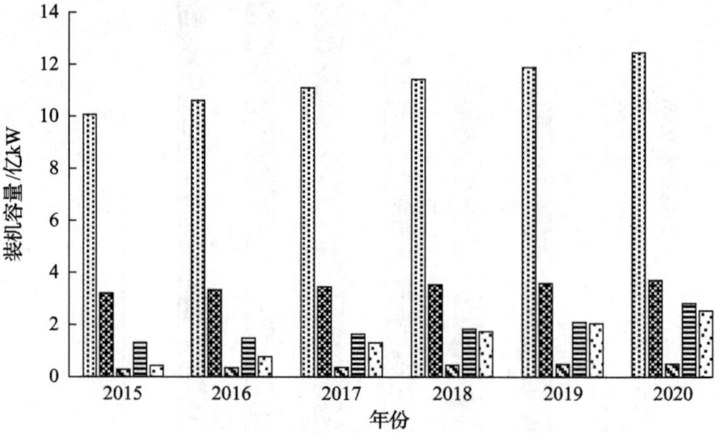

图 1-6　2015～2020 年全国各类型电源装机容量

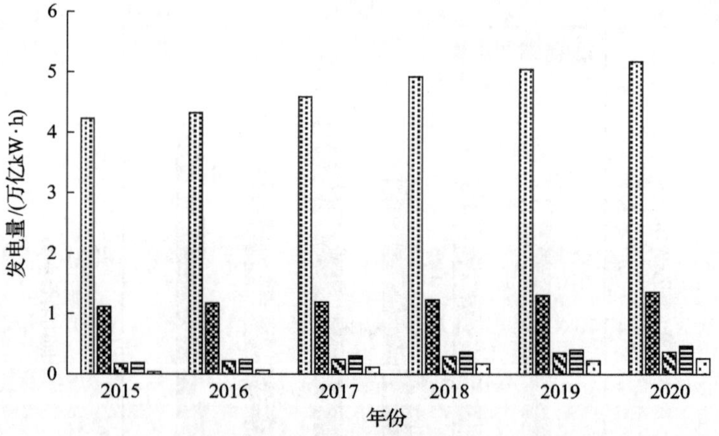

图 1-7　2015～2020 年全国各类型电源发电量

以风电、太阳能为代表的新能源电源发展迅猛。由图 1-6 可见，风电已经连续 6 年排在我国发电装机容量的第三位，太阳能发电排在第四位，风电、太阳能装机容量有在未来几年进一步快速发展并超过水电的趋势。图 1-8 给出了 2015～2020 年我国风电、太阳能装机总容量发展趋势。由图 1-8 可见，近 5 年来，我国风电、太阳能装机容量发展迅速，风电、太阳能总装机容量从 2015 年的 1.73 亿 kW 增长为

2020 年的 5.35 亿 kW，同比增长率在约 15%～30%。2020 年，尽管受到新冠疫情的影响，风电、太阳能企业装机并网的热情不减，风电、太阳能总装机容量相较于 2019 年增长 1.22 亿 kW，涨幅为 29.4%。为实现 2030 年风电、太阳能装机总容量达到 12 亿 kW 以上的战略目标，风电、太阳能装机容量增长速率应不低于 6700 万 kW/年。

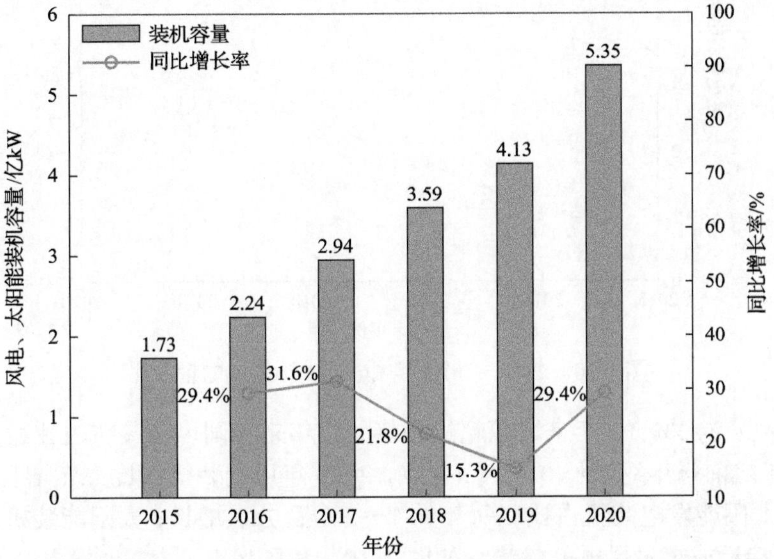

图 1-8　2015～2020 年风电、太阳能装机容量以及同比增长率

风电、太阳能装机容量占比发展趋势如图 1-9 所示，发电量占比发展趋势如图 1-10 所示。由图 1-9，我国风电、太阳能总装机容量占比从 2015 年的 11.4%增长

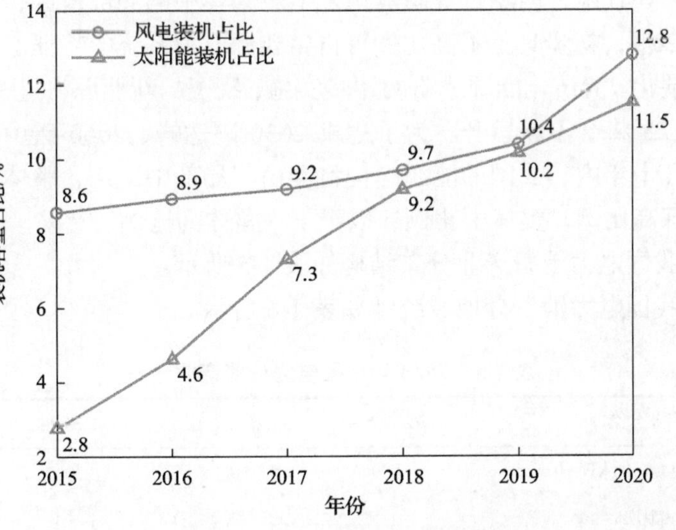

图 1-9　2015～2020 年风电、太阳能装机占比

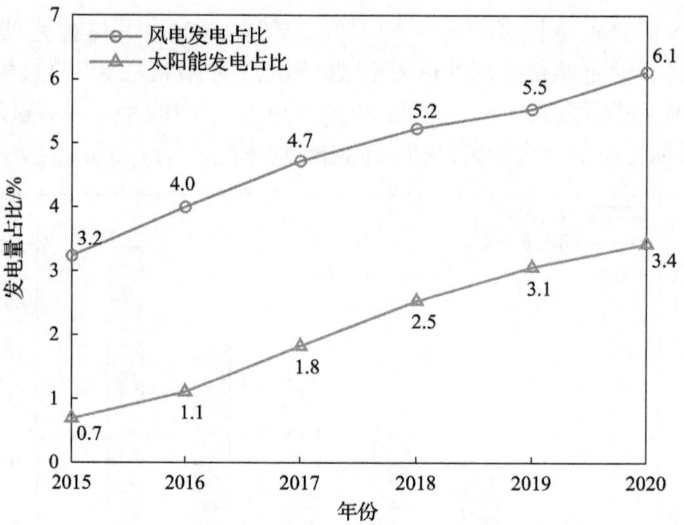

图 1-10 2015～2020 年风电、太阳能发电量占比

为 2020 年的 24.3%，5 年来增幅超过一倍。近年来我国风电装机占比稳步增长，在 2019 年之前每年约增长 0.5 个百分点，2020 年风电装机占比突然增长了 2.4 个百分点；太阳能发电装机占比以每年约 1～2 个百分点增长；太阳能装机容量有在未来几年接近或超过风电的趋势。如图 1-10，我国风电、太阳能发电总量占比由 2015 年的 3.9%增长为 2020 年的 9.5%，其中风电发电量占比为 6.1%，太阳能为 3.4%。风电发电量占风电、太阳能总发电量的比例约为三分之二。

目前，无论是从装机容量角度还是发电量角度，我国整体的新能源发展取得了长足进步，在甘肃、内蒙古等新能源发电较为集中的局部地区，新能源发电量占比已超过 20%，初步具备了高比例可再生能源电力系统的特征。

随着低碳化、清洁化能源战略的逐步实施，我国的新能源将进一步快速发展，风、光装机容量将会不断攀升。为了达成 2030 碳达峰、2060 碳中和的目标，在未来十几到几十年内，我国的能源结构将会由“局部中比例，整体低比例”逐步过渡到“局部高比例，整体中比例”以至于“整体高比例”。

2020 年我国电力消费产业分布结构如表 1-5 所示。

2020 年我国电力消费分地域统计如表 1-6 所示。

表 1-5 2020 年我国电力消费产业分布

产业分类	第一产业	第二产业	第三产业	城乡居民
全年用电量/(亿 kW·h)	859	51215	12087	10950
占比/%	1.1	68.2	16.1	14.6

表 1-6　2020 年我国电力消费地域分布

地区	东部	中部	西部	东北
全年用电量/(亿 kW·h)	37464	17762	15641	4243
占比/%	49.88	23.65	20.82	5.65

3. 终端能源消费现状

图 1-11 是我国 2010～2017 年终端能源消费分布情况[①]。能源终端利用主要分为工业、生活消费、交通运输三个领域。目前工业为我国终端主要能源消费领域，一直占据首位，但从 2010 年占比 69.4%到 2017 年占比 64.8%，略有下降；生活消费占比则稳步提升，从 2010 年的 3.45 亿 tce(11.3%)提升到 2017 年的 5.76 亿 tce(13.2%)。

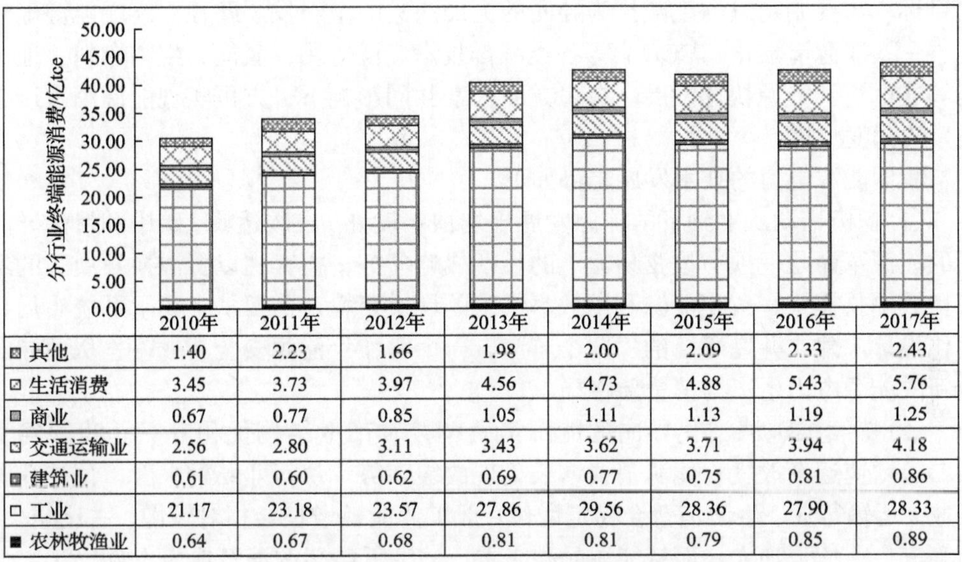

	2010年	2011年	2012年	2013年	2014年	2015年	2016年	2017年
其他	1.40	2.23	1.66	1.98	2.00	2.09	2.33	2.43
生活消费	3.45	3.73	3.97	4.56	4.73	4.88	5.43	5.76
商业	0.67	0.77	0.85	1.05	1.11	1.13	1.19	1.25
交通运输业	2.56	2.80	3.11	3.43	3.62	3.71	3.94	4.18
建筑业	0.61	0.60	0.62	0.69	0.77	0.75	0.81	0.86
工业	21.17	23.18	23.57	27.86	29.56	28.36	27.90	28.33
农林牧渔业	0.64	0.67	0.68	0.81	0.81	0.79	0.85	0.89

图 1-11　中国能源终端消费发展情况(2010～2017 年)

1.2.2　我国能源电力发展趋势

提高可再生能源占比，提升能源效率和提高能源消费侧电气化水平相结合，对于成功实现能源转型和降低与能源有关的 CO_2 排放至关重要。随着我国现代化建设的持续推进，我国经济总量不断扩大，将需要更多的能源以支持不断提高的

① 数据来源为中国国家能源局统计数据，行业划分方法与 IEA 有一定差异，我国行业划分是按独立法人企业进行划分的，某一行业的能源消费统计口径指该行业在生产运行过程中产生的能耗，IEA 是根据能源最终用途进行划分。

生产生活水平，虽然短期内化石能源仍将是我国能源消费的主体，但为保证能源的可持续发展，我国能源结构将不断优化调整，可再生能源将逐渐成为主导，未来我国能源电力的发展将呈现新的趋势。

(1)终端能源消费电气化水平加速发展。充分利用电能高效、节能、清洁的特点，创新能源消费模式，以电能替代煤炭、石油等化石能源，最大限度地提高电能在终端能源消费中的比重，将推动全社会电气化水平持续较快上升。

(2)“双高”电力系统成为能源清洁低碳化发展的主要承载平台。新能源发展提速，高比例可再生能源电源和高比例电力电子接口装备接入电力系统，从而形成“双高”电力系统新形态。电网智能化程度和系统调节能力不断增强，推动电力系统源网荷储协调利用程度逐步加大。

(3)深度减排目标带来全新的路径挑战和技术创新机遇。大量的中长期能源战略研究表明，现有政策及加速发展情景都无法实现预期的控制全球温升 2℃以内的目标，需要制定以深度减排为导向的更加激进的全新发展路径。终端能源电气化、一次能源清洁化、CCUS 等各类减排技术广泛应用，氢能、生物燃料、地热能等非电清洁能源快速发展。在多方面因素共同影响下，方可实现能源消费产生 CO_2 的深度减排。

我国能源电力的技术发展趋势如下。

(1)积极推动从上到下的能源发展规划顶层设计。在碳达峰、碳中和目标导向下的能源革命是一项“改弦易辙”的长期战略任务，摒弃“以资源换发展”的经济粗放增长模式，改变能源利用效率低下的现实窘境，需要从上到下系统布局、优化设计，建立并完善新的“四个革命、一个合作”能源安全新战略，从而导向全新的能源电力生产与消费新格局。

(2)持续推进清洁化导向的能源消费调控和产业结构优化升级。我国经济(GDP)增速逐渐放缓，能源消费增长呈现放缓态势。从行业结构来看，预计我国工业、运输行业、生活消费会稳定增长，但工业能耗增长会相对较慢，占比减少，而第三产业比重加大；而从能源品种来看，清洁低碳能源消费成为主流。

(3)长距离大容量输电技术和工程建设能力将进一步持续提升。我国资源负荷逆向分布，大型可再生能源基地远离负荷中心，新能源将呈现集中并网、远距离传输的特性，为满足能源资源在更大范围内优化配置的安全性和经济性的要求，未来长远距离输电能力和输电技术水平将持续提升。

(4)随着风光可再生能源资源的更进一步大范围开发利用，未来西部仍会保持我国重要能源基地的地位。受输电走廊、受端电网接受能力等条件的制约，西部大规模风电、太阳能发电的开发利用的需求有可能远超西电东送的能力。在此情况下，西部风光电通过电制气的方式制成氢气，并进而与西部能源化工企业碳捕集的 CO_2 合成制取可长期储存、便于运输的甲烷、甲醇等气体、液体燃料和化工原料，除满足本地使用外，与“西电东送”一起实现绿色低碳能源的“西能东输”。

(5)分布式能源作为实现供需互动的重要发展模式之一，已从探索启动阶段向快速发展和技术提升阶段转化。自2015年来，我国先后批复了23个多能互补集成优化示范工程、28个新能源微电网示范工程等系列试点，分布式能源相关技术研究和示范全面开花，并不断探索成熟的应用模式。依据《中华人民共和国国民经济和社会发展第十四个五年规划和2035年远景目标纲要》，“坚持集中式和分布式发展并举”是促进中东部地区清洁能源高效开发利用的有效途径，是现代能源体系不可或缺的重要组成部分。随着分布式电源并网、多能源耦合规划及优化调度、分布式能源交易运营等技术发展和商业模式创新，充分挖掘终端设备的自适应并网和就地管控能力，将促进实现海量分布式电源并网，电、气、冷、热多时间尺度过程的协同运行，为用户提供高可靠、定制化、双向互动的电力供给与增值服务，提升能源利用效率。

(6)能源互联网成为智能电网的下一代发展目标，基本概念、关键技术研究迅速成为热点。为满足能源绿色化和用能高效化的需求，涵盖供电、供热、供冷、供气、电气化交通等多系统的能源互联网将逐步示范应用，未来以智能电网和多能互补为核心，融合信息技术、物联网、人工智能技术的能源互联网络将全面形成。

(7)电力市场交易体系初步形成。发用电计划有序放开，并形成市场化的投资和成本回收机制，保证电力市场的可持续发展；逐步建立和完善现货市场，优化实时调度，充分反映灵活性服务的价值，提高资源配置效率、增加系统消纳可再生能源的能力；增量配网逐步发展，实现对电网的标杆管制，提高电网效率；售电公司发展、转型，市场主体多样化，终端能源综合管理水平和综合能效进一步提高。

(8)人工智能(AI)在能源电力系统的应用成为新的热点。2017年7月国务院印发《新一代人工智能发展规划》，将构建泛在安全高效的智能化基础设施体系作为重点任务之一，提出促进形成支撑多能源协调互补、及时有效接入的新型能源网络，推广智能储能设施、智能用电设施，实现能源供需信息的实时匹配和智能化响应。《中华人民共和国国民经济和社会发展第十四个五年规划和2035年远景目标纲要》将“加快数字化发展，建设数字中国”作为独立篇章，明确了“云计算、大数据、物联网、工业互联网、区块链、人工智能、虚拟现实和增强现实”等7大数字经济重点产业，并将“智慧能源”作为10大数字化应用场景之一，促进能源行业整体数字化水平提升。未来借助先进信息和智能化技术手段，基于物联网等基础设施及AI中台、知识中台、数据中台等数字化平台，将推动能源发展模式及业态创新，支撑构建多元用户广泛参与、供需双方灵活互动、清洁能源高效利用的能源发展体系。

1.3　国内外能源电力发展的机遇与挑战分析

当今人类社会面临能源安全和气候变化的严峻挑战，传统能源发展方式难以为继，可再生能源大规模利用，互联网、新能源等技术蓬勃兴起，推动了能源清洁化、低碳化、智能化发展。

国际能源发展整体进入深度转型期。世界主要国家均加速调整能源结构和转变能源开发利用模式，加快向绿色、多元、高效的可持续能源系统转型。美国、德国、丹麦等国都提出了 2050 年可再生能源占发电比例 80%～100%的发展目标。主要发达国家能源战略调整和技术变革取得成效：美国以页岩油气革命为标志的能源独立战略取得重大突破；欧盟建立了全球最大的碳排放总量控制交易体系；日本大力推进技术革新和产业升级，其能源消费强度降到全球平均水平的三分之一，处于世界领先。

加快可再生能源的开发利用，实施能源生产和消费革命，推进新一代能源系统的发展成为我国能源革命的必由之路。目前我国可再生能源发展已经走在了世界前列，以中国为首的新兴经济体在全球能源发展中的作用和地位日益凸显。但在能源安全问题仍然突出的同时又涌现出很多新问题，环境保护压力成为整个能源电力系统发展的刚性约束，而我国能源分布和消费地区极度不均衡、部分地区电网基础设施相对薄弱、经济水平相对落后等客观问题的制约依然长期存在，随着可再生能源装机规模的不断增加，对电网构建、电力输送、智能化调控和可再生能源高比例消纳提出了更高要求。

1. 新国内外环境下的能源新安全观

在能源需求增速放缓、环境约束强化、碳排放限制承诺的新形势下，我国能源发展进入结构多元化、科技创新驱动的新阶段，我国的能源安全也具有了新的内涵，即建立互利合作、多元发展、协同保障的新的能源安全观，实现能源“供得上”“买得起”和“环境友好”。

互利合作是我国能源，尤其是油气资源高对外依存度现实背景下“国际合作”的核心，多元发展是能源生产革命实现多类型能源尤其是可再生能源快速发展、实现能源结构转型的关键途径，协同保障则包含了国际国内协同、不同能源类型之间的协同双层含义。

“供得上”的关键在于能源结构调整，降低对化石能源的依赖，大力发展可再生能源，构建可持续的能源供给体系；“买得起”则依赖于技术的进步和市场机制的引入，抑制不断走高的能源价格；“环境友好”是所有类型能源未来发展的刚性约束。同时，在新一代能源系统的构建中，强调节能和提高能源利用效率，实现能源消费总量控制到较低的水平，这是保障国家能源安全的关键途径之一。

2. 碳为核心的环境刚性约束

我国独特的资源禀赋和利用方式，已经导致了能源和环境矛盾的激化。环境承载能力接近极限。2019年中国CO_2排放量为9825.8百万t，同比增长3.4%。

2015年11月30日，中国在联合国气候大会中承诺，“有信心和决心”在2030年使单位国内生产总值CO_2排放量比2005年下降60%～65%。2020年9月22日，进一步提出“CO_2排放力争于2030年前达到峰值，努力争取2060年前实现碳中和”的目标。2019年中国碳排放强度比2005年下降48.1%，超过了2020年碳排放强度比2005年下降40%～45%的目标，扭转了CO_2排放快速增长的局面。但我国碳排放总量仍然较大，从2020年到2030年碳达峰目标年，仅有10年窗口期，从预计的碳达峰时间到碳中和的时间只有约30年，明显短于欧洲国家的50～60年，兑现承诺的压力巨大。

3. 电力系统面临的挑战

电网是能源资源优化配置的重要平台和服务经济社会发展的重要基础设施，是新一代能源系统的核心组成部分。在新能源蓬勃发展、多类型能源互联互通的背景下，电网发展面临巨大的挑战，尤其灵活性、安全性和经济性、分布式能源并网三个方面，涉及技术、经济和政策等多项问题。

(1)灵活性挑战。电源结构不合理(火电为主，可调节性水电机组占比低)，燃油燃气机组等柔性发电机组占比低，缺乏辅助服务市场等机制激励其发展；储能的大规模应用尚不具备条件；缺少推动智能电网环境下的需求响应技术即自动需求响应的激励机制；光热发电尚不具备技术和经济上的竞争力。

(2)电网运行的安全性和经济性挑战。大规模新能源集中并网、远距离传输，电力系统转动惯量减小，调频能力下降，抵御故障能力降低；系统动态支撑水平降低，电压稳定、过电压控制、宽频振荡等安全问题越来越突出；波动性电源接入带来电力系统潮流变化不确定性高，同时带来系统安全风险加大及线路利用率低等问题。

(3)分布式能源并网挑战。随着风能、太阳能发电成本下降，分布式电源本体技术装备水平不断提升，分布式光伏、光伏扶贫等相关政策及市场引导，我国近年来分布式能源开发规模不断扩大，应用场景逐步多元化。分布式能源开发受地区经济、环境和资源限制，接入分布不平衡，易带来电网局部负荷过重、协调运行复杂性提高等挑战；分布式能源并网引起继电保护适应性、反孤岛运行控制等方面的问题，同时可能造成电压波动、不平衡、频率偏差、电压闪变及产生谐波等电网电能质量的影响。

4. 能源市场面临的挑战

迫切需要建立适应高比例可再生能源、多元能源紧密耦合的能源市场机制。风能、太阳能、储能、微网、多能互补系统等技术迅速发展，包括我国在内的世界各国已经建设了多个示范工程。目前这些技术的发展和示范工程的建设大多依赖政府不同形式的补贴，需要研究建立合适的商业模式，通过相关的市场体现其真正的价值，承担相应的成本，实现能源系统长久的、可持续的发展。

多个能源市场的联合运行机制尚不完善。随着多能互补、微网等系统的发展，天然气、电力的联合规划运行，以及环境约束的加强，能源系统中多个市场孤立运行的弊端越来越突出，需要研究电、气、碳排放协调一致的市场运行机制。

参 考 文 献

[1] 国网能源研究院有限公司. 2020 国内外能源与电力发展比较分析报告[M]. 北京: 中国电力出版社, 2020.

[2] International Renewable Energy Agency (IRENA). Reaching zero with renewables: Eliminating CO_2 emissions from industry and transport in line with the 1.5℃ climate goal 2020[R]. IRENA, 2020.

[3] International Renewable Energy Agency (IRENA). Rethinking energy, 2017[R]. IRENA, 2017.

[4] International Energy Agency (IEA). Perspectives for the energy transition[R]. IEA, 2017.

[5] International Energy Agency (IEA). Status of power system transformation-power system flexibility, 2019[R]. IEA, 2019.

[6] International Energy Agency (IEA). Power systems in transition challenges and opportunities ahead for electricity security[R]. IEA, 2020.

第 2 章　新一代能源系统的内涵和建设发展目标

2.1　我国发展新一代能源系统的背景概述

当前世界能源电力发展进入了一个重大转型期，各国都在探索可持续的能源发展之路，根据气候条件、能源资源、用户需求和经济实力综合制定能源战略，并规划国家能源系统。

一直以来，我国能源结构以煤为主，煤炭、电力、天然气等各类能源计划单列、条块分割，缺乏有效的能源市场配置方式，导致国家及地区能源供给和传输系统规模的大与小、电源开发布局的集中与分布长期难以平衡，各类能源转换效率的综合优化被忽视。当前，在加快推进转变经济发展方式的时代背景下，推动能源生产革命、消费革命、技术革命、体制革命，将成为中国能源发展的必由之路。

近年来，我国围绕智能电网和综合能源系统开展了研究和示范。智能电网的研究侧重电网侧的控制和运行问题，未涉及如何利用能源转换优化、综合利用技术以高效解决可再生能源弃风、弃光的难题；综合能源系统的研究仅限于用户端小规模系统的能源转换综合利用，未考虑电网的骨干作用，特别是在高比例可再生能源接入电网的情况下如何构建新型综合能源网的技术方法和运营机制。智能电网和综合能源系统的研究需要统筹考虑，相辅相成。发展以智能电网为主干、与信息系统融合、各类能源综合利用的新一代能源系统是我国未来能源发展的必然趋势。

2016 年末，我国政府集中出台了系列规划，对我国现代能源体系的 2020 年、2030 年发展目标进行了清晰界定，并展望了 2050 年的发展趋势。从 2016 年起到 2050 年，在 35 年的时间内，我国将实现能源转型的战略目标为：以可再生能源逐步替代化石能源，实现可再生能源等清洁能源在一次能源生产和消费中占更大份额，推动能源转型，建设清洁低碳、安全高效的现代能源体系，建成可持续发展的新一代能源系统。在建设新一代能源系统的过程中，核心是实现最大限度开发利用可再生能源和最大程度提高能源综合利用效率两大关键目标。

2016 年 12 月 29 日，国家发展和改革委员会、国家能源局印发《能源生产和消费革命战略（2016—2030）》，明确了我国 2021～2030 年的能源生产与消费目标，并展望 2050 年。

2021～2030 年期间我国能源生产与消费发展目标的关键指标如下。

（1）能源消费总量控制在 60 亿 tce 以内。

（2）非化石能源占比达到 20%左右。

（3）天然气占比达到 15%左右。

（4）新增能源需求主要依靠清洁能源满足，初步构建现代能源体系。

（5）非化石能源发电量占全部发电量的比重力争达到 50%。

展望 2050 年，我国能源消费总量基本稳定，非化石能源占比超过一半，建成现代能源体系。

2020 年 9 月 22 日，在第 75 届联合国大会期间，中国提出将提高国家自主贡献力度，采取更加有力的政策和措施，CO_2 排放力争于 2030 年前达到峰值，努力争取 2060 年前实现碳中和。

2020 年 12 月 12 日，气候雄心峰会上中国宣布了国家自主贡献一系列新举措和具体目标。到 2030 年，中国单位国内生产总值 CO_2 排放将比 2005 年下降 65%以上，非化石能源占一次能源消费比重将达到 25%左右，森林蓄积量将比 2005 年增加 60 亿 m^3，风电、太阳能发电总装机容量将达到 12 亿 kW 以上。

2021 年 3 月 15 日，中央财经委员会第九次会议上明确了“十四五”是碳达峰的关键期、窗口期，需要落实几项重点工作，其中第一项任务就是“要构建清洁低碳安全高效的能源体系，控制化石能源总量，着力提高利用效能，实施可再生能源替代行动，深化电力体制改革，构建以新能源为主体的新型电力系统”。这是国家层面第一次提出“以新能源为主体的新型电力系统”的未来电网蓝图新概念。

在这一系列国家战略规划指导下，新一代能源系统的发展蓝图和关键技术途径有了明确的导向性。

2.2　我国新一代能源系统的定义及关键特征

2.2.1　新一代能源系统的定义和框架结构

建立清洁、低碳、安全、高效的新一代能源体系是新一轮能源革命的核心目标。新一代能源系统是以电力为中心，以电网为主干和平台，各种一次、二次能源的生产、传输、交易、使用、存储和转换装置以及它们的信息、通信、控制和保护装置直接或间接连接的网络化物理系统。

新一代能源系统是新形势下第三代电网[1]和智能电网的概念向综合能源系统的扩展。与传统能源系统相比较，新一代能源系统的主要特征有：①实现可再生能源优先、因地制宜的多元能源结构；②集中分布并举、相互协同的可靠能源生产和供应模式；③各类能源综合利用、供需互动、节约高效的用能方式；④面向全社会的平台性、商业性和用户服务性。

新一代能源系统的总体结构包括三部分。

(1)源端基地综合能源系统。主要面向我国西部，内容包括：各种大型可再生能源基地通过直流电网优化互补，充分发挥西电东送的能力，力争安全高效输送电力4.5亿～5.5亿kW；除向中东部输电外，在源端规模化发展可再生能源转化为可储存、可运输、可分布式利用的其他能源形式，如氢、甲烷、甲醇等；在源端大力发展清洁高耗能产业，除电力应用外，根据工业用能需求，实现多能互补，提高能效，降低企业用能成本。

(2)终端消费综合能源系统。主要面向我国中东部，内容包括：各类开发区、区域、城市综合利用电网电力、分布式光伏和分散风电、天然气、地热等清洁能源资源，清洁、高效解决建筑、交通、工业、居民等全方位用能需求。在我国经济最发达、用电用能最多的地区，推动综合能源系统的发展，促进我国能源消费整体能效大幅度提高，将能源消费总量控制到较低水平，降低能源强度，推动形成“低能耗、高效率”的可持续发展方式，提高我国经济的国际竞争力。

(3)大容量能源传输系统。包括采用新一代能源电力传输技术的西电东送、西气(天然气和可再生能源电制气)东输，以及清洁液体燃料的车辆运输系统，从而实现远距离大范围的资源能源优化配置。

2.2.2　新一代能源系统和新一代电力系统

在新一代能源系统的构建中，电力系统占据了关键的位置。非化石能源在一次能源消费中的占比是我国能源转型的主要指标。一次能源消费中非化石能源主要来自一次电力(水电、风电、太阳能发电等可再生能源电力以及核电等)。大幅提高非化石能源电力占比，形成非化石能源为主的电源结构，是电力系统转型、建设新一代电力系统的重要标志，也是实现能源转型的主要支撑。

能源转型中的新一代电力系统，具有突出的新特征：①高比例可再生能源广泛接入；②高比例电力电子装备广泛应用；③多能互补的综合能源电力系统成为主要的用电/用能形式；④“互联网+”智慧能源为核心的能源互联网极大改变电力系统的运营业态模式。

1. 以电为中心的能源形态

全球范围内电气化水平持续较快提升。根据IEA的能源统计数据，1980～2017年，全球电能占终端能源消费的比重从10.9%增至18.9%，上升近一倍。

全球主要国家和地区的分品种和分部门终端能源消费结构分别如表2-1和表2-2所示。

表 2-1　1980 年和 2017 年全球主要国家和地区的分品种终端能源消费结构

（单位：%）

地区	1980 年					2017 年				
	煤炭	石油	天然气	电力	热力及其他	煤炭	石油	天然气	电力	热力及其他
全球	13.1	45.6	15.2	10.9	15.2	10.5	41.0	15.5	18.9	14.1
美国	4.3	52.6	25.7	13.3	4.1	1.12	49.17	22.78	21.14	5.79
加拿大	2.8	51.6	23.4	16.8	5.4	1.36	45.70	24.29	22.33	6.32
墨西哥	2.4	60.2	19.5	7.5	10.4	2.79	59.66	12.37	19.11	6.07
巴西	2.2	51.8	0.9	10.6	34.5	3.35	45.00	5.39	18.82	27.45
英国	10.8	45.4	28.4	15.4	0.1	1.67	43.44	30.09	20.31	4.48
法国	6.1	61.8	13.6	12.7	5.7	1.85	43.89	19.30	24.35	10.61
德国	19.8	49.3	13.5	13.6	3.9	3.16	41.46	24.39	19.66	11.34
俄罗斯	—	—	—	—	—	5.51	24.76	33.88	13.41	22.45
中国	44.6	11.9	1.3	4.3	37.9	33.25	25.78	6.60	23.86	10.51
印度	14.4	15.3	0.4	4.5	65.5	17.11	33.07	6.11	16.93	26.79
日本	10.9	67.5	2.5	19	0	7.43	51.59	10.24	28.31	2.43
韩国	31.1	59.9	0	9	0	4.70	53.15	12.10	24.56	5.49
印度尼西亚	0.2	34.8	4.8	1.1	59.1	6.42	41.73	8.49	11.05	32.31

表 2-2　1980 年和 2017 年全球主要国家和地区的分部门终端能源消费结构

（单位：%）

地区	1980 年					2017 年				
	工业	交通	居民	商业及其他	非能利用	工业	交通	居民	商业及其他	非能利用
全球	—	—	—	—	—	29.0	28.9	21.2	8.1	2.2
美国	29.5	32.4	16.4	13.8	7.8	17.2	41.1	16.1	13.6	1.4
加拿大	32.3	28.6	18.2	13.4	7.5	23.3	31.3	17.0	13.1	3.5
墨西哥	33.7	34.6	16.9	7.2	7.6	30.5	42.0	14.5	3.2	3.5
巴西	36.6	26.8	21.8	9.1	5.6	34.8	37.3	11.0	5.5	4.6
英国	29.9	23.1	27.4	14.2	5.4	18.0	32.6	29.0	12.7	1.1
法国	29.2	21.5	16	23.9	9.5	18.1	29.4	25.0	15.3	2.7
德国	31.7	17.8	22.1	19.2	9.2	24.8	25.4	24.5	15.1	0.0
俄罗斯	—	—	—	—	—	30.6	19.6	25.5	8.1	1.9
中国	38	4.8	48.7	6.3	2.1	49.4	15.6	16.7	4.3	2.2
印度	23.9	9.6	56.2	7	3.3	34.7	16.6	29.4	4.1	4.8
日本	39.3	23.3	11.1	14	12.3	29.5	24.2	15.7	16.9	1.7
韩国	33	15.3	29.6	12.4	9.8	26.4	19.5	11.7	11.6	1.4
印度尼西亚	13.6	12	70.1	1.8	2.4	25.9	28.4	36.9	3.5	1.4

从表 2-1 数据可知，煤炭和石油占终端能源消费比重下降，电力占比显著提高。1980～2017 年，全球煤炭和石油占终端能源消费的比重分别下降 2.6 个、4.6 个百分点，电力占比上升 8 个百分点。

中国能源体系是以煤炭消费为主的，化石能源消费整体呈现减煤增油的消费趋势，煤炭在终端能源消费比重大幅度下降，下降了 11.35 个百分点，而随着交通和工业消费的增加，石油在终端能源消费占比大幅度上升，提升了 13.88 个百分点。电力消费的增长最显著，提升了 19.56 个百分点。

从表 2-2 数据可知，全球终端能源消费增量主要来自交通、工业和居民。2017 年，随着全球工业化和城镇化持续推进，工业和交通能源消费对终端能源消费增量的贡献为 57.9%；居民能源消费随着收入上升而增长，对增量的贡献为 21.2%，上述三个部门占终端能源需求的比重约 80%。另外，交通、工业和居民的能源消费增量，很大程度与用电量的增长是正相关的，即以电力作为主要用能形式成为越来越普遍的发展趋势。

2017 年中国的终端能源消费中，工业、交通和居民用电分别占 49.4%、15.6% 和 16.7%，合计达 81.7%。图 2-1 给出了 2017 年我国的能流图。工业、交通、建筑是我国终端能源消费的三大主要领域，且终端能源消费的能源形式中，电能消耗超过其他各类能源形式。

2. 以电网为主干和平台的能源系统构架

图 2-2 给出了新政策图景关于 2050 年世界能流图的预测，从中可以看到，可再生能源主要将转化为电能利用，电网将成为能源传输和配置的主干和平台。当然，为适应可再生能源集中式和分散式的不同开发模式，电网的互联和输送能力，不仅仅包括远距离大容量的高压输电能力，也包括配电网、微电网等就地网络对分散式可再生能源电源的消纳能力。

电网互联的技术方案选择(交流或直流)关键取决于其应用目的，典型场景有远距离低成本输送、异步电网互联、能源基地集中送出、可再生能源并网等。未来电网互联技术主要包括特高压交直流输电技术、柔性直流输电技术、多端直流输电技术、直流电网技术等。在我国资源负荷逆向分布的特点下，从能源资源更大范围内优化配置的角度及我国未来能源流向角度来看，在相关新型输电技术(超导输电、超导综合输能管道等)未取得重大突破之前，以超/特高压交、直流输电技术互联的全国电网模式将得到进一步加强。

分布式电源、电动汽车的规模化接入和应用对配电网造成广泛影响，主动配电网作为一种具有主动控制和运行能力的配电网，具有 4 个主要特征：①具备一定分布式可控资源；②较为完善的可观可控水平；③包含实现协调优化管理的管控中心；④可灵活调节的网络拓扑结构。主动配电网作为目前配电网领域的研究

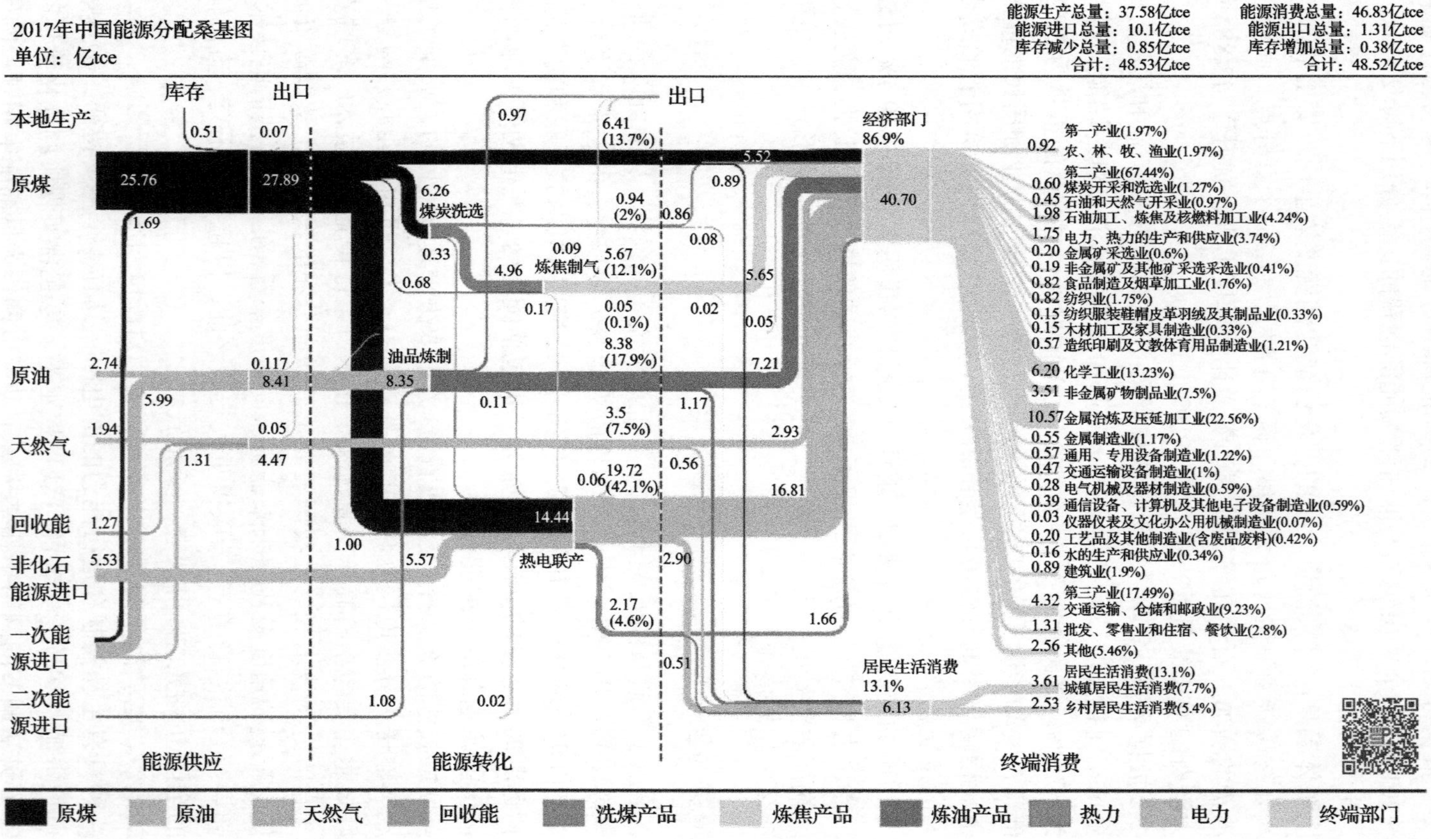

图2-1　2017年中国能流图[2](彩图扫二维码)

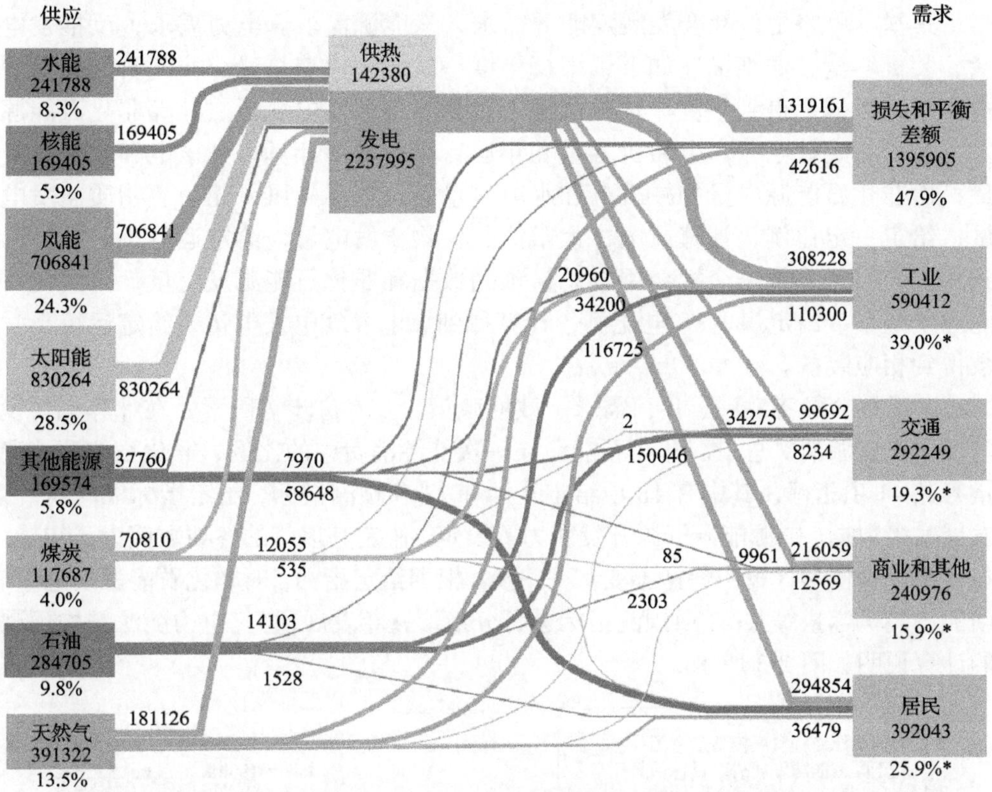

图 2-2　2050 年世界能流图预测

资料来源：IEA《世界能源投资(2016)》、《世界能源展望 2016》，数据单位为万 tce

重点，是实现大规模间歇式可再生能源并网运行控制、电网与充放电设施互动、智能配用电的有效解决方案，将成为未来配电网发展的必然方向。

考虑到未来终端能源需求中将有部分用能形式为冷暖热气，冷热电联供的受端多能互补综合能源系统也将成为一种典型的形态。

2.3　基于能源战略目标的我国未来电源结构估算

2.3.1　基于能源战略目标的电源结构估算模型

本节建立一次能源消费结构转型目标(其中主要指标包括一次能源消费总量、非化石能源在一次能源消费中的占比等)与发电能源结构变化的关联模型，对我国 2030 年、2035 年和 2050 年的电源结构场景进行估算。基准场景取 2020 年我国电力系统实绩数据，并以我国能源战略规划中确定的发展目标为背景能源场景。

其基本思路是以社会发展定能源需求，从能源需求算电力需求，反推发电量、装机容量。详细描述如下：根据年度一次能源消费总量、非化石能源消费占比预测数据，得到年度非化石能源消费量，根据发电煤耗法计算非化石能源发电量；给定核电、水电装机容量和年运行小时数，计算得到核电和水电发电量；由非化石能源电量扣减核电和水电电量，计算得到风、光、生物质总发电量，给定一定比例，计算风电、太阳能、生物质发电量，给定运行小时数，得到相应装机量；根据全社会用电总量预测数据和非化石能源发电量，得到化石能源发电量，给定煤电/气电比例，计算得到煤电、气电发电量，给定运行小时数得到相应装机。

考虑社会经济发展、负荷需求、政府政策、技术进步等因素，在计算中共设定了一次能源消费总量、非化石能源在一次能源消费中的比例、非化石能源消费量等共 41 项指标，其中有 18 项给定指标和 23 项预测指标。给定指标根据政策、发展实绩数据、电源能源资源开发能力等设定，假定其逐年的各项数值为已知量，在各类发展情形计算中保持不变。进一步，根据给定指标，对非化石能源发电量、新能源装机容量等共 23 项预测指标进行分情形逐年发展预测。电力能源结构预测的计算说明如图 2-3 所示。

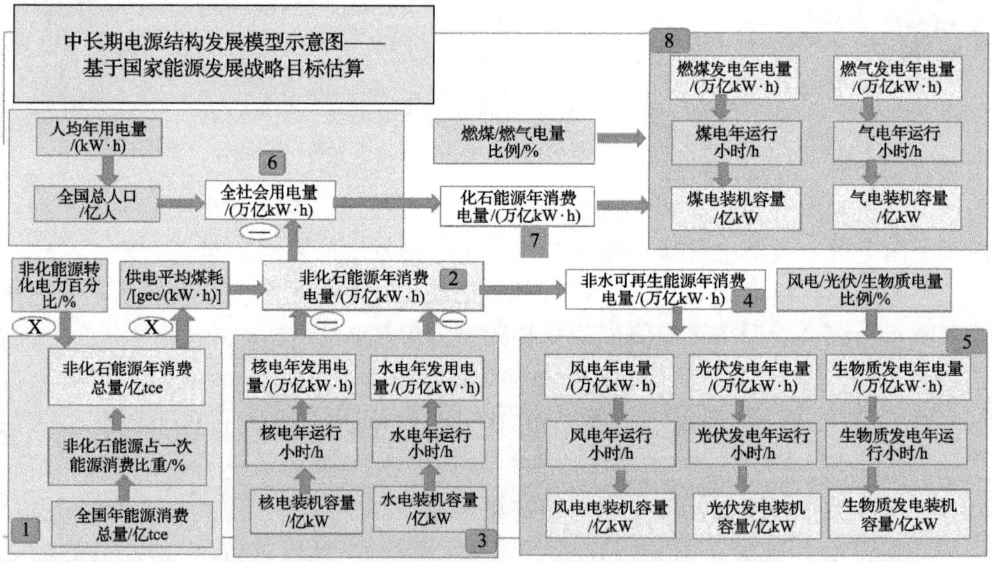

图 2-3　基于能源战略目标的电源结构估算模型

2.3.2　近中远期电源结构估算

2020 年我国发电装机容量 22.0058 亿 kW，各类型电源装机容量（单位：亿 kW）

及占比如图 2-4 所示。非化石能源发电装机 9.845 亿 kW，占总量的 44.7%，其中风电、太阳能发电装机合计 5.35 亿 kW，占 24.31%[3,4]。

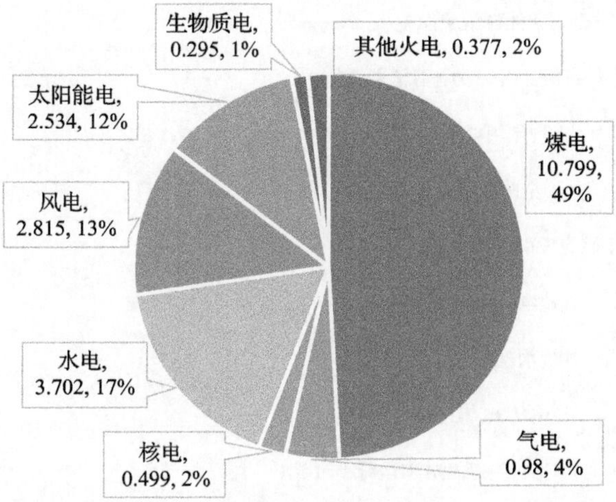

图 2-4　2020 年全国发电装机容量及各类型电源占比

2020 年我国年发电量 7.623 万亿 kW · h，各类型电源发电量(单位：万亿 kW · h)及占比如图 2-5 所示。其中，非化石能源发电量 2.582 万亿 kW · h，占总量的 33.86%，风电、太阳能发电量合计 0.7276 万亿 kW · h，占 9.54%[3,4]。

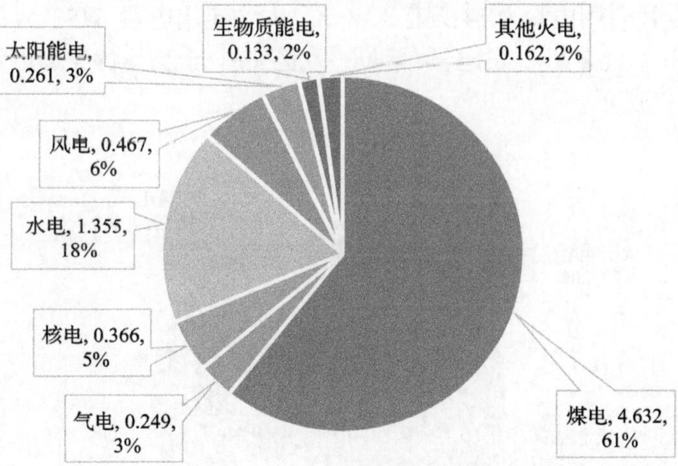

图 2-5　2020 年全国发电量及各类型电源占比

根据国家统计局《2020 年国民经济和社会发展统计公报》和中国电力企业联合会《2020 年全国电力工业统计快报》统计数据，确定用于 2020 年电力系统基准场景的参数如表 2-3 所示。

表 2-3 2020 年电力系统基准场景的参数

指标名称	参数值
全国年能源消费总量/亿 tce	49.8
非化石能源占一次能源消费比重/%	15.8
人均年用电量/(kW·h)	5327
全国总人口/亿人	14.1
当年燃煤发电平均煤耗/[gec/(kW·h)]	305.5
核电装机容量/亿 kW	0.5
常规水电装机容量/亿 kW	3.7
核电/水电年运行小时/h	7453/3827
风电/光伏/生物质等发电年运行小时数/h	2073/1281/4492
燃煤/燃气发电年运行小时数/h	4340/2618
风电/光伏/生物质电量比例/%	55/30/15
燃煤/燃气发电量比例/%	95/5

模型计算得到的 2025 年(近期)我国能源消费总量 55 亿 tce，非化石能源消费比重 20%，全社会用电量 9.14 万亿 kW·h，人均年用电量 6458kW·h，电力系统装机容量(单位：亿 kW)、发电量(单位：万亿 kW·h)及其各类型电源占比分别如图 2-6 和图 2-7 所示。

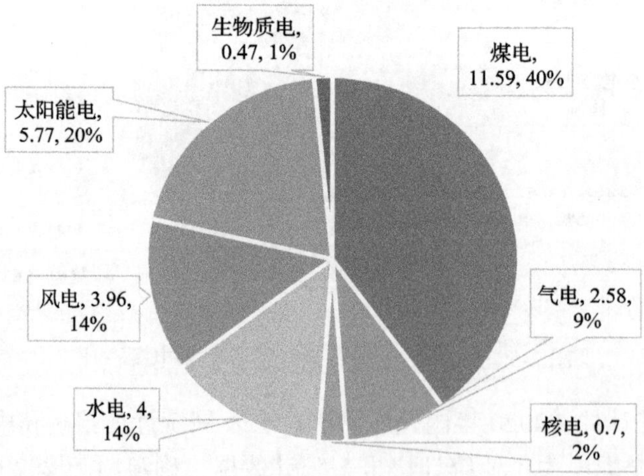

图 2-6 2025 年能源目标方案的电力系统场景装机容量及其占比估算

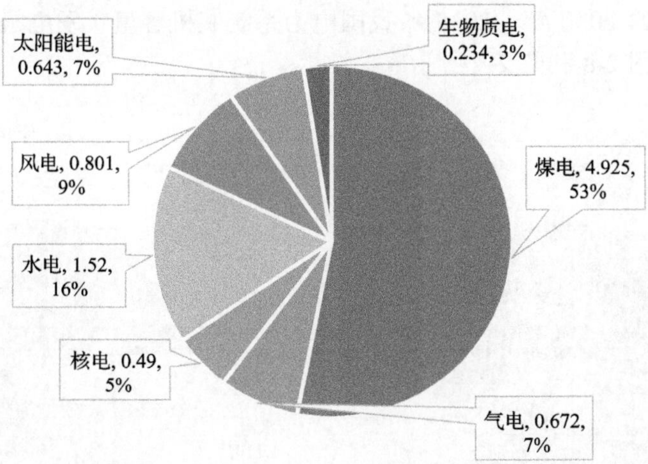

图 2-7　2025 年能源目标方案的电力系统场景发电量及其占比估算

可见，2025 年电力系统场景中，年末装机容量 29.06 亿 kW，年总发电量 9.28 万亿 kW·h。非化石能源电源装机占比 51.24%，发电量占比 39.66%；可再生能源电源装机占比 48.83%，发电量占比 34.38%；非水可再生能源电源装机占比 35.06%，发电量占比 17.99%。

对 2030 年、2035 年(中期)我国电力系统场景进行类似估算。用于 2030 年、2035 年电力系统场景估算的参数设定如表 2-4 所示。

表 2-4　2030 年、2035 年电力系统场景估算的参数设定

指标名称	参数值	
	2030 年	2035 年
全国年能源消费总量/亿 tce	59	58
非化石能源占一次能源消费比重/%	25	33.5
人均年用电量/(kW · h)	7408	8295
全国总人口/亿人	14.3	14.1
当年燃煤发电平均煤耗/[gec/(kW · h)]	294	290
核电装机容量/亿 kW	1	1.4
常规水电装机容量/亿 kW	4.5	4.5
核电/水电年运行小时数/h	7000/3800	7000/3800
风电/光伏/生物质等发电年运行小时数/h	2025/1150/5000	2030/1200/5000
燃煤/燃气发电年运行小时数/h	4150/2600	4050/2600
风电/光伏/生物质电量比例/%	44/46/10	42/48/10
燃煤/燃气发电量比例/%	83/17	78/22

计算得到的 2030 年、2035 年我国电力系统装机容量、发电量及其各类型电源占比分别如图 2-8 和图 2-9 所示。

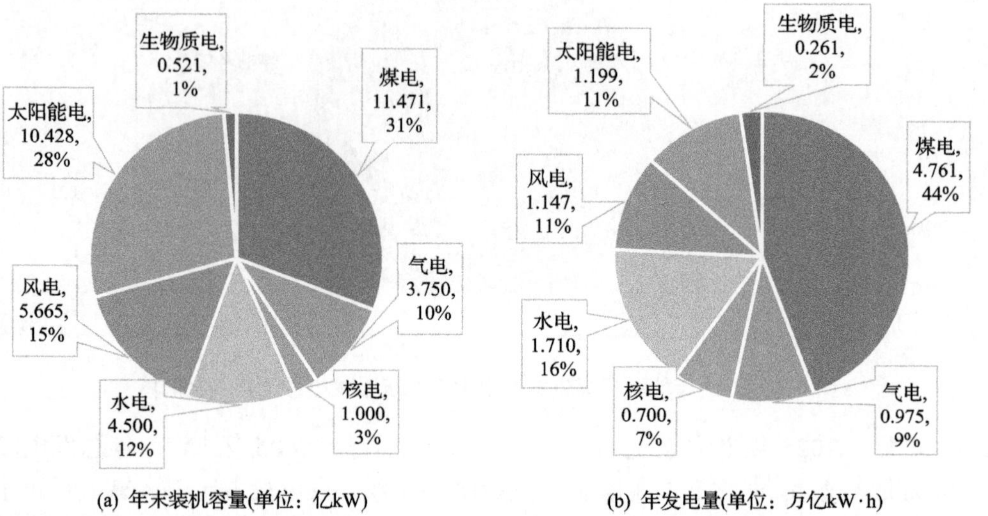

图 2-8　2030 年能源目标方案的电力系统场景装机容量、发电量及其占比估算

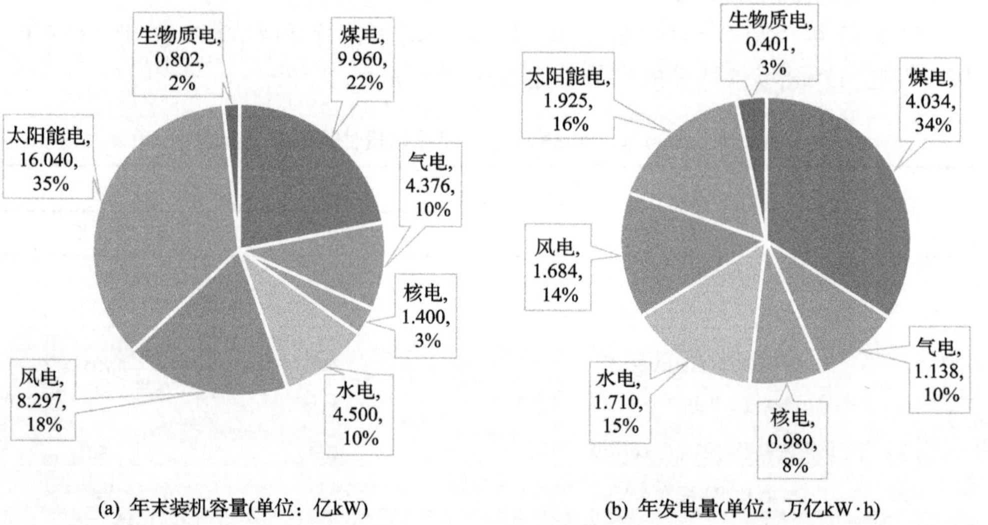

图 2-9　2035 年能源目标方案的电力系统场景装机容量、发电量及其占比估算

可见，2030 年电力系统场景中，年末装机容量 37.34 亿 kW，年总发电量 10.75 万亿 kW·h，非化石能源电源装机占比 59.23%，发电量占比 46.66%；可再生能源电源装机占比 56.55%，发电量占比 40.15%；非水可再生能源电源装机占比 44.50%，发电量占比 24.25%。2035 年电力系统场景中，年末装机容量 45.38 亿 kW，年总发电量 11.87 万亿 kW·h，非化石能源电源装机占比 68.40%，

发电量占比 56.44%；可再生能源电源装机占比 65.32%，发电量占比 48.18%；非水可再生能源电源装机占比 55.40%，发电量占比 33.78%。

用于 2050 年电力系统场景估算的参数设定如表 2-5 所示。

表 2-5　2050 年电力系统场景估算的参数设定

指标名称	参数值
全国年能源消费总量/亿 tce	50
非化石能源占一次能源消费比重/%	59
煤炭占一次能源消费比重/%	12
非化石能源转化为电力比重/%	100
人均年用电量/(kW · h)	10073
全国总人口/亿人	13.48
当年燃煤发电平均煤耗/[gec/(kW · h)]	290
核电装机容量/亿 kW	2.5
常规水电装机容量/亿 kW	5
核电/水电年运行小时数/h	6500/3800
风电/光伏/生物质等发电年运行小时数/h	2030/1500/5000
燃煤/燃气发电年运行小时数/h	3500/2900
风电/光伏/生物质电量比例/%	40/50/10
燃煤/燃气发电量比例/%	50/50

计算得到的 2050 年(远期)我国电力系统装机容量(单位：亿 kW)、发电量(单位：万亿 kW·h)及其各类型电源占比分别如图 2-10 和图 2-11 所示。

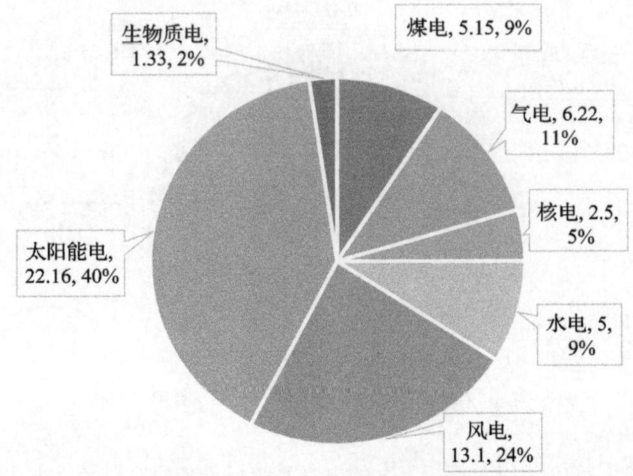

图 2-10　2050 年能源目标方案的电力系统场景装机容量及其占比估算

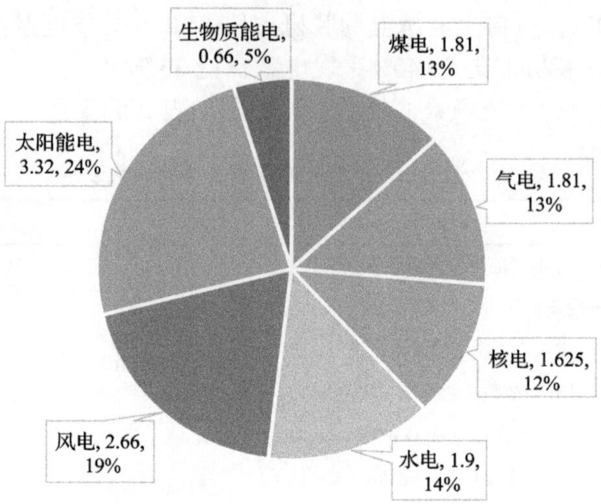

图 2-11　2050 年能源目标方案的电力系统场景发电量及其占比估算

可见，2050 年电力系统场景中，年末装机容量 55.47 亿 kW，年总发电量 13.78 万亿 kW·h，非化石能源电源装机占比 79.48%，发电量占比 73.81%；可再生能源电源装机占比 74.97%，发电量占比 62.02%；非水可再生能源电源装机占比 65.96%，发电量占比 48.23%。

上述场景中未考虑非化石能源的直接利用方式。若考虑非化石能源中 90%转化为电能，其余部分 10%直接利用，其他计算条件不变，可重新计算 2030 年我国电力系统装机容量(单位：亿 kW)、发电量(单位：万亿 kW·h)及其各类型电源占比分别如图 2-12 和图 2-13 所示。

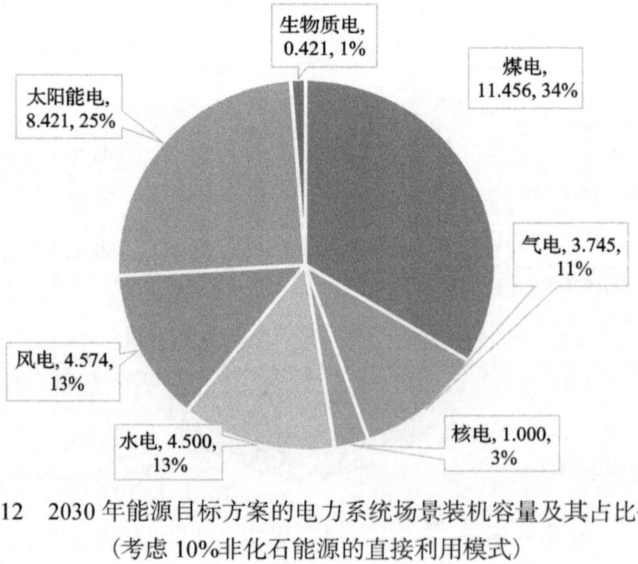

图 2-12　2030 年能源目标方案的电力系统场景装机容量及其占比估算
(考虑 10%非化石能源的直接利用模式)

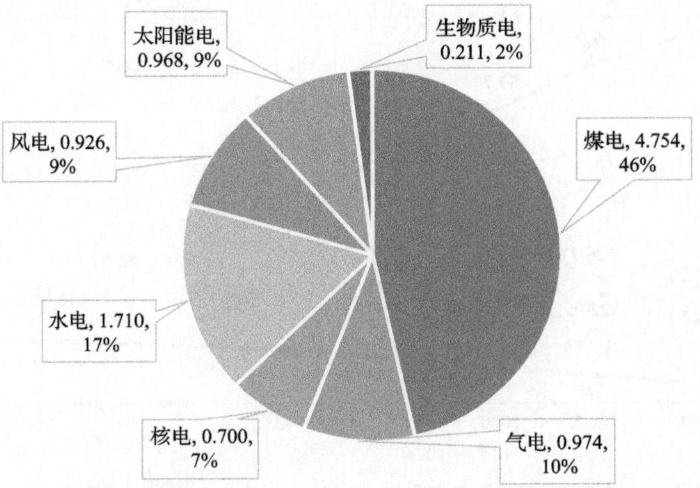

图 2-13　2030 年能源目标方案的电力系统场景发电量及其占比估算
（考虑 10%非化石能源的直接利用模式）

上述考虑 2030 年 10%非化石能源直接利用模式的电力系统场景中，非化石能源电源装机占比 55.45%，发电量占比 44.08%；可再生能源电源装机占比 52.51%，发电量占比 37.25%；非水可再生能源电源装机占比 39.32%，发电量占比 20.55%。

基于上述模型计算数据，给出考虑 100%非化石能源转化为电的情况下，我国 2010～2050 年向新一代电力系统转型过程中，各类能源发电量占比发展趋势如图 2-14 所示，以及电力系统主要参数演化趋势如图 2-15 所示。

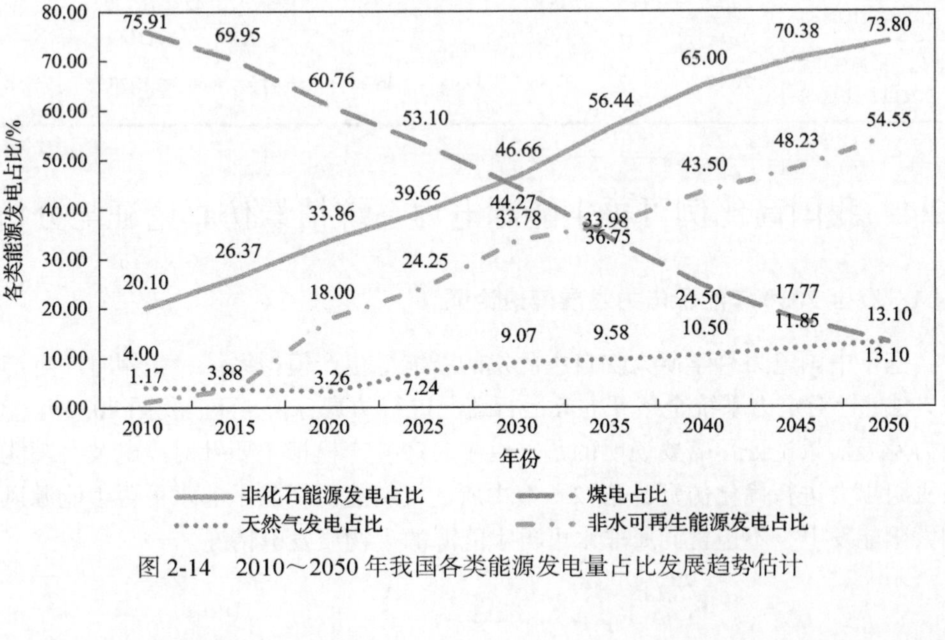

图 2-14　2010～2050 年我国各类能源发电量占比发展趋势估计

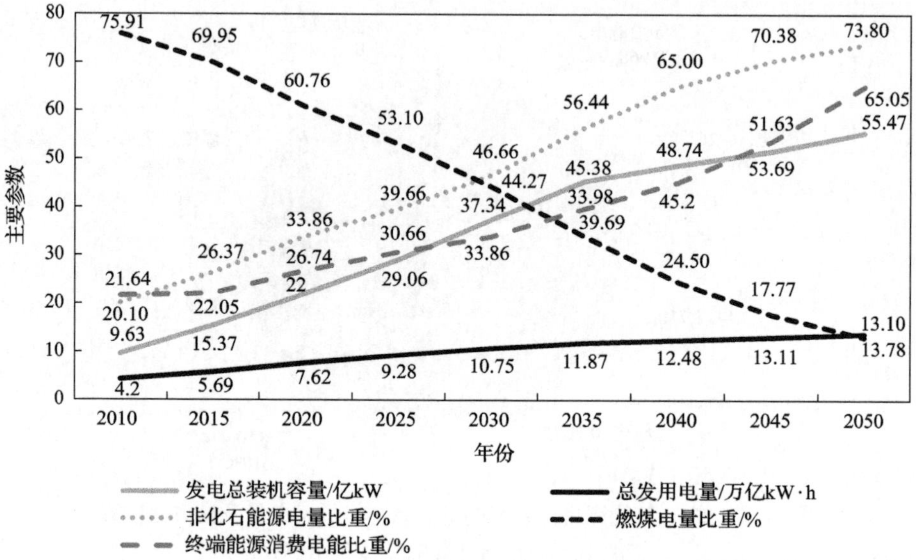

图 2-15　2010～2050 年我国新一代电力系统主要参数演化趋势

表 2-6 中特别将非化石能源占一次能源消费比重和非化石能源发电占总发电量比重的发展演化趋势一并列出，以供分析比较。

表 2-6　非化石能源发电比重与非化石能源消费比重的发展演化趋势

年份	2010	2015	2020	2025	2030	2035	2040	2045	2050
非化石能源占一次能源消费比重/%	8.7	11	15.8	20	25	33.5	42	50.5	59
非化石能源发电占总发电量比重/%	20.10	26.37	33.86	39.66	46.66	56.44	65.00	70.38	73.80

2.4　我国高比例可再生能源电力系统情景仿真论证与分析

2.4.1　我国 2030 年能源电力发展情景论证

基于中国电力科学研究院自主研发的新能源生产模拟系统，采用时序生产模拟方法，针对电力系统全年 8760h 运行情况进行仿真分析，开展我国 2030 年能源电力发展情景论证。需要说明的是，由于时序生产模拟主要针对风电及太阳能发电机组出力进行优化仿真，第 2.4 节中所述“新能源”表示非水可再生能源风电和太阳能发电，不包含同属非水可再生能源的生物质发电情况。

1. 边界条件设置

考虑该仿真分析仅涉及电力电量平衡约束，且研究目标为在宏观层面初步探讨我国新能源消纳利用情况，故综合平衡计算精度及模型泛化能力要求，将我国电力系统聚合划分为 4 个大区，计算条件主要为各区不同类型电源装机和各区之间输电通道输电功率约束。区域划分参考我国电网分区结构，4 个大区分别为西北(包含西北电网所辖 5 个省区及蒙西电网区域)、西南(包含西南电网所辖 3 个省区及云南、贵州电网区域)、东北(包含东北电网所辖 3 省区及蒙东电网区域)、受端电网(包含华北电网、华中电网、华东电网所辖各省区及广东、广西、海南电网区域)。

电源装机总量设置为 2.3 节构建情景下 2030 年我国各类型电源装机预测，区域分布暂参考我国当前装机分布情况。仿真分析主要考虑未来可再生能源电力远距离、大规模外送需求，故网架结构设置仅包含各区域间的直流外送通道。根据全国电网聚合模型区域划分，参考“十四五”电网发展规划，截至 2020 年底各区域电网间直流输电通道建设情况如图 2-16 所示。考虑西北和蒙西煤炭、风、光资

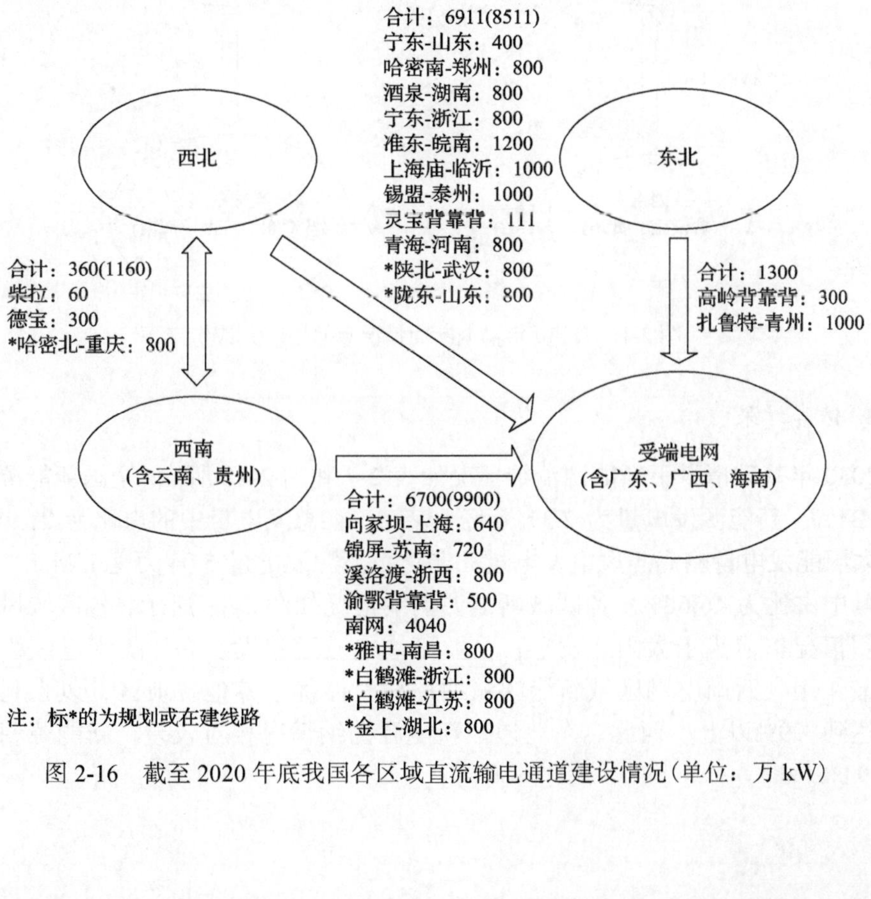

图 2-16　截至 2020 年底我国各区域直流输电通道建设情况(单位：万 kW)

源丰富，是“十四五”及中远期电力输送的主要送端，西南地区水电资源丰富且调节能力较强，2020～2030 年期间仍有一定的电力外送空间，预计 2030 年西北-受端电网将在 2020 年通道规划建设基础上新增 2400 万 kW(相当于 3 条输电容量为 800 万 kW 特高压直流输电线路)，西南-受端电网输电断面限额在 2020 年通道规划建设基础上新增 1000 万 kW(相当于 2 条输电容量为 500 万 kW 的特高压直流输电线路)；考虑未来西北、西南的风、光、水互济加大，两区域间通道输电能力将进一步增加，2030 年将在 2020 年通道规划建设基础上再新增 800 万 kW(相当于 1 条特高压直流线路)；考虑东北地区资源禀赋和经济发展情况，预计 2030 年东北至受端电网输电能力小幅增长。2030 年各区域间输送断面情况如图 2-17 所示，其中西北电网—西南电网之间输电通道可双向传输，丰水期由西南电网向西北电网送电，枯水期由西北电网向西南电网送电，实现西北新能源和西南水电互济。

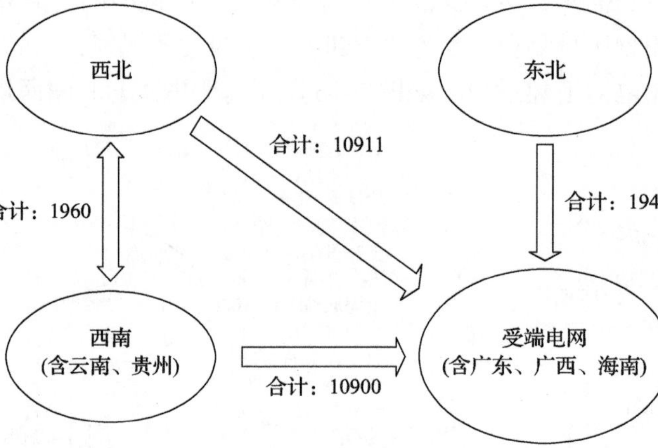

图 2-17　2030 年输电断面情况(单位：万 kW)

2. 仿真结果

2030 年基础情景下新能源消纳情况如表 2-7 和图 2-18 所示。全国新能源利用率 96.31%，新能源发电量为 2.37 万亿 kW·h，在总发电量中的占比为 21.94%，其中太阳能发电量略高于风电发电量；非化石能源发电量 5.04 万亿 kW·h，在总发电量中占比为 46.68%。各区域新能源消纳情况如图 2-18 所示，各区域风电消纳利用情况整体优于太阳能发电；受益于输电通道建设及高比例水电装机的灵活调节作用，西南电网区域新能源消纳情况整体优于其他各地区，风光利用率均可达到 99%以上；西北、东北地区新能源消纳情况相对较差，新能源利用率低于 94%。

表 2-7　2030 年我国能源电力系统仿真新能源消纳情况

指标名称		计算结果
非化石能源发电量/(万亿 kW · h)		5.04
非化石能源发电量占比/%		46.68
新能源发电量/(万亿 kW · h)		2.37
新能源发电量占比/%		21.94
新能源利用率/%	总利用率	96.31
	风电利用率	96.29
	光伏发电利用率	96.34

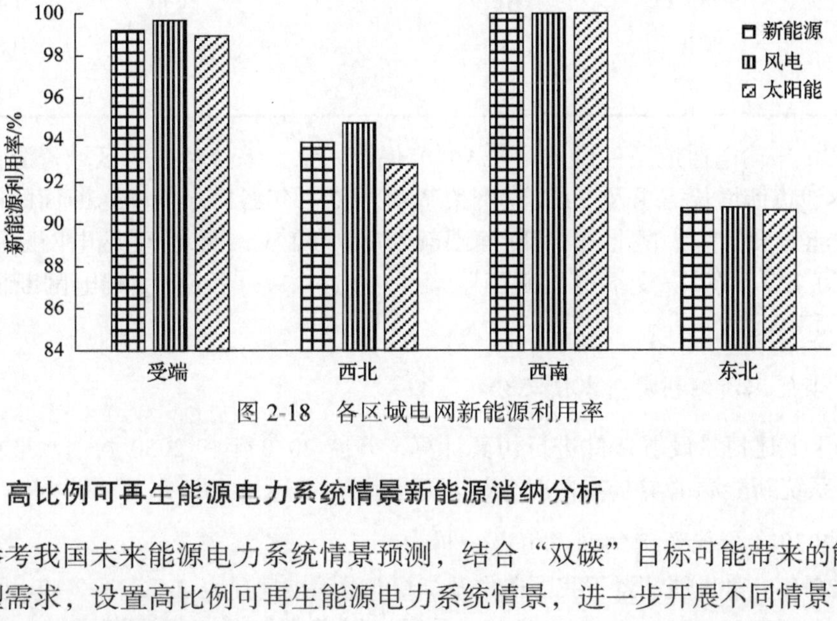

图 2-18　各区域电网新能源利用率

2.4.2　高比例可再生能源电力系统情景新能源消纳分析

参考我国未来能源电力系统情景预测，结合“双碳”目标可能带来的能源加速转型需求，设置高比例可再生能源电力系统情景，进一步开展不同情景下的新能源消纳及相关措施分析。

1. 仿真情景设置

2030 年和 2050 年各类型电源装机如表 2-8 所示，其中 2030 年考虑 3 种子情景，低、中、高情景中新能源发电装机占比依次提高。由 2030 年中情景和 2050 年底发电装机容量数据，2030 年、2050 年底发电总装机分别为 39.08 亿 kW 和 55.66 亿 kW。2030 年底煤电装机为 10.26 亿 kW，占全国总装机的 26.3%，风电和太阳能总装机为 19.34 亿 kW(已超过“双碳”目标中 12 亿 kW)，在全国发电总装机中的比重已接近一半，达到 49.5%，水电装机占比为 11.5%；2050 年底煤电装机为 3.83 亿 kW，占全国总装机的 6.9%，风电和太阳能总装机为 37.63 亿 kW，在全国发电总装机中的比重超过三分之二，达到 67.6%，水电装机占比为 9.0%。由此可见，上述装机条件设置充分体现“高比例可再生能源”特征。

表 2-8　我国 2030 年/2050 年电源结构设置　（单位：亿 kW）

相关指标		2030 年			2050 年
		低情景	中情景	高情景	
电力装机	核电	1.00	1.00	1.00	2.50
	水电	4.50	4.50	4.50	5.00
	风电	5.16	6.81	7.62	13.98
	太阳能发电	9.50	12.53	14.03	23.65
	生物质电	0.47	0.63	0.70	1.42
	煤电	11.78	10.26	9.51	3.83
	气电	3.85	3.35	3.11	5.28

2030 年输电通道条件设置与 2.4.1 节保持一致，综合考虑各区域资源情况、外送/本地负荷增长需求及 2030 年网架基础，2050 年各区域间输送断面的通道最大传输能力设置为：西北-西南断面限额 2760 万 kW，西北-受端电网断面限额 14111 万 kW，东北-受端电网断面限额 1940 万 kW，西南-受端电网断面限额 18100 万 kW。

2. 新能源消纳利用基本情况分析

基于上述情景设置条件进行仿真计算，开展 2030 年和 2050 两个水平年下我国电力系统新能源消纳基本情况分析。

1）2030 年新能源消纳利用情况分析

2030 年三种发展情景下我国电力系统新能源消纳情况表 2-9、图 2-19、图 2-20 所示。由 2030 年三种情景下发电量可见，随着新能源装机逐渐增加，新能源发电量从低情景的 2.18 万亿 kW·h 提升至中情景的 2.75 万亿 kW·h、高情景的 3.00 万亿 kW·h，新能源电量占比分别为 20.35%、25.67%、27.96%，进而使非化石能源电量有效提升，从低情景 4.83 万亿 kW·h 提升至中情景 5.47 万亿 kW·h、高情景 5.76 万亿 kW·h，占比从 45.07%提升至 51.07%、53.71%，中情景和高情景均可实现《能源生产和消费革命战略》中“到 2030 年，非化石能源发电量占全部发电量的比重力争达到 50%”的目标。

由新能源利用率结果可见，在不改善电网灵活调节能力情况下，随着风、光装机不断增加，新能源资源利用率总体不断降低；由图 2-20 所示的分区域结果显示，受端电网和西南电网新能源消纳水平较高，三种情景下，受端电网新能源利用率均在 96%以上，西南电网新能源利用率均在 99%以上，而西北电网、东北电网灵活调节能力较弱，随着新能源装机不断增加，其利用率显著降低，分别从低情景的 95.78%、92.96%降低至高情景下的 83.96%、81.69%，电网对灵活调节资源需求逐渐凸显，电网灵活调节能力有待提升。

表 2-9　2030 年新能源消纳情况

指标		低情景	中情景	高情景
非化石能源发电量/(万亿 kW·h)		4.83	5.47	5.76
非化石能源发电量占比/%		45.07	51.07	53.71
新能源发电量/(万亿 kW·h)		2.18	2.75	3.00
新能源发电量占比/%		20.35	25.67	27.96
新能源利用率/%	总利用率	97.38	93.10	90.56
	风电利用率	97.31	93.55	91.53
	光伏发电利用率	97.45	92.66	89.63

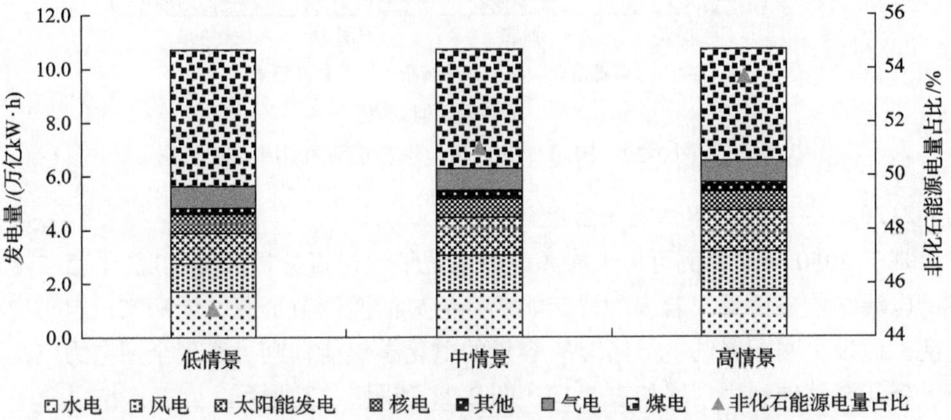

图 2-19　2030 年各类型电源发电情况

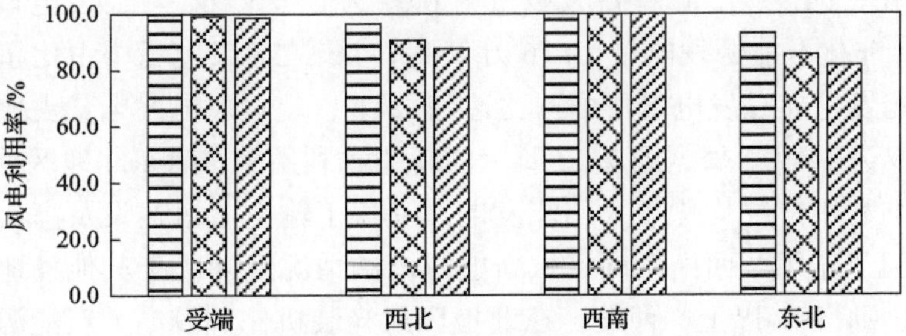

(a) 风电利用率

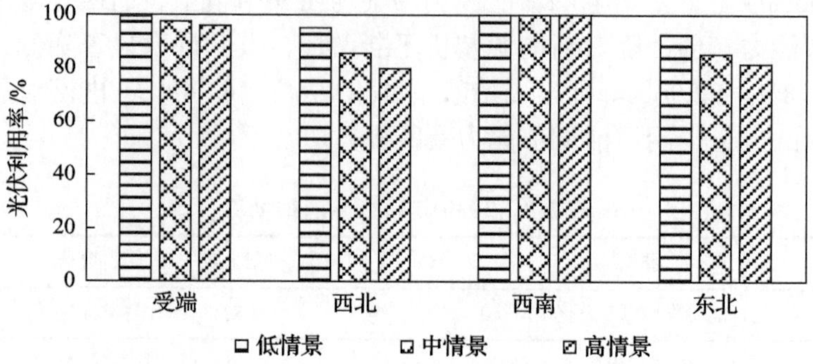

(b) 光伏利用率

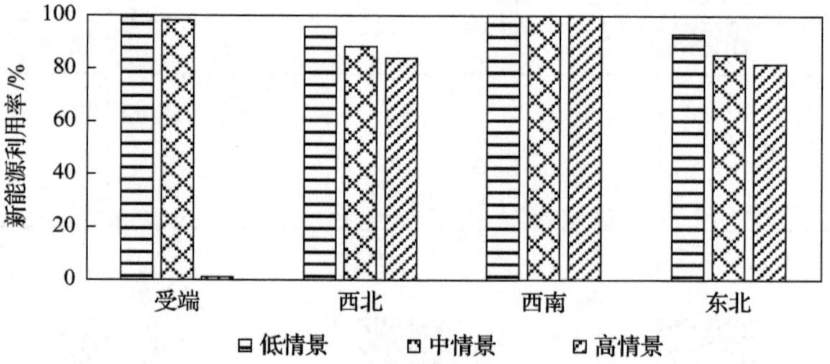

(c) 新能源利用率

图 2-20　2030 年各区域电网新能源利用率

2) 2050 年新能源消纳利用情况分析

基于 2050 年高比例可再生能源电力系统情景仿真分析计算发现，在表 2-8 所述的电源结构条件下，若未配置储能或其他灵活性调节资源，无法实现电力电量平衡。假设全网配置约 3.4 亿 kW 容量的电化学储能，则可实现全网电力电量平衡，新能源消纳利用情况如表 2-10、图 2-21 和图 2-22 所示。

由此可见，考虑储能的 2050 年高比例可再生能源电力系统发展情景下，全国新能源利用率 94.97%，新能源发电量为 6.07 万亿 kW·h，在总发电量中的占比为 43.5%；非化石能源发电量 10.16 万亿 kW·h，在总发电量中占比超过 70%，其中太阳能发电在总发电量中的占比达到 24%，超过风电发电量占比，煤电发电量占比仅为 5.4%。根据图 2-22 所示的新能源利用率，除东北地区外，其他区域风电消纳利用情况均优于太阳能发电，受益于输电通道建设及高比例水电装机的灵活调节作用，西南电网区域新能源消纳情况整体优于其他各地区，风光利用率可达到 99%以上，西北、东北地区风光装机比例较高，新能源利用率低于 94%。

表 2-10　2050 年新能源消纳情况

指标名称		计算结果
非化石能源发电量/(万亿 kW · h)		10.16
非化石能源发电量占比/%		72.8
新能源发电量/(万亿 kW · h)		6.07
新能源发电量占比/%		43.5
新能源利用率/%	总利用率	94.97
	风电利用率	95.94
	光伏发电利用率	94.19

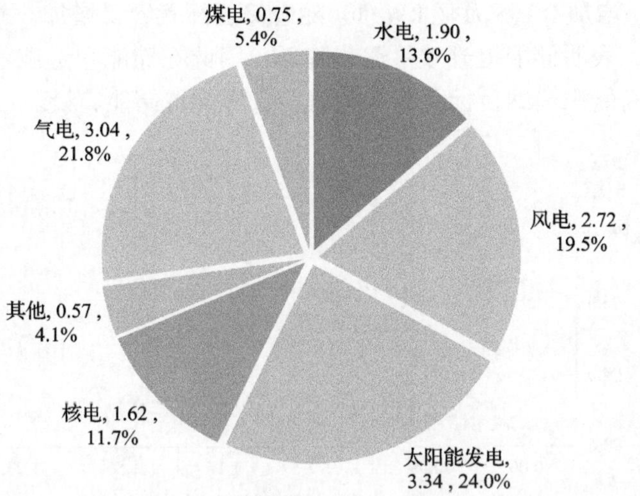

图 2-21　2050 年各类型电源发电量结构(发电量单位：万亿 kW · h)

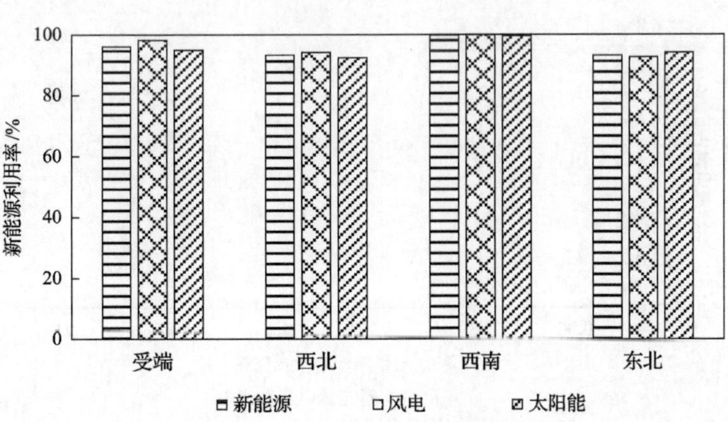

图 2-22　2050 年各区域电网新能源利用率

2.4.3　灵活调节手段对新能源消纳的影响分析

1. 储能装机容量

以 2030 年中情景为例开展灵敏度分析，研究储能装机容量对新能源消纳的影响。按全国新能源装机容量的 2%～10%配置持续放电时长为 4h、循环效率为 85%的电化学储能。全国新能源利用率和发电量占比随储能容量的变化趋势如图 2-23 所示，配置储能总体可有效提高电网整体新能源消纳水平，随着储能容量增加，新能源利用率及发电量占比均逐步提高，在全国按新能源装机分布比例配置新能源装机容量 10%（1.93 亿 kW）的储能时，可将全国新能源利用率、新能源电量占比从 93.1%、25.67%分别提升至 96.67%、26.6%，分别提升 3.57 个和 0.93 个百分点，新能源电量增加 0.105 万亿 kW · h。随着储能配置容量增加，图中曲线斜率总体呈下降趋势，表明储能提升效果逐步降低，因此在储能容量规划时，需统筹考虑储能成本、新能源消纳目标及综合收益，合理配置储能容量。

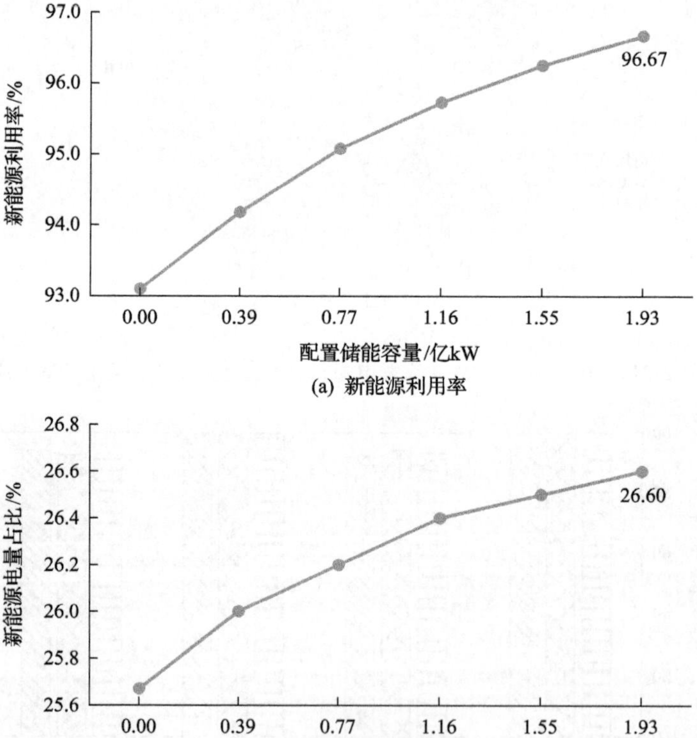

(a) 新能源利用率

(b) 新能源电量占比

图 2-23　储能容量对全国新能源消纳的影响

2. 火电灵活性改造规模

在大力促进可再生能源电源发展的同时，煤电仍将在未来一段时间内继续发挥“压舱石”作用，深度挖掘现存火电机组巨大的灵活调节潜力，对于推动清洁低碳能源结构转型、提高电力系统灵活性、促进清洁可再生能源规模发展具有重要意义。提高火电机组灵活性，可包括增加燃煤发电机组出力变化范围，提高响应负荷变化或调度指令的能力，提升机组在低负荷时的稳定、清洁、高效运行水平，以及提高机组启停性能等。

仿真分析中主要考虑增加火电机组的发电出力变化范围，即降低火电机组最小技术出力(调峰深度)对新能源消纳能力的影响，开展相关研究。对全国各区域20%～100%的燃煤火电机组进行灵活性改造，设定改造前后机组最小技术出力如表 2-11 所示，经改造后，供热机组供热期最小技术出力可降至额定功率的 40%(原为 75%)，供热机组在非供热期、非供热机组最小技术出力可降至额定功率 30%(原为 50%)。

表 2-11 灵活改造前后火电机组最小技术出力

机组类型		改造前最小技术出力/%	改造后最小技术出力/%
供热机组	非供热期	50	30
	供热期	75	40
非供热机组		50	30

根据仿真分析结果，火电灵活改造前后全国新能源及非化石能源电量占比情况如表 2-12 所示，新能源利用率及电量占比随改造规模的变化趋势如图 2-24 所示。由此可见，燃煤发电机组通过灵活性改造，可以在一定程度上提高新能源利用率和新能源电量占比。全国 60%的燃煤发电机组完成改造，即可将新能源利用率由 93.1%提高至 95%以上，若全部燃煤发电机组均完成灵活性改造，将提供

表 2-12 火电机组灵活性改造规模对新能源消纳能力的影响

改造比例	非化石能源发电量/(万亿 kW · h)	非化石能源电量占比/%	新能源发电量/(万亿 kW · h)	新能源电量占比/%	新能源利用率/%
不改造	5.475	51.07	2.752	25.67	93.10
20%	5.505	51.35	2.782	25.95	94.11
40%	5.530	51.60	2.807	26.19	94.96
60%	5.550	51.80	2.827	26.38	95.65
80%	5.567	51.95	2.844	26.54	96.22
100%	5.584	52.11	2.860	26.69	96.77

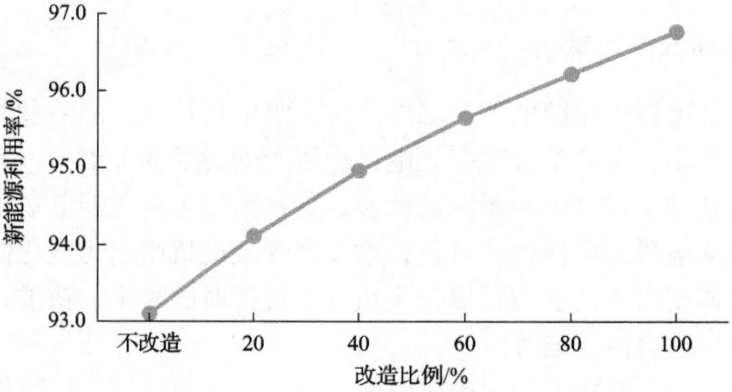

(a) 新能源利用率

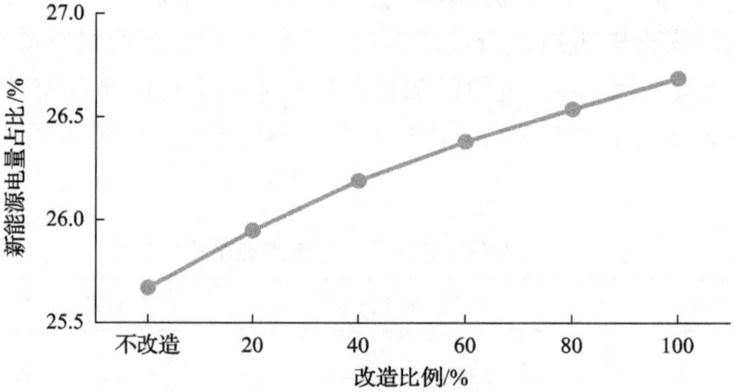

(b) 新能源电量占比

图 2-24　新能源利用率及电量随火电灵活性改造规模的变化趋势

2.756 亿 kW 新增可调节空间，增加新能源电量消纳 0.108 万亿 kW·h，新能源利用率、新能源电量占比分别提高 3.67 个、1.02 个百分点。由图 2-25 所示，随着改造规模扩大，燃煤发电机组平均利用小时数逐步降低，若全国燃煤发电机组全部进行灵活性改造，则平均利用小时数由 4300h 左右降至 4100h 左右。

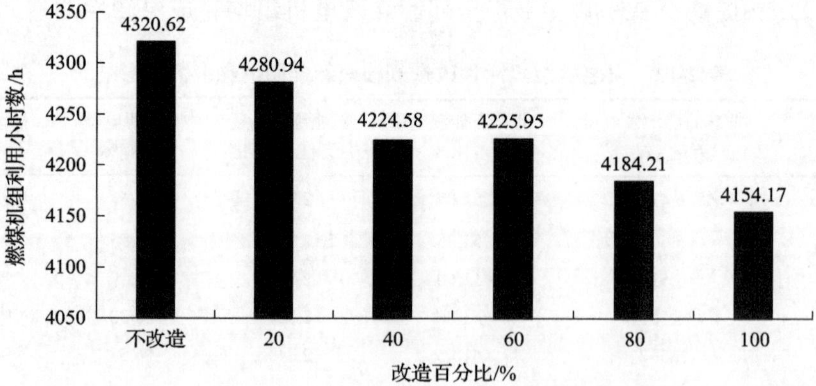

图 2-25　燃煤机组利用小时数随灵活性改造规模的变化趋势

2.5 基于模型分析的我国储能需求预测

基于本章 2.3.2 节 2030 年、2050 年电源结构估算的结果进行的储能需求的分项预测计算，表 2-13 和表 2-14 为分项计算的预测结果。

表 2-13　2030 年储能发展规模预测结果

应用领域		储能装机规模
大规模集中式可再生能源/(GW/GW·h)	集中式风光电站	13.6/54.4
	光热电站	2.5/25
	合计	16.1/79.4
分布式光伏发电/(GW/GW·h)		70.6/282.4
风电光伏发电合计/(GW/GW·h)		84.2/336.8
电动汽车/(GW/GW·h)	二次电池	8.4/42
	现役电池	11.5/23
	合计	19.9/65
非抽蓄储能容量总计/(GW/GW·h)		106.6/426.8
抽蓄容量/GW		100/600

注：按储能领域习惯，采用了 GW、GW·h 等单位。现役电池是指在运电动汽车以 V2G(车辆到电网)形式参与电网运行的储能容量，二次电池是指电动汽车退役的动力电池梯级利用作为电网的储能容量。

表 2-14　2050 年储能发展规模预测结果

应用领域		储能装机规模
大规模集中式可再生能源/(GW/GW·h)	集中式风光电站	39.7/158.8
	光热电站	15/150
	合计	54.7/308.8
分布式光伏发电/(GW/GW·h)		378.7/1514.8
风电光伏发电合计/(GW/GW·h)		418.4/1673.6
电动汽车/(GW/GW·h)	二次电池	33.6/168
	现役电池	46/92
	合计	79.6/260
非抽蓄储能容量总计/(GW/GW·h)		513.0/2083.6
抽蓄容量/GW		160/960

预测表明，2030 年、2050 年抽水蓄能的装机容量需求分别为 100GW、160GW；各类非抽水蓄能容量需求分别为 106.6GW/426.8GW · h、513.0GW/2083.6GW · h，其中分布式发电及微电网应用情景下的储能装机容量占非抽蓄储能容量一半以上。需要说明的是，目前关于储能发展规模的预测，各个研究机构的预测结果差异很大(甚至差数量级)，证明储能的技术和产业发展阶段距离成熟应用仍然有一定的差距，很多边界条件仍在不断变化之中。

2.6 新一代能源系统的能效、CO_2排放和电能占终端消费比重计算分析

构建新一代能源系统的主要目标，是最大限度开发利用可再生能源，最高程度的提高能源综合利用效率。本节首先基于一次能源生产、转化、输运到终端消费全过程各环节各类能源的结构组成以及转化、利用效率，建立了一种能源系统全链条总效率计算方法，对未来 2020～2050 年间各种情景下影响能源系统总体效率的各种因素进行了计算，分析能效演化的规律。然后依据煤炭、天然气和石油在一次能源消费中的占比量及其各自的燃烧 CO_2 排放系数，计算 CO_2 年排放总量。最后采用电热当量计算法将终端电力消费量折算成标准煤吨数，与进入终端的原煤、油、气标煤量相加，求得进入终端消费的总能源标煤量，进而可求得终端消费电能占比指标。

2.6.1 能源变革中我国新一代能源系统参数演化趋势

能源系统的效率、CO_2 排放、电气化程度等关键指标的长期宏观分析结果很大程度上取决于系统各环节规模、结构等，本节根据能源电力预测的结果，梳理一次能源消费总量及结构、电源结构参数演化趋势，为能源利用效率、CO_2 排放、电能占终端能源消费占比等分析奠定基础。

1. 一次能源消费总量和结构的演化

2015～2050 年一次能源消费总量和非化石能源占比演化设定如表 2-15 所示，一次能源消费结构演化如表 2-16 所示。

表 2-15　2015～2050 年一次能源消费总量和非化占比的演化

年份	2015	2020	2025	2030	2035	2040	2045	2050
一次能源消费总量/亿 tce	43	49.8	55	59	58	56	53	50
非化石能源比重/%	11	15.8	20	25	33.5	42	50.5	59

表 2-16　2015～2050 年一次能源消费结构的演化

年份	2015	2020	2025	2030	2035	2040	2045	2050
原煤/%	63.7	56.8	49.5	42	34.5	27	19.5	12
天然气/%	5.9	8.5	11	13	15	15	14	13
石油/%	19.4	18.9	19.5	20	17	16	16	16
非化石能源/%	11	15.8	20	25	33.5	42	50.5	59

2. 发电能源结构演化

2015～2050 年燃煤发电，燃气发电、非化石发电占比演化设定如表 2-17 所示。

表 2-17　2015～2050 年发电燃煤、燃气及非化石能源发电量占比演化

年份	2015	2020	2025	2030	2035	2040	2045	2050
燃煤发电/%	69.95	60.76	53.10	44.27	33.98	24.50	17.77	13.10
燃气发电/%	3.68	3.26	7.24	9.07	9.58	10.50	11.85	13.10
非化石能源发电比重/%	26.37	33.86	39.66	46.66	56.44	65.00	70.38	73.81

注：发电总量中含少量“其他火电”未列入表中。

2.6.2　能源利用效率分析

能源系统总体能源利用效率由一次能源生产转化、能源输运和终端能源消费三个环节的效率相乘而求得。各环节能源数量均以系统一次能源消费总量的百分数表示，无须给出实际物理量，以便适用于不同的能源系统。其中，能源生产转化环节考虑各种能源类型在总量中所占比例及生产转化效率，计算进入不同输运环节(输煤、输气、输电)的能源量(以一次能源消费总数百分数表示)及其总量(等同于能源生产转化环节总效率(%))；输运环节考虑各类输运通道的损耗率%，求取输运环节末端(即进入终端消费首端)的各类能源量(以一次能源消费总量百分数表示)及其总量(等于经过能源生产环节和输运环节后的一次能源利用率(%))，石油精炼原油损耗率计入石油输运环节；终端能源消费划分为工业部门、建筑部门、交通部门用能、建筑业用能及农业用能五部分，分别给出各自所占份额(%)，其中前三部门占终端能源消费 95%以上，还需分别给出上述 5 部门用能效率(%)，进入终端能源消费的能源消费总量(以一次能源消费总量百分数表示)与各部门份额与效率三者相乘相加即可求得能源系统总体能源利用效率。根据该模型计算结果，如给定能源系统一次能源消费总量实际物理量(亿 tce)，乘以总体效率可求得终端实际消费的有效一次能源消费总量。上述总体框架的计算模型如图 2-26 所示。

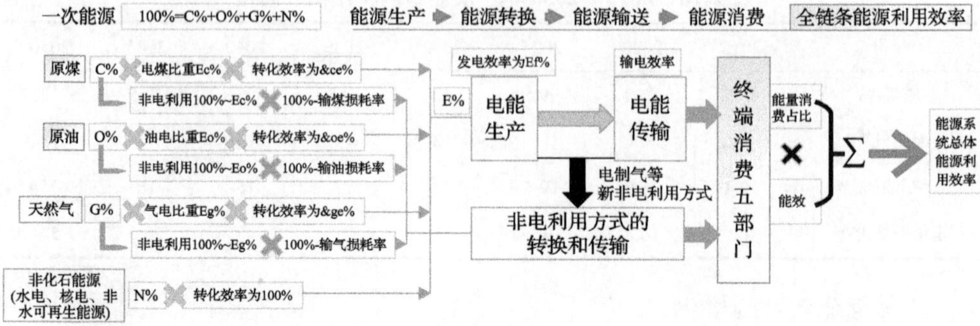

图 2-26　全链条能源利用效率的计算模型示意图

具体计算步骤如下：

(1)以年度一次能源消费总量作为 100%，给出一次能源消费结构中原煤、天然气、原油、非化石能源(水电、核电、非水可再生能源)4 类能源所占份额(原煤 C%、天然气 G%、原油 O%、非化石 N%)。

(2)给出各类一次能源转化为二次能源的比重(%)和转化效率(%)。其中原煤转化为电比重 Ec%，转化效率为&ce%，则煤电电能在一次能源消费 100%中占有份额为(C%×Ec%×&ce%/10000)%；同理天然气发电电能在一次能源消费 100%中占有份额为(G%×Eg%×&ge%/10000)%；石油发电电能在一次能源消费 100%中占有份额为(O%×Eo%×&oe%/10000)%；非化石能源发电相对一次能源消费的转化率为 100%，因此，其发电电能在一次能源消费 100%中占有份额为(E%×Ef%/100)%。各发电份额相加求得进入输电环节的总电力份额。

(3)给定输煤、输气、输油、输电环节的损耗率，求取电力和非发电原煤、石油、天然气份额，再分别乘以输运环节效率(其中石油输运损耗含石油精炼损耗)，进而求得进入终端消费前的总量(即相对一次能源消费的总效率)。

(4)给定终端消费五部门的能量消费占比和能效，每部门的占比、能效与进入终端消费能源总量相乘后求和，即得能源系统总体能源利用效率。依据上一节的数据，可计算 2015～2050 年能源系统总能效演化过程，结果如表 2-18 和图 2-27 所示。

表 2-18　2015～2050 年能源系统总效率演化结果

年份	2015	2020	2025	2030	2035	2040	2045	2050
一次能源消费总量/亿 tce	43	49.8	55	59	58	56	53	50
有效能源消费量/亿 tce	12.82	15.67	18.27	20.93	22.09	23.01	23.19	23.15
系统总能效/%	29.82	31.46	33.22	35.47	38.08	41.09	43.76	46.29

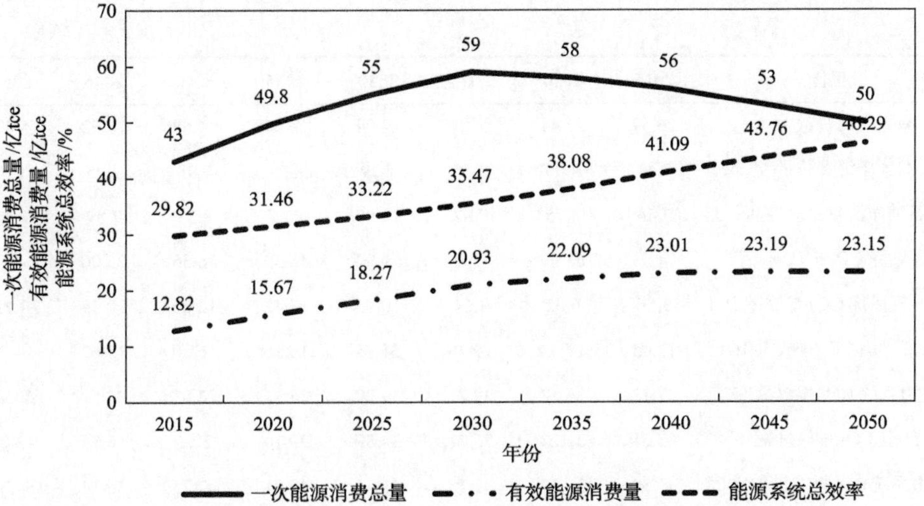

图 2-27　2015～2050 年能源系统效率演化趋势

由计算结果可知，从 2015 年到 2050 年 35 年间，非化石能源(主要由水电、风电、太阳能发电、生物质发电、核电提供)占全国一次能源消费比重由 11%提高到 59%，大幅降低了燃煤发电比重，能源系统总效率由 29.82%提高到 46.29%，在一次能源消费总量于 2030 年左右达到峰值后趋向减少的情况下，有效能源消费总量反而有所增加。

2.6.3　CO_2 排放分析

能源系统 CO_2 排放总量主要是煤炭、石油和天然气的燃烧排放量相加得到。基本计算思路是在 2010～2015 年原煤、石油、天然气和非化石能源实际消费结构的基础上，根据 2.3 节提出的 2015～2050 年间一次能源消费总量及原煤、油气、非化石三类能源结构变化趋势，进一步参考有关文献资料，考虑各自传输、转化等损耗系数，得到净消费量，再采用煤、石油和天然气燃烧 CO_2 的排放系数(表示每吨能源消费产生的 CO_2 排放吨数，分别取 2.493、1.98、1.503)，则可计算出各年的 CO_2 排放量，进而计算各自的排放比例。2015～2050 能源系统 CO_2 排放量计算过程及结果如表 2-19 所示。根据模型 2025～2030 年计算结果，能源系统 CO_2 排放总量达峰时间是 2027 年左右，峰值约 95 亿 t。

表 2-19　2015～2050 年能源系统 CO_2 排放量计算表及结果

年份	2015	2020	2025	2030	2035	2040	2045	2050
原煤消费总量/亿 tce	27.39	28.29	27.23	24.78	20.01	15.12	10.34	6
天然气消费总量/亿 tce	2.54	4.21	6.05	7.67	8.7	8.4	7.42	6.5
石油消费总量/亿 tce	8.00	9.41	10.73	11.8	9.86	8.96	8.48	8

续表

年份	2015	2020	2025	2030	2035	2040	2045	2050
原煤净消费量/亿 tce	26.57	27.44	26.41	24.04	19.41	14.67	10.02	5.82
天然气净消费总量/亿 tce	2.41	4.00	5.75	7.29	8.27	7.98	7.05	6.18
石油净消费总量/亿 tce	7.44	8.75	9.97	10.97	9.17	8.33	7.89	7.44
煤燃烧 CO_2 排放量/亿 t	74.05	68.40	65.84	59.92	48.39	36.56	25.00	14.51
天然气燃烧 CO_2 排放量/亿 t	3.56	6.02	8.64	10.95	12.42	12.00	10.59	9.28
石油燃烧 CO_2 排放量/亿 t	12.95	17.33	19.75	21.73	18.16	16.50	15.62	14.73
电力系统 CO_2 排放量/亿 t	37.71	36.42	39.73	39.20	34.12	27.81	23.62	20.92
煤电 CO_2 排放量/亿 t	35.51	35.27	36.71	34.89	29.16	22.1	16.85	13.05
电力系统 CO_2 排放量占比/%	41.50	39.69	42.16	42.33	43.21	42.75	46.14	54.30
煤电 CO_2 排放量占比/%	39.09	38.45	38.96	37.68	36.93	33.97	32.91	33.88
CO_2 年排放总量/亿 t	90.85	91.75	94.22	92.60	78.97	65.06	51.20	38.52

2.6.4 电能占终端能源消费比重分析

首先采用电热当量计算法将终端用电量折算成终端能源消费量。电热当量取 1 万 kW·h=1.229tce，则 1 万亿 kW·h=1.229 亿 tce。计算公式为

$$\text{电能占终端能源消费比重\%}=\frac{\text{终端用电量(万亿kW·h)}\times 1.229}{\text{终端能源消费总量(亿tce)}}\times 100\%$$

以 2020 年数据为例，全社会用电量 7.511 万亿 kW·h，按电热当量法计算，折合终端消费量为 1.229×7.511=9.23 亿 tce。与 2020 年进入终端的非发电用煤、非发电用油、非发电用气标煤量相加，即可得到终端消费总能源标煤量 34.52 亿 tce，于是，可求得电能占终端能源消费比重=9.23/34.52×100%=26.74%。

2015～2050 年电能占终端能源消费比重计算过程及结果如表 2-20 所示。

表 2-20　2015～2050 年电能占终端能源消费比重计算表及结果

年份	2015	2020	2025	2030	2035	2040	2045	2050
当年全国总人口/亿人	13.75	14.1	14.15	14.3	14.1	13.9	13.7	13.48
当年人均用电量/(kW·h)	4142	5327	6458	7408	8295	8844	9430	10073
当年全社会用电量/(万亿 kW·h)	5.69	7.51	9.14	10.59	11.70	12.29	12.92	13.58
电热当量法得到的终端电量标煤值/亿 tce	6.57	9.23	11.23	13.02	14.37	15.11	15.88	16.69
原煤进入终端消费标煤量/亿 tce	14.02	13.29	11.68	10.04	7.71	5.80	3.27	0.59

续表

年份	2015	2020	2025	2030	2035	2040	2045	2050
天然气进入终端消费标煤量/亿 tce	1.75	3.24	3.74	4.42	4.97	4.18	2.54	0.94
石油进入终端消费标煤量/亿 tce	7.44	8.75	9.97	10.97	9.17	8.33	7.89	7.44
终端消费能源总量/亿 tce	29.78	34.52	36.63	38.45	36.22	33.42	29.57	25.65
电能（电热当量）在终端能源消费中比重/%	22.05	26.74	30.66	33.86	39.69	45.20	53.69	65.05

综合以上计算分析数据，可得到我国新一代能源系统主要参数演化趋势如图 2-28 所示。

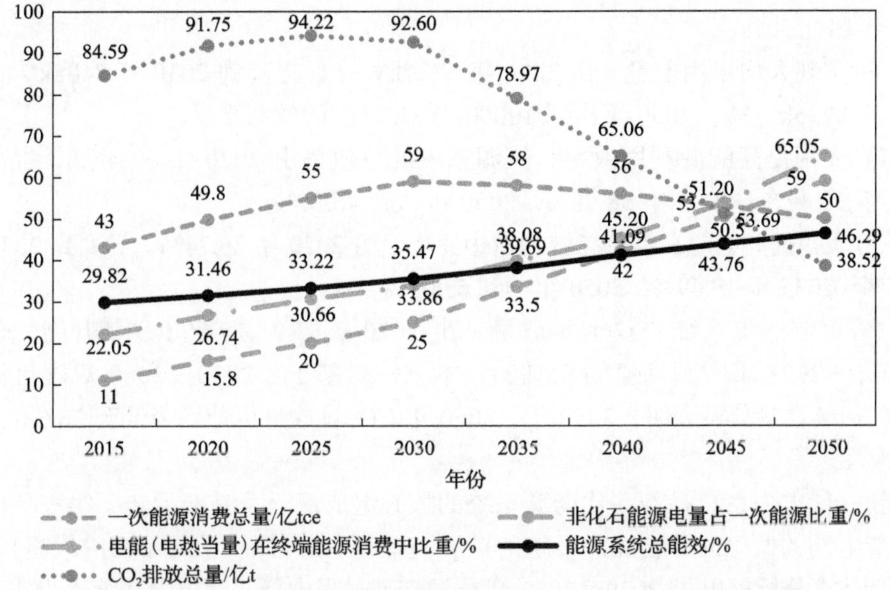

图 2-28　2015～2050 年我国新一代能源系统主要参数演化趋势

2.7　小　　结

遵循习近平能源革命的战略思想，提出我国能源转型与革命的核心目标是构建清洁低碳、安全高效的新一代能源系统，以实现最大限度地开发利用可再生能源、最高程度地提高能源利用效率，服务于国家 2020 年全面建成小康社会、2035 年基本实现社会主义现代化、2050 年建成社会主义现代化强国的“两个 100 年”经济社会发展战略目标，并为应对全球气候变化做出贡献。

新一代能源系统是以电力为中心，以电网为主干和平台，各种一次、二次能源的生产、传输、交易、使用、存储和转换装置以及它们的信息、通信、控制和保护装置直接或间接连接的网络化物理系统。

贯彻中共“十九大”关于 2020～2035 年、2035～2050 年两阶段建设社会主义现代化强国的战略思想，基于国家能源生产和消费战略(2016—2030)和“十三五”规划的目标要求，研究提出构建我国新一代能源系统的主要建设发展目标如下。

(1)控制一次能源消费总量，由 2020 年 49.8 亿 tce 逐步增加，于 2030 年达到峰值 59 亿 tce 后逐步减少，2050 年前后稳定于 50 亿 tce。

(2)实现非化石能源在一次能源消费中比重，由 2015 年的 11.9%(按当年非化石能源电量计算为 11%)，提高到 2020 年 15.8%，2030 年 25%、2035 年 33.5%，2050 年超过 50%。

(3)实现人均年用电量，由 2020 年 5327kW·h，提高到 2030 年 7408kW·h、2035 年 8295kW·h，2050 年达到 10000kW·h 以上的较高水平。

(4)大幅提高能源利用效率，能源系统的总效率由 2020 年 31.46%，提高到 2030 年 35.47%、2035 年 38.08%，2050 年达到 46.29%。

(5)大幅提高电能在终端能源消费中比重，由 2020 年 26.74%，提高到 2030 年 33.86%、2035 年 39.69%，2050 年达到 65.05%。

(6)控制能源系统的 CO_2 排放量，由 2020 年的 91.75 亿 t 逐年升高，争取在 2025～2028 年间到峰值约 95 亿 t，本书作者基于“2030～2060 双碳目标”进行的后续情景分析表明，2050 年、2060 年 CO_2 排放量可分别降低至 26.6 亿 t 和 10.0 亿 t。

新一代电力系统是新一代能源系统的核心组成部分，是新形势下第三代电网和智能电网的概念向综合能源系统的扩展。基于国家能源转型与革命的战略目标，经模型估算分析提出了 2020～2050 年能源转型过程中新一代电力系统逐步实现以清洁可再生能源替代传统化石能源目标的电源结构。2030 年、2035 年和 2050 年全国电源装机容量和发电量结构依次如下。

(1)总装机容量分别为 37.34 亿 kW、45.38 亿 kW、55.47 亿 kW，发电量分别为 10.75 万亿 kW·h、11.87 万亿 kW·h、13.78 万亿 kW·h。

(2)非化石能源电源装机占比分别为 59.23%、68.40%、79.48%，发电量占比分别为 46.66%、56.44%、73.81%。

(3)可再生能源电源装机占比分别为 56.55%、65.32%、74.97%，发电量占比分别为 40.15%、48.18%、62.02%。

(4)非水可再生能源电源装机占比分别为 44.50%、55.40%、65.96%，发电量占比分别为 24.25%、33.78%、48.23%。

参考文献

[1] 周孝信，陈树勇，鲁宗相. 电网和电网技术发展的回顾与展望——试论三代电网[J]. 中国电机工程学报，2013, 33(22): 1-11, 22.

[2] Chong C, Liu P, Ma L, et al. LMDI decomposition of energy comsumption in Guangdong Province, China, based on energy allocation diagram[J]. Energy, 2017, 133: 525-544.

[3] 中国电力企业联合会. 2020 年全国电力工业统计快报数据一览表[EB/OL]. [2021-01-20]. https://cec.org.cn/detail/index.html?3-292820.

[4] 中国产业发展促进会生物质产业分会. 2020 年全国生物质发电运行情况简报[EB/OL]. [2021-02-04]. http://www.hxny.com/nd-53764-0-50.html.

第 3 章　新一代能源系统目标的路径选择

3.1　概　　述

新一代能源系统的核心是新一代电力系统，其主要特征之一是综合能源电力系统，其形态结构演化包含了能源和电力两个层面，而集中式与分布式的发展模式是路径选择的关键问题。本章分别从电源、源端系统、受端系统、市场机制和能源互联网五个方面，对实现新一代能源系统的关键途径进行深入分析。

3.1.1　综合能源系统的定义及发展前景

广义的综合能源系统(integrated energy system，IES)指通过对能源的产生、传输与分配(能源供应网络)、转换、存储、消费等环节进行有机协调与优化后所形成的能源产供销一体化系统。它由社会供能系统、能源交换环节和广泛分布的终端综合能源单元系统构成。

综合能源系统可以实现不同供用能系统间的有机协调，可提高社会能源供给的安全性、灵活性、可靠性；可利用不同供用能系统间的互动能力实现能源的优化调度，有利于提高社会功能系统基础设施的利用率；可实现各类能源的优化利用，提升综合能源利用率，有效应对全球气候变化问题，实现人类社会能源可持续发展。因此，综合能源系统是未来全球能源发展的必然趋势。

随着需求类型的不断增加及综合能源系统的发展，综合能源服务平台这一概念逐渐被提出，其定义是以电力供应为基础，围绕用户用能及周边价值诉求，面向多种能源种类，采取多种服务手段，提供多种商业产品、传递多元用户价值的综合服务平台。综合能源服务核心是分布式能源以及围绕它进行的区域能源供应，同时可以将公共热、冷、电力、燃气甚至水务整合在一起的一种综合能源服务形式，这将是未来综合能源系统的具体表现形式。

3.1.2　新一代能源系统的形态演化趋势

能源转换传输系统主要是由一次能源转换成电和热，经过传输供应给终端用户的系统。能源的低碳化和分布式转型将使从第一次工业革命以来集中、单向、垂直的“能源供应系统”转为以电网为骨干的、基于互联网信息系统的、高度智能化的分散、双向、扁平的能源网络。图 3-1 示出了这两种构架的异同，图中，

DES 为分布式能源系统(distributed energy system)，CCHP 为冷热电联供(combined cooling heating and power)，MSG 为智能微电网(micro smart grid)。图 3-1(a)沿袭传统工业+化石能源的思维：集中、垂直、单向；图 3-1(b)以可再生能源为主的能源供应系统思维：分散与集中协同、水平、双向(黑色实线表示集中传输，灰色虚线表示分散传输)。

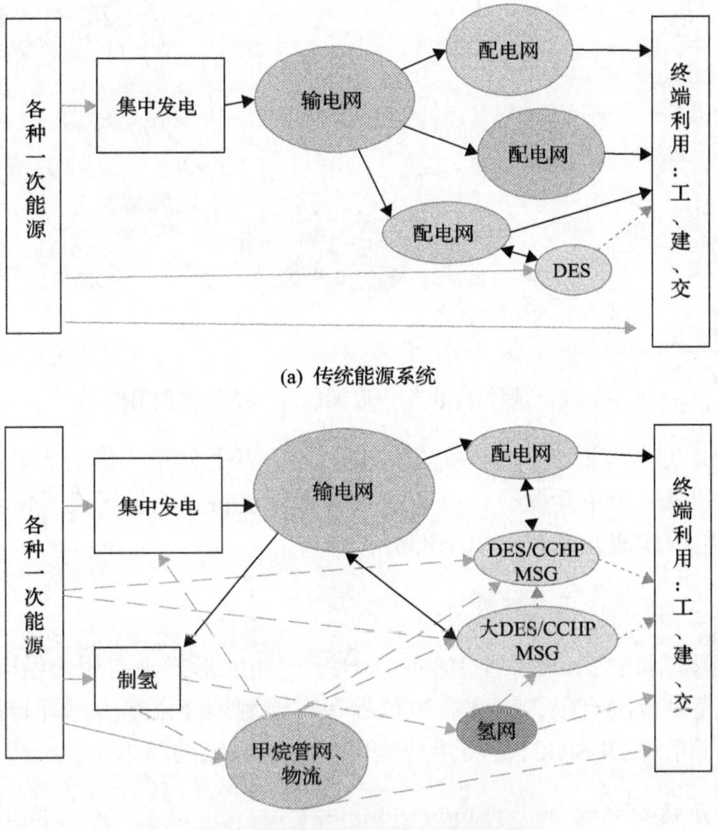

(a) 传统能源系统

(b) 以可再生能源为主的新一代能源系统

图 3-1　对能源系统的两种思维

图 3-2 是预计到 21 世纪中后期的能源网络的物理架构。白色方框表示相对集中的能源转换子系统。电网、甲烷网、氢网只有传输、没有转换的功能。大小 DES/CCHP 是基本供能单元，既有转换、也有传输功能。图中线条和箭头表示传输及其方向，虚线表示集中、实线表示分散，SG 为智能电网(smart grid)；LNG 为液化天然气(liquefied natural gas)；SGG 为智能天然气管网(smart gas grid)；SHG 为智能氢气管网(smart hydrogen grid)。

在图 3-2 的上下两端分别有以 SG 和 SGG 为核心两个由虚线联结起来的集中

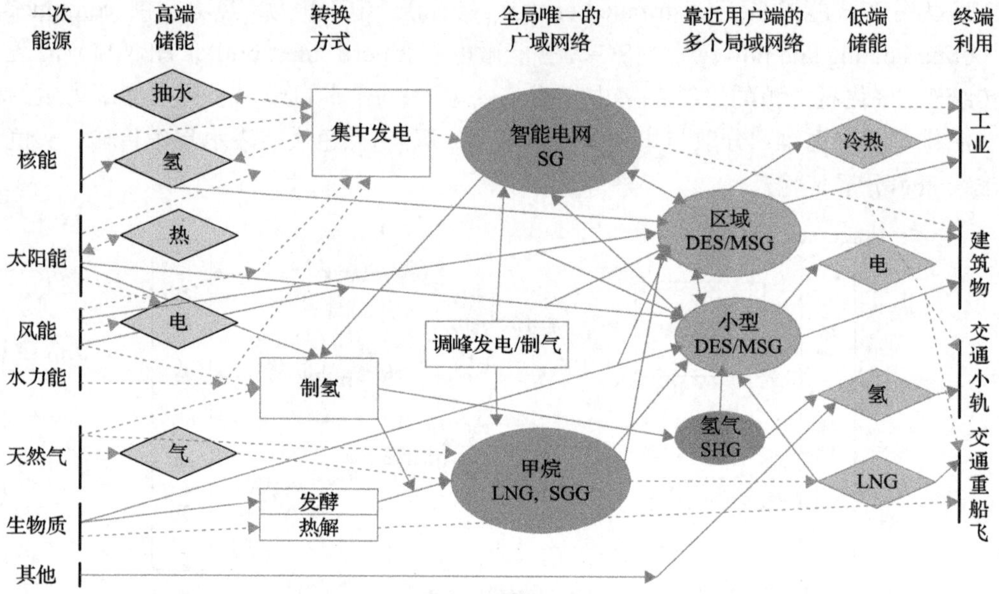

图 3-2　预计 21 世纪中后期能源网络的物理架构

供电和集中供气的“超级供能子系统”；它们与千万个分布式供能子系统是并列的关系。图中的每一个单元框、每一条联结线都代表特定能量转换或传输过程。

系统中主要构成元素包括以下部分：

1. DES/CCHP 系统是基本单元

终端能源需求中，未来将有 30%以上比例的用能形式为向用户供应冷暖热汽，而冷暖热汽直供范围有限，因此近半数的一次能源须经由热力循环转换。亿万个分布式供能子系统 DES/CCHP 将为未来能源供应系统的基本单元。

2. 电网是核心架构

电力是占总量 70%以上能量的主要载能介质。这就使电网的主要职能不再仅是集中发电的传输和配送者，更主要的是所有电力的集散、交易的平台和智能调度、控制中枢，借以实现实时供需平衡。电网将是一个充分运用互联网信息传播功能实现电力实时供需平衡的物理平台，也是实现整个能源网络优化运行的核心骨架。

3. 储能是一次能源转换与终端能源利用之间实现平衡的物理手段

储能可分为 3 大类。

(1)“集中系统级储能”是为解决集中的风电、太阳能发电等的随机性与核电恒负荷特性导致的供需不平衡，在电力富裕时段储存多余电力，需求高峰时再发电的技术。主要有抽水蓄能、高温熔盐储热、储电池、压缩空气等。

(2)“分散用户级储能”是利用光伏为主的 DES 内设电池储存电力(包括自发电和网电)。储存的电力既可以择时自用，也可以在高峰时段向电网反输盈利。亿万个分散储电的集合具有强大的调峰能力。

(3)“中长期储能或跨季节储能”是为应对可再生能源中长期波动或各种灾害下的保安能源电力供应，具有可长期储存特性，可实现能量跨季节转移，解决可再生能源出力与负荷季节尺度的不平衡，如储氢和其他可再生能源电制气等。

各种冷、暖、热、蒸汽的分散储存具有经济性好、能量损耗小的优点，是大、小 DES/CCHP 系统中的重要部分。

4. 天然气管网和液化天然气物联网络

天然气是除了电力之外的第二大载能介质。天然气需要通过一个全局性网络供给所有 DES/CCHP 和工业、建筑物终端用户。SGG 是仅次于 SG 的第二个智慧能源网络的骨架和中枢。除了用作 DES/CCHP 和其他终端燃料之外的另一大功能是快速启停发电、协助随机性很强的风电光电均衡入网，以及接纳、平衡用于 SG 调峰的电制气。欧盟已开始构建 SGG。

液态甲烷即 LNG 用作运输燃料，在中间馏份燃料的低碳替代中具有极其重要的地位，很可能不仅是过渡途径。目前的主要载体是汽车 LNG 低温槽车，未来将逐步发展为更便捷和经济的集装箱多式联运。在互联网的信息交换平台上构建 LNG 物联网，基于整个网络运行实时大数据进行运算、模拟和优化，将保障供应和使用成本大大降低。

5. 氢气管网和瓶装氢及相关产品物联网络

现已投放市场的零排放氢气燃料电池汽车几十年后有可能占据乘用车市场的半壁江山。大量分散的制氢设施和成千上万氢燃料的加注站要求形成氢气输送管网和与之相配合的瓶装氢物流网络。这两者的建模、模拟和通过互联网的优化管理、调度和控制与智能天然气管网 SG 和 LNG 物流输配网络类似，也可以称为智能氢气管网(SHG)和瓶装氢物联网。但由于氢气总量远较天然气小，其质量热值只有天然气的 1/8，长距离输送经济性较差，SHG 一般只能构成局域联网；未来高压瓶装氢也有可能被新的车载储氢技术所取代。为了克服氢气长途运输困难，未来还可考虑将可再生能源(水电、光伏发电等)发电用于电解水制氢与 CO_2(石化副产或火电厂碳捕集取得)合成甲烷、甲醇，其中甲烷可通过常规天然气输送管道、甲醇通过常规车辆安全运输。

3.1.3 新一代能源系统中电网的作用及形态演化趋势

各国在新一代能源系统的发展过程中，电网的作用及形态演化基本具备如下趋势(表 3-1)：普遍以电为核心、以电网为骨架进行能源系统的升级，逐步采用直流输电等输电技术对现有电网进行互联改造，满足新能源大规模集中开发传输的需求；在满足不同用电需求的基础上，分布式新能源与微网也将以技术经济最优原则在偏远地区及负荷侧灵活组合，与主干电网互为补充，实现能源消费的低碳化甚至无碳化。应用用户和电网交互互动、能源和信息融合的多种新技术构建智能化电网，形成综合能源系统。

表 3-1 新一代能源系统中电网的作用及形态变化

国家/地区	能源发展方向
欧洲	通过高压直流输电等技术改造电网，实现国与国之间的互联，建立能源信息综合系统
美国	基于国家电力联网，融合了信息技术的电、热、气综合系统
日本	在智能电网基础上，构建智能社区和智能城市，形成一体化能源系统
俄罗斯、印度、南非、巴西	加速电力行业发展，减少化石能源比例，提高新能源占比，实现用能“多元化”
中国	转变用能结构，发展清洁能源，以电网为核心建立综合能源系统

我国电力系统发展经历了明显的三代发展历程。各阶段的特征如表 3-2 所示。

表 3-2 我国三代电力系统(三代电网)的发展及阶段特征

	第一代电力系统 19 世纪末～20 世纪 50 年代	第二代电力系统 20 世纪 50 年代～20 世纪末	第三代电力系统 21 世纪初～21 世纪中叶
主要特征	小机组(燃煤、油气、小水电) 低电压(220kV 以下) 小电网(城市电网，孤立电网)	大机组(化石、核电、水电) 超高压(750kV 以下) 大电网(交直流互联电网)	可再生能源和清洁能源发电为主骨干电源与分布式电源结合 主干电网与主动配网微网并存
控制保护	简单保护和手动控制	快速保护和优化控制；输变电设备故障的快速切除	智能的电网控制、保护系统，智能输变电设备和网络的自愈
输电方式	220kV 以下架空线和电缆输电	超高压交直流输电，架空输电方式为主	大容量、低损耗、环境友好的输电方式
调度和能量管理	经验型调度	分析型调度，适应负荷变化的电源侧能量管理系统	适应源-荷随机变化的集中-分散智能型调度，充分考虑需求响应和储能的综合能量管理系统
安全可靠性	电网安全和供电可靠性低	安全性可靠性提高，大电网停电风险依然存在	供电可靠性大幅提高，基本排除用户的意外停电风险

续表

	第一代电力系统 19 世纪末～20 世纪 50 年代	第二代电力系统 20 世纪 50 年代～20 世纪末	第三代电力系统 21 世纪初～21 世纪中叶
资源配置方式	经济性资源优化配置能力差	大机组大电网规模经济性，大范围的资源优化配置能力，电力市场	集中与分布结合的规模经济性，能源电力综合市场
配网能源电力服务	单向电力流，单一的电力服务	配电网单向电力流，单一的电力服务	分布式能源广泛接入的智能主动配电网、微网，双向能源电力流，综合能源、电力、信息服务
发展模式	初级阶段的发展模式	高度依赖化石能源，不可持续的发展模式	基于可再生能源和清洁能源，可持续发展的综合能源电力发展模式

第三代电力系统，即“新一代电力系统”，是 100 多年来第一、二代电力系统的传承和发展。大规模利用可再生能源、高比例电力电子装备接入、多能互补的综合能源和信息物理融合的智能化是新一代电力系统的主要特征。

3.1.4　大规模西电东送和中东部就地电源及分布式发展

大规模“西电东送”是我国能源电力生产和消费禀赋所带来的必然特征。2020 年之前，我国主要围绕煤电基地和水电基地的电力外送以及部分跨国输电的需要，形成“西电东送”“北电南送”的基本电力流向。2030 年前后，跨区电力流或电网互联规模将在 2020 年的基本格局基础上进一步加大，重点体现在西藏水电及西北风光基地的外送规模上，输送容量将进一步提高。

我国中东部电网规模巨大，不可能完全依靠“西电东送”“北电南送”等外部电源来满足其庞大的用电需求，中东部电源就地发展是中东部电网发展的基础支撑。随着分布式新能源电源并网数量的增加，在中东部负荷中心的这些分布式电源将成为满足中东部电网用电需求的重要组成部分。

由于上述单一电源来源均难以满足中东部电网的全部用电需求，所以未来这些电源最有可能的发展形势是：在满足不同输电需求的基础上，大规模西电东送和中东部电源就地电源和分布式电源均将得到充分发展，互为补充，实现技术经济的优化组合。

3.2　未来电源(储能)的发展路径

3.2.1　燃煤电厂转型发展的可行性及前景

随着我国装机结构日趋多元化，高利用小时数的煤电将逐步被低利用小时数的非化石能源发电替代，在下一个发展阶段中煤电将更多地定位为容量电源，利用小时数将处于相对低位。考虑到煤电功能定位的调整变化，应重新审视煤电利用小时数在新形势下的新内涵，建立包含发电量、各种辅助服务、容量供给、以热定电等内容在内的煤电利用小时数的再认识，充分发挥煤电的容量效益。

随着我国可再生能源逐步从补充能源向替代能源的转变，支撑可再生能源消纳对电力系统灵活性提出了挑战，需要对已有燃煤机组进行现代化改造，一方面，提高机组灵活性，保障电力系统的安全稳定运行，另一方面，能耗、污染物排放等其他方面的性能也要同步改进，推动化石能源的清洁高效利用。与抽水蓄能、气电、储能相比，煤电灵活性改造后是我国当前技术条件下最经济可靠的调峰电源，逐步从电量电源向容量电源转变，为系统稳定运行提供调峰等辅助服务，以保障可再生能源充分消纳。

燃煤电厂转型发展，一方面是针对处在中心城市边缘且在有效供热半径内，进行集中供热具有明显区位优势的火电机组进行转型升级，加快供热改造，实现热电联产运营，提高能源利用效率；另一方面通过灵活性改造可以进一步提升快速、深度调峰能力，以适应大规模新能源电力消纳需要。

3.2.2 天然气在我国新一代能源系统的地位及发展前景

1. 天然气资源及其发电潜力

1)燃气资源及分布

根据新一轮油气资源评价结果，我国常规天然气资源主要分布在塔里木、四川、鄂尔多斯、柴达木、松辽、东海、琼东南、莺歌海和渤海湾等九大盆地。其中，塔里木、四川、鄂尔多斯三大盆地天然气资源丰富，是我国天然气资源分布最集中的地区，资源量共计 29.2 万亿 m^3，占总资源量的 52.3%。截至 2019 年底，我国累计探明天然气地质储量 8.4 万亿 m^3[1]，2019 年鄂尔多斯盆地靖边气田、苏里格气田和四川盆地安岳气田新增探明地质储量均超过千亿 m^3[2]；2020 年我国全年全国天然气产量 1925 亿 m^3，同比增长 9.8%[3]。根据中石油经济技术研究院发布的 2020 版《2050 年世界与中国能源展望》预测，2035 年和 2050 年中国天然气产量将分别达 3000 亿 m^3 和 3500 亿 m^3，展望期内年均增长 2.8%；页岩气、致密气、煤层气等非常规气增长潜力大，2035 年后与常规气产量规模相当[4]。

2)燃气发电潜力

根据中石油经济技术研究院发布的 2020 版《2050 年世界与中国能源展望》报告预测，电力和建筑(公用和居民)部门是拉动我国天然气需求增长的重要动力，两者分别贡献 2020～2050 年间增量的 46%和 26%。当前，经济性不足是限制气电快速发展的主要因素，但天然气发电运行灵活，启停时间短，爬坡速率快，调节性能出色，同时具有清洁、低碳、高效、占地小等多维综合优势，作为灵活调节电源、满足增量电力及热力需求，有较好的发展前景。2020 年我国天然气发电装机规模已达 0.98 亿 kW，天然气发电量 0.2485 万亿 kW·h。根据第 2 章我国未来电源结构估算，2030 年、2050 年我国燃气发电装机规模将分别达到 3.75 亿 kW、6.22 亿 kW，2030 年、2050 年我国发电天然气使用量占全国天然气消费总量的比例分别约为 37%、81%。

2. 天然气发电作用地位

随着天然气勘探开发和海外引进步伐的加快，天然气在我国一次能源消费结构中的比例将逐步提高。作为天然气消费的重要组成部分，适度发展天然气发电和分布式能源系统，有利于改善电源结构，实现能源的清洁高效利用，对节能减排、改善环境具有重要意义。

长期来看，天然气发电的开发规模、速度取决于资源供应能力、节能减排力度及国家宏观政策的指导。在国内常规天然气开采稳步增长，非常规天然气开发取得突破，天然气国际进口通道逐步完善，具备可靠、稳定的天然气供应能力条件下，气电是替代部分煤电机组，改善我国以煤为主的电力供应结构的最佳选择。如宏观政策进一步趋向严格控制污染物排放，地区节能减排指标进一步强化，同时天然气电价能够在消费终端“走出去”，天然气发电将迎来不可预料的爆发增长期，在受端地区与煤电形成竞争与替代关系。目前，这种模式已经在北京、天津、上海等大型城市出现，并有向部分经济较发达地区推广的趋势。

3. 天然气发电模式分析与路径选择

发电是未来我国天然气利用的重要方式，未来发电用气占比基本保持在 20%以上。我国天然气利用以大力发展城镇燃气、推动分布式能源系统建设、发展天然气工业燃料应用、积极引导天然气发电为方针。表 3-3 为现有天然气发电模式的综合比较情况。

表 3-3　天然气发电利用方式综合比较

	单循环	联合循环(发电)	联合循环(热电联产)	分布式冷热电三联供
能源效率/%	33～38	52～58		70～90
调峰深度/%	100	60	基本不具备	发电机组运行时基本不具备
调节速率/(机组额定容量%/min)	8～10	3～4.5	—	—

注：分布式能源的发电机组一般以固定运行方式在电力负荷低谷时段停机(从公共电网取电)，当发电机组运行时，如果考虑保持较高的能效，以及商业利益问题，基本不能参与系统调峰，因此不认为其有相应的调节速率。

从天然气发电利用方式看，大型燃气发电和分布式能源系统仍是未来我国天然气发电利用的主要方式。从能源效率看，分布式冷热电三联供最高；从发电成本看，目前联合循环相对较低；从调节能力看，单循环调峰深度最深、调节速率最快。

我国天然气发电模式的路径选择建议：应优先发展联合循环，在新能源规模大、抽水蓄能电站建设条件差的地区或尖峰负荷明显的地区，适度发展少量的单循环燃机；随着分布式能源系统成本的下降，可发展较大规模的天然气分布式能源系统。

3.2.3 核电在我国新一代能源系统的地位及发展前景

核电作为低碳能源，是我国未来能源可持续发展的重要基础。截至 2020 年底，我国核电装机 4989 万 kW，占总发电装机容量的 2%，2021 年 1 月，中国自主研发的三代核电“华龙一号”的首堆——福清 5 号机组正式投入商运，为中国未来十年加快核电建设、实现 2030 年非化石能源占比承诺打开了一条路径。

1. 核电资源及其发电潜力

我国铀矿资源勘查程度较低，探明有限，潜在总量较大，前景广阔。我国铀矿资源丰富，第二轮勘查预测储量超过 200 万 t。随着勘查工作的深入，近年来铀资源的年新增储量均在 8000t 以上，未来勘查前景广阔。

随着乏燃料发电等技术的发展，以快堆为代表的增殖与嬗变堆，即由快中子引起裂变反应，可以利用铀资源中 99.3%的 ^{238}U，铀资源已不再构成我国核电发展的最主要制约因素。而为了保证核电安全，核电厂址对地震地质、水文气象、环境保护、人口密度等众多因素的要求更为严格，厂址资源将是我国核电发展的最主要影响因素。就厂址资源来看，据不完全统计(表 3-4)，我国已开工建设和通过可研审查的厂址资源，已超过 7000 万 kW；考虑备选厂址后，我国大陆现有厂址资源可支撑核电装机 1.6 亿 kW 以上；通过进一步核电厂址资源普查，我国核电厂址资源可满足 3 亿～4 亿 kW 的核电装机，远期可满足 5 亿 kW 以上的核电装机。

表 3-4　我国在运及规划核电厂装机基本情况

核电站名称	运营容量/MW	在建容量/MW	筹建容量/MW	规划容量/MW
大亚湾	944*2			
秦山一期	298			
秦山二期	610*3+619			
秦山三期	677*2			

续表

核电站名称	运营容量/MW	在建容量/MW	筹建容量/MW	规划容量/MW
方家山	1012*2			
岭澳一期	950*2			
岭东/岭澳二期	1007*2			
田湾	990*2+1045*2+1000	1118	1200*2	
宁德	1018*4		1150*2	
红沿河	1061*4	1119*2		
阳江	1000*6			
福清	1000*5	1150		
防城港	1000*2	1180*2	1150*2	
昌江	601*2	1200	1200	
台山	1660*2		1150*2	
三门	1157*2		1250*2	1250*2
海阳	1157*2+1170*2		1250*2	1250*2
石岛湾		211+1500*2		1250*4
霞浦		600*2		
漳州		1212*2		1150*4
惠州太平岭		1200+1202		1150*4
苍南/三澳		1150	1150	
渤海浮动			60	
胶东浮动			125	
徐大堡			1250*2+1200*2	1250*2
陆丰			1250*2	1150*4
连江			1250*2	
海兴			1250*2	
白龙			1250*2	1400*4
昌江 SMR			125*2	
桃花江			1250*4	
彭泽			1250*2	1250*2
咸宁			1250*2	1250*2
三坝				1150*4

续表

核电站名称	运营容量/MW	在建容量/MW	筹建容量/MW	规划容量/MW
瑞金或万安				600*2
红石顶				1150*2
沧州				1150*2
小墨山				1250*4
白沙				1250*4
鹰潭				1250*4
南阳				1250*6
信阳				1150*4
常德				1150*4
池州				1250*2
涪陵				1250*2
靖宇				1250*2
东港				1150*2
霞浦(华能)				1250*6
芜湖				1250*2
宁都				100*2
吉安				1250*2
韶关				1250*2

2. 核电的作用及发展情况

当前核能发电量所占比例接近世界电力供应 1/5 左右，在世界整个能源供应体系中具有重要作用。据经济合作与发展组织和国际能源署联合预测，到 2050 年，全球核电发电量将在现有基础上翻番，发电比例将达世界发电总量的 17%。

截至 2020 年底，我国运行核电机组共 49 台(不含台湾地区核电信息)，在建核电机组 17 台，总容量是 1853 万 kW，国内所有在建核电工程整体上在稳步推进。发电量方面，2020 年核电发电量 3662 亿 kW·h，占全部发电量的 4.8%，是位居煤电、水电、风电之后的第四大电源类型。

发展核能是推动能源低碳化转型的重要选项，随着风、光等清洁能源快速发展，电网抵御严重事故能力面临更高要求，迫切需要稳定的基荷电源与间歇性、波动性电源互补发展，核电作为清洁低碳基荷电源，有利于改善能源与负荷分布结构，对优化能源整体布局、保障能源供应安全具有重要意义。总体而言，目前我国核电发电总量已达到世界领先水平，但核电在发电总量中的比重还较低，低于全球平均水平。根据《中国核能年度发展与展望(2020)》预计，2025 年底，我国在运核电装机将达到 7000 万 kW，在建 3000 万 kW，到 2035 年，在运和在建核电装机容量合计达 2 亿 kW，未来需要在确保安全的前提下，高效发展核电，进一步明确核电在我国能源系统中的定位和作用，预计 2050 年将达 2.5 亿 kW，从而为整个电网提供基础电力供给。

3. 核电未来发展路径选择

2020 年 12 月 21 日，国务院新闻办公室发布《新时代的中国能源发展》白皮书，其中对我国核电技术发展路径描述为安全有序发展核电，将核安全作为核电发展的生命线，坚持发展与安全并重，实行安全有序发展核电的方针，加强核电规划、选址、设计、建造、运行和退役等全生命周期管理和监督，坚持采用最先进的技术、最严格的标准发展核电。完善多层次核能、核安全法规标准体系，加强核应急预案和法制、体制、机制建设，形成有效应对核事故的国家核应急能力体系。强化核安保与核材料管制，严格履行核安保与核不扩散国际义务，始终保持着良好的核安保记录。

科技创新方面，建成若干应用先进三代技术的核电站，新一代核电、小型堆等多项核能利用技术取得明显突破。实施核电科技重大专项，围绕三代压水堆和四代高温气冷堆技术，开展关键核心技术攻关，持续推进核电自主创新。将先进核电纳入先进能源技术装备的重大能源示范工程建设。

能源法律体系完善方面，推进能源领域法律及行政法规制修订工作，加强能源领域法律法规实施监督检查，加快核电领域规章规范性文件的“立改废”进程，将改革成果体现在法律法规和重大政策中。

3.2.4　分布式能源的发展前景

分布式能源系统(distributed energy system，DES)是一种先进的供能系统，产生于第二次工业革命中后期、工业和建筑物燃料用一次能源由煤和石油向天然气转换的历史阶段，其早期的名称还有 DE(decentralized energy)、DE(distributed energy)或 DER(distributed energy resources)。DES 产生的背景是分散式供电的提出以及为了提高能效。

迄今为止，DES 在国际上还没有完全统一的定义。国际分布式能源联盟的解释是“设在负荷中心，向用户就地联供冷热电蒸汽终端用能的高效系统”，即 DES/CCHP。“就地、高效”实际上已经界定了其最大规模，即冷热蒸汽供应都在经济输送距离内。蒸汽和采暖热水的经济输送距离原来认定是 8～10km，近年来由于隔热和降低输送功耗技术突破，已经可达 20km 以上。10kV 电力经济输送距离 1～2km，110kV 以上远得多。在我国，住建部规范的区域供冷系统（district cooling system，DCS）的 5～12℃冷水输送距离在 1.5km 之内。但在一个能源站 DES 可带动几个 DCS 的情况下，多个 DCS 可覆盖的范围就是几十平方公里了，通常被称作区域型 DES/CCHP。

我国国家发展和改革委员会和国家能源局在《关于分布式能源系统有关问题的报告》中的定义是：分布式能源是近年来兴起的利用小型设备向用户提供能源供应的新的能源利用方式。

发达国家在发展 DES 时，其第二次工业革命已经完成，城镇建设都基本定型，不适合重新规划铺设供热、冷、蒸汽管道，因此发达国家 90%以上的 DES 项目都是小的“用户型”甚至“楼宇型”的。中国 DES 发展较晚，其形式主要为楼宇型、区域型及海岛型。

分布式能源系统可利用的可再生能源多种多样，包括太阳能、风能、地热能、生物质能等，一个分布式能源系统中可以使用一种或多种可再生能源。

不同国家能源资源禀赋、能源供需格局、能源战略选择各不相同，决定了各国分布式电源发展的路径及发展重点存在差异。美国油气资源丰富，以提高能效为目标，其分布式电源发展以燃气分布式多联供为主；德国则致力于能源转型，通过发展可再生能源和提高能效，以可再生能源逐步替代核能和传统化石能源，其分布式电源的发展则侧重于分布式可再生能源。日本能源资源贫乏，在节能与开发国内可再生能源并举的战略方针指导下，其分布式电源的发展坚持燃气分布式多联供和分布式可再生能源并举。国外发展分布式电源，不仅仅着眼于能源本身的利用，而且注重相关技术创新和产业培育，也重视发挥分布式电源对于带动民间中小投资者积极性的作用。

目前我国仅定期公布分布式光伏发电的发展情况，统计口径涵盖接入 35kV、装机容量在 2 万 kW 以下的光伏电站。2014～2019 年我国分布式光伏快速发展，累计装机容量从 467 万 kW 增长至 6263 万 kW，在光伏发电总装机中占比从 13.33%增长至 30.66%；截至 2020 年底，全国分布式光伏装机累计达到 7831 万 kW，同比增长 24.2%，占全国光伏发电装机容量的比重达到 30.9%。

2017 年 1 月，国家能源局启动首批多能互补集成优化示范工程 23 个项目，其中，终端一体化集成供能系统 17 个、风光水火储多能互补系统 6 个，实现电网、气网、热力管网三网融合运营，风、光、火、热储多类型能源互补。

根据资源特性和用能需求，加快风能、太阳能、小水电、生物质能、海洋能、地热能等可再生能源的分布式开发利用。以城市、工业园区等能源消费中心为重点，完善相关配套设施，大力推进屋顶光伏等分布式可再生能源技术应用，尽快提高分布式供能比重。因地制宜在农村、林区、牧区、海岛积极推进分布式可再生能源建设，解决偏远地区生活用能问题。

3.2.5　太阳能热发电的发展前景

1. 太阳能热发电资源及其发电潜力

按照全年日照时数和接受太阳能辐射量的大小，我国大致上可分为五类地区，如表 3-5 所示。

表 3-5　我国太阳能资源的分类

分类	日照时数及辐射量指标	地区
一类地区	全年日照时数为 3200～3300h，年辐射量在 1860～2330kW · h/m^2，相当于 225～285kg 标准煤燃烧所发出的热量	主要包括青藏高原、甘肃北部、宁夏北部和新疆南部等地。特别是西藏西北部，地势高，大气透明度也好，年太阳辐射总量最高值达 2330kW · h/m^2，仅次于撒哈拉大沙漠，居世界第二位
二类地区	全年日照时数为 3000～3200h，年辐射量在 1630～1860kW · h/m^2，相当于 200～225kg 标准煤燃烧所发出的热量	主要包括内蒙古西部、宁夏南部、甘肃中部、青海东部、西藏东南部、新疆北部部分地区、河北西北部和山西北部等地。此区为我国太阳能资源较丰富的地区
三类地区	全年日照时数为 2200～3000h，年辐射量在 1390～1630kW · h/m^2，相当于 170～200kg 标准煤燃烧所发出的热量	主要包括山东、河南、河北东南部、山西南部、新疆北部部分地区、吉林、辽宁、云南、陕西北部、甘肃东南部、广东南部、福建南部、江苏北部和安徽北部等地
四类地区	全年日照时数为 1400～2200h，年辐射量在 1160～1390kW · h/m^2，相当于 140～170kg 标准煤燃烧所发出的热量	主要是长江中下游、福建、浙江和广东的一部分地区，春夏多阴雨，秋冬季太阳能资源还可以
五类地区	全年日照时数约 1000～1400h，年辐射量在 933～1160kW · h/m^2。相当于 115～140kg 标准煤燃烧所发出的热量	主要包括川西之外的四川中、东部地区和贵州省，是我国太阳能资源最少的地区

一、二、三类地区，年日照时数大于 2200h，年辐射总量高于 1390kW · h/m^2，是我国太阳能资源丰富或较丰富的地区，具有利用太阳能的良好条件；四、五类地区虽然太阳能资源条件较差，但仍有一定的利用价值。

由于太阳辐射观测站点比较稀疏，不能满足要求，目前只能借助现有太阳辐射观测站的测量参数与有关的气象要素建立相关关系来推算太阳辐射能。

太阳能利用的地面资源由中科院地质与地球物理研究所提供数据，根据数年来沙漠考察及利用航空相片等资料所编制的中国沙漠分布图量的结果显示，全国沙漠(包括戈壁及沙漠化土地)总面积有 130.8 万 km^2，约占全国土地总面积的 13.6%，其中沙质荒漠占 45.3%，沙漠化土地(沙地)占 11.2%，戈壁占 43.5%，主要分布如表 3-6 所示。

表 3-6 我国沙漠和戈壁资源分布 (单位：万 km^2)

省(自治区)	总面积	沙漠(含风蚀地)	戈壁
新疆	71.3	42	29
甘肃	6.8	1.9	4.9
青海	7.5	3.8	3.7
内蒙古	40.1	21.3	18.8
宁夏	0.65	0.4	0.25
吉林	0.36	0.36	0
辽宁	0.17	0.17	0
陕西	1.1	1.1	0

资料来源：中国工程院. 中国能源中长期(2030、2050)发展战略研究. 科学出版社, 2010。

我国沙漠、沙地 95.37%集中分布在新疆、内蒙古、青海和甘肃四省区，并且呈大面积连片分布，主要以流动、半流动类型为主。沙漠、沙地占总土地面积的比例以内蒙古最高达 43.287%，其次为新疆，占比为 31.727%，青海、宁夏和甘肃都在 15%左右，大于 1%的省区还有陕西、吉林、河北、辽宁、河南、山西和海南七个省。这些省区的太阳能法向直射辐射资源都很丰富或较为丰富。

国家重点基础研究发展计划项目“高效规模化太阳能热发电的基础研究”对我国太阳能热发电可开发潜力进行了评估。分析结果显示：我国一类太阳能热发电土地面积 1.67 万 km^2，装机潜力约 506GW；我国二类太阳能热发电土地面积 63.82 万 km^2，装机潜力约 19339GW；我国三类太阳能热发电土地面积 148.89 万 km^2，装机潜力约 45151GW。

发展太阳能热发电必须具备丰富的太阳能资源和大块便宜的土地。我国西部大片地区太阳能资源丰富。统计显示，太阳能年日照时数在 2200h 以上的地区约占国土面积的 2/3 以上，具有良好的开发条件和应用价值。据估算，我国陆地表面每年接受的太阳辐射能约为 50×10^{18}kJ，全国各地太阳年辐射总量 3350～8370MJ/m^2。从全国太阳年辐射总量的分布来看，西藏、青海、新疆、甘肃、内蒙古南部、陕西北部太阳辐射总量很大，尤其是青藏高原地区最大，那里平均海拔高度在 4000m 以上，大气层薄而清洁，透明度好，纬度低，日照时间长。另外，上述地区正好地广人稀，土地贫瘠，地价低，具有发展太阳能热发电的良好资源优势。

2. 太阳能热发电的作用及发展情况

太阳能热发电可建成独立大型电站并网发电，同时利用余热供暖和提供生活用水；还可形成微型电网独立运行，适用于西部边远农牧区、山区等地供电，也可联网运行作为电网可控发电单元。作为全生命周期 CO_2 排放极低[17g/(kW·h)]的环境友好型技术，太阳能热发电是节能减排的重要手段之一，同时也是解决当前可再生能源发电波动性对电网安全性影响问题的重要途径。

目前，美国、西班牙、德国、法国、阿联酋、印度等国已经建成或在建多座光热电站。据 CSPPLAZA 研究中心统计，2019 年全球光热发电建成装机容量新增 381.6MW，总装机在 2018 年 6069MW 的基础上增至约 6451MW。全球光热发电市场主要分布在南欧、北非、中东、南非、南亚、中国、澳大利亚、北美与南美。IEA 预测到 2060 年光热直接发电及采用光热化工合成燃料发电共占全球电力结构约 30%。我国在太阳能热发电仍处于试验与示范阶段，在“十一五”和“十二五”“国家高技术研究发展”计划的支持下，中国科学院电工研究所主持的 1MW 级塔式太阳能热发电实验电站、青海中控太阳能公司 10MW、西安航空动力公司 25kW 碟式斯特林的成功发电。2016 年 10 月天津滨海太阳能光热公司引进意大利技术的 200kW 熔融盐槽式太阳能热发电系统成功发电。这些项目的成功为我国太阳能热发电技术与市场的发展进行了积极的探索。2016 年 9 月，国家发展和改革委员会和国家能源局启动了 1GW 的太阳能热发电示范项目，太阳能热发电商业化进程开始。截至 2019 年末，中国电力建设集团青海共和 50MW 熔盐塔式光热发电项目、鲁能集团公司海西格尔木 50MW 熔盐塔式光热发电项目、中国电力工程顾问集团哈密 50MW 熔盐塔式光热发电项目、兰州大成敦煌 50MW 熔盐线性菲涅耳光热发电项目成功并网，由此，中国 2019 年共计实现新增光热发电装机 200MW(以实现并网为统计口径)。表 3-7 为我国在运的几大光热发电站基本情况。

表 3-7　中国在运的光热发电项目

光热电站名称	装机容量/MW	技术类型	项目信息
首航节能敦煌塔式	100	塔式	蓄热 7.5h，2018 年 12 月运行
CSNP Royal Tech Urat CSP	100	槽式	蓄热 10h，2020 年 1 月建成
德令哈	50	槽式	蓄热 9h，2018 年 7 月运行
Supcon Solar 德令哈	50	塔式	蓄热 7h，2018 年 12 月运行
青海共和	50	塔式	蓄热 6h，2019 年 9 月运行
鲁能海西	50	塔式	蓄热 12h，2019 年 9 月运行
哈密	50	塔式	蓄热 13h，2019 年 9 月运行
大成敦煌	50	菲涅耳反射镜	蓄热 15h，2019 年 12 月运行

3. 太阳能热发电模式分析与路径选择

当前，太阳能热发电技术主要包括槽式太阳能热发电、塔式太阳能热发电、碟式-斯特林太阳能热发电和线性菲涅耳式太阳能热发电四种类型，四种发电技术特征如图 3-3 所示。

• 由跟踪太阳运动的抛物面槽式聚光器和位于抛物面焦线处的吸热管组成的太阳能热发电系统。抛物面槽式太阳能热发电系统一般由抛物面槽式聚光器、吸热管、储热单元、蒸汽发生器和汽轮发电机组等单元组成。 • 光学聚光比通常低于100； • 适应于规模化电站技术； • 实现了规模化商业应用； • 可以与储热系统耦合。	• 通过多台跟踪太阳运动的定日镜将太阳辐射反射至放置于支撑塔上的吸热器中，把太阳辐射能转换为传热工质的热能，通过热力循环转换成电能的太阳能热发电系统； • 光学聚光比在300~1000，运行温度较高； • 适应于规模化电站技术，实现了商业化运行； • 可以与储热系统耦合。	• 利用碟式聚光器将太阳光聚集到焦点处的热头上，通过斯特林循环或者布雷顿循环发电的太阳能热发电系统； • 系统光电转化效率较高； • 光学聚光比在600~3000； • 既适应于小型、分布式电力系统，也适应于规模化电站技术； • 可以与储热系统耦合； • 尚处于实验示范阶段。	• 通过跟踪太阳运动的条形反射镜将太阳辐射聚集到吸热管上，加热传热流体，并通过热力循环进行发电的系统； • 采用平面镜作为反光元件，易于加工； • 风载荷较小，易于与建筑结合，可以作为工业过程蒸汽发生系统； • 光学聚光比在100~200之间； • 可以与储热系统耦合。

图 3-3　主要太阳能热发电技术特征

太阳能槽式发电系统是通过抛物面槽式聚光集热器跟踪太阳，使直射太阳光聚集到吸热管表面，以加热吸热管内传热流体，进而参加热力循环发电的系统。槽式太阳能热发电系统一般由抛物面槽式聚光器、吸热管、储热单元、蒸汽发生器和汽轮发电机组等单元组成。槽式太阳能热发电站中，抛物面槽式聚光集热器通过串联和并联方式相互连接，并通过模块化布局形成集热场。

槽式太阳能热发电技术是目前商业化速度最高的太阳能热发电技术。目前在运行的槽式太阳能热电站主要采用导热油作为传热工质，并通过油水换热器产生过热蒸汽，推动汽轮机发电。意大利阿基米德电站是意大利 ENEA 开发的全球首座熔融盐槽式太阳能热发电站。德国 DLR 进行了水/蒸汽直接产生的 DSG 槽式太阳能热发电系统研究，并在泰国完成了首座 DSG 商业化电站建设。

塔式太阳能热发电是通过多台跟踪太阳运动的定日镜将太阳辐射反射至放置于支撑塔上的吸热器中，把太阳辐射能转换为传热工质的热能，通过热力循环转换成电能的太阳能热发电系统。塔式太阳能热发电系统主要由定日镜场、支撑塔、吸热器、储热器、换热器和发电机组等组成。塔式太阳能发电技术具有更高的聚光比，可以达到更高的系统运行温度和系统发电效率。塔式太阳能热发电系统组成也高度灵活，可以采用不同形式和尺寸的定日镜、吸热器、传输介质和发电模块。

我国西部大片地区太阳能资源富集，土地价格及利用率低，具有发展太阳能热发电的良好优势。由于太阳能热发电可以采用储热系统或者利用化石燃料补燃，很大程度上克服了太阳能资源具有的间歇性、不稳定的特点。太阳能热发电是最具电力系统友好性的可再生能源发电技术之一，其在西部规模发展后，近期能够作为调峰电源为风力发电、光伏发电等间歇性电源提供辅助服务，远期随着未来技术的优化提升，由大型太阳能热发电站组成的太阳能热发电厂将具有承担电力系统基础负荷的能力。

短期内，太阳能热发电、制冷及规模化工业热能应用仍然存在成本偏高、技术复杂等因素制约。长远看，对能源利用过程环保、低碳要求的日益提高，太阳能热利用技术由于资源丰富广泛、使用清洁，在具备应用条件基础上，是理想的能源解决方案选择之一。建议各级管理部门和科研单位认真研究，并制定合理的政策和措施，包括近期内合理的电价、热价等，通过激励措施和政策引导，实现长远可持续发展。

3.2.6　储能的地位和作用、需求和发展前景

1. 储能的地位和作用

储能是未来能源系统中不可或缺的重要环节，其在未来能源系统中的地位和作用主要体现在以下 3 点。

1) 储能支持可再生能源大规模接入和分布式能源广泛使用

储能可为可再生能源的接入和利用提供平滑输出、削峰填谷等服务，是将间歇式能源转变为友好电源的关键支撑技术。随着氢能存储技术等大规模储能技术的发展，使用储能技术存储富裕的可再生能源，将促进风能等可再生能源的最大程度利用，提高能源利用效率。此外，储能系统可辅助分布式发电及微网系统进行调频、调压，实现局域电网能源生产与消费平衡，提供能源备用，提高系统灵活性等，是分布式能源、微电网广泛应用的基础。在未来的能源互联网中，大量分布式能源、小型可再生能源发电系统将广泛存在，可再生能源就地采集、就地使用，除了依靠电网平衡外，更重要的是实现本地的平衡稳定，储能是最合适的技术之一。

2) 储能打破了电力系统发输配用必须实时平衡的瓶颈，是能源实现互联共享的前提

电能无法存储的特性使电力系统的发、输、配、用各环节必须保证实时平衡。储能技术通过能量的转换存储，实现时间和空间维度的能量搬移，打破了电力发、

输、配、用必须实时平衡的瓶颈，大大提高了系统灵活性，引领电力乃至能源系统走向发、输、配、用、储的新格局。另外，未来拥有分布式可再生能源发电设施的个人或单位，要实现能源互联共享，也必须有储能设施的参与。储能能够促进能源生产消费开放共享和灵活交易，如同信息互联网中的信息资源通过存储设施的存储，从而被需要使用的用户随时访问使用一样，分布式能源必须通过存储，才能方便地被需要的联网用户实时取用。

3) 储能是多网融合的连接纽带

储能将在能源互联网的各个环节上发挥重要的作用，随着能源互联网研究的逐渐推进，储能的应用价值将不断体现，应用范围也将不断扩张，是能源互联网中极具发展前景的技术。电气化交通、储能和电动汽车共同作用，与电网相连；储氢技术的发展将天然气系统、供热系统与电网相连等。因此，储能作为能源网络互联中的关键连接点，将电力系统与各个系统连接，是多网融合的连接纽带。

2. 不同应用场景对储能的技术需求

储能技术在电力系统的发电、输电、配电、用电各个环节中均具有广泛的应用，主要体现如下。

1) 储能在发电侧中的应用

从发电侧来看，储能主要作用包括减少发电容量需求、辅助风光接入、提供旋转备用、平抑可再生能源出力波动、提升随机电源的可信容量和减小预测误差辅助风/光接入等方面。

2) 储能在输配电侧中的应用

从输配电侧来看，储能主要作用包括平衡电力供需、缓解网络拥塞、推迟电网升级改造需求等方面。

3) 储能在用户侧中的应用

从用户侧来看，储能主要作用为提升供电品质，包括可靠性、电能质量。电力系统中部分重要的负荷，如精密制造工厂和医院等对电力供应的可靠性以及频率、电压和谐波等电能质量有较高的要求。此外，电动汽车储能将在用户侧扮演重要的角色。

4) 储能在能源互联网中的应用

随着能源互联网的兴起，储能的应用范围逐步由电力系统向冷、热、气、交通等扩展。由储能技术组成的能源路由器，在多能互补的过程中扮演着重要的作用；储气和储热的灵活应用，为电力系统提供了更多的灵活性，也为分布式能源的广泛接入提供了良好的基础；在偏远地区的孤立能源网中充分发挥储能的作用，能够提高能源消耗的清洁性和经济性；迅速发展的电动汽车对电网的影响逐步凸显，同时车载电池蕴含的储能规模也受到越来越多的关注。

不同的应用场合对储能技术有着不同的需求和要求，应该根据不同的应用场合选择合适的储能技术，见表 3-8。

表 3-8　电力系统对储能的技术需求

应用场合			应用描述	规模	持续时间	充-放电周期	理想寿命
发电侧	大规模的能源服务		频率调节	1～100MW	15min	>8000/年	15 年
			旋转备用	10～100MW	1～5h		20 年
	新能源并网	风电并网	爬坡&电压支撑	1～10MW(分布式) 100～400MW(集中式)	15min	5000/年	20 年
			削峰填谷	100～400MW	5～10h	300～500/年	20 年
		光伏并网	时间位移、电压凹陷、快速需求支撑	1～2MW	15min～4h	>4000	15 年
输电网、配电网	固定输配网的支持		城市或农村的输配网，阻塞管理	10～100MW	2～6h	300～500/年	15～20 年
	移动的输配网的支持		城市或农村的输配网，阻塞管理	1～10MW	2～6h	300～500/年	15～20 年
	分布式储能系统(DESS)		测量设备，馈线，变电站，75%～85%AC-AC 效率	25～200kW 单相 25～75kW 三相 小型储能	2～4h	100～150/年	10～15 年
	能源微网		拥塞管理，备用，提高供能可靠性	根据地理位置、组网形式等多种因素决定		5000/年	20 年
用电侧	商业&工业电能质量		避免电压凹陷和瞬时故障	50～500kW 1000kW	<15min >15min	<50/年	10 年
	商业&工业供电可靠性		停电备用	50～1000kW	4～10h	<50/年	10 年
	商业&工业能量管理		降低能源损耗，增加可靠性	50～1000kW 小型 1MW	3～4h 4～6h	400～1500/年	15 年
	家庭能量管理		提高效率，节能	2～5kW	2～4h	150～400/年	10～15 年
	家庭备用		可靠性	2～5kW	2～4h	150～400/年	10～15 年
	电动汽车接入		电动汽车、V2G 等	3～100kW	15min～8h(充电)	100～200/年	8～10 年

3. 储能的发展前景

储能装置的总体发展目标是高效率、低成本、长寿命。不同储能技术根据其原理和组成、技术成熟度、应用场合等，其未来的发展方向、水平和规模也不尽相同，下面分别对储电、储热、和储气的发展前景进行分析。

1）储电

总体来说，储电的发展目标是将其平准化储能成本（levelised cost of storage，LCOS）降至诸如灵活调节发电设施或网架结构升级等其他形式的调节手段以下。对于电池储能，降低成本、提高能量密度、提升系统的动态响应、延长寿命和增大充电功率是技术发展的重点。超级电容器的发展起步较电池晚，技术成熟度相对较低，但超级电容因其小体积、高功率、稳定可靠等一系列优点获得了广泛的关注。目前，不同的电化学储能的技术成熟度不尽相同。根据欧洲储能联盟（European Association for Storage of Energy）和欧洲教育研究协会（European Educational Research Association，EERA）2017 年 11 月发布的研究报告 *Joint EASE/EERA recommendations for a European Energy Storage Technology Development Roadmap (2017 Update)*，未来储能技术应重点发展的方向为以下几方面。

(1) 在电池方面，一是短期目标应重点提升其循环次数和整体寿命，同时提高电池使用的安全性以及快充技术等，以增加电池在电网中应用的适用性；二是在提高电池单元的性能的同时，短期内重点提高整体系统设计水平，比如机械结构、散热和废热回收等；三是中长期目标深入研究新材料及其加工技术，例如利用薄膜、等离子体或激光技术对材料特性或电极架构进行改进；四是远期目标对全新的电化学系统的新材料进行探索性研究，包括相关的制造技术，以及废旧电池的回收等。

(2) 超级电容器方面，应突出其储能循环效率极高，且功率密度高的特长。然而高投入（根据 Navigant Research 2016 年报告，目前为\$1000/kW，预计到 2021 年达到\$517/kW）限制了超级电容在电网中的使用。因此努力改善器件的性能和可靠性是重点发展的方向。以下几个方向亟待研究：一是研究开发新型电解质，优选毒性较低的材料；二是新型概念的验证和样机系统开发，包括不对称锂离子电容器、陶瓷超级电容器等；三是探索具有较低成本和更好性能的新型过渡金属氧化物；四是氧化物材料已被广泛研究用于超级电容器，而氮化物和硫化物受到的关注十分有限，目前已知一些氮化物比氧化物具有更好的导电性，可能更适合于超级电容；五是减少部件和成品电极材料制造成本，通过增加表面积和调整孔径和形状来增加电极的电容。

(3) 机械储能方面，技术成熟度普遍较高，抽水蓄能、压缩空气储能和飞轮储能是目前应用较多的机械储能形式，液化空气储能能够较好的连接电、热系统。机械储能的充放电循环效率往往不够高，因此重点发展的方向主要包括：一是重点研发应用于压缩空气储能的高温绝热材料，要求性能稳定、耐热、造价低廉、高热容量以及良好的导电性和长寿命；二是将压缩空气储能和储热技术相结合以提高循环效率；三是针对液化空气储能的中长期目标为开发新的充放电过程，引入二氧化碳、甲烷和丙烷等；四是减小飞轮储能的摩擦损耗，同时应用高速电机，降低转子制造成本；五是加强多能源网的融合，充分利用压缩空气和液化空气等储能过程中的废热，提高系统的整体效率。

2) 储热

储热技术中，显热储热目前发展较为成熟，已经得到了大规模的推广应用，潜热储热技术中的有机相变储能介质已经被广泛地应用于建筑材料中，从而提高舒适性。综合来看，储热技术发展的目标应集中在：更好的回收利用工业废热，通过和电力、天然气等能源网络的互联提高整个能源系统的运行效率，更合理地利用储热辅助电网消纳可再生能源。从长远来看，应大力推广储热和光热电站配合、积极回收工业制程中所产生的废热，积极开发高温区的高性能储热罐，并降低其成本。

目前技术发展情况和上述目标还存在以下差距：①储能系统的投资成本过高；②储热系统的能量密度有待提高；③储热材料的导热性低；④系统的可靠性有待增强；⑤随着时间的推移，所存储的能量损耗较大；⑥缺乏对于系统集成、环境影响评估的相关理论；⑦缺乏有效的能量管理技术。

总结储热技术相关多方面的研究进展，未来需要开展以下几个方面的研究：①研究和开发高能量密度的显热、潜热和相变储热材料；②开发能够结合热传递和热存储功能的先进传热流体；③通过使用热化学反应开发紧凑型蓄热装置；④开发改进地下储热系统，解决包括微生物、环境等在内的一系列问题，同时系统满足耐高温、耐腐蚀、抗结垢等一系列要求；⑤优化蓄热罐中流体的动态，减少混合，同时增加分层；⑥进一步推广相变材料在建筑原材料中的集成应用，提高建筑热效率；⑦推广新型储热技术和大规模光热电站相结合，如地下储存和热化学存储，为大型光热电站研发储热系统解决方案；⑧研究和开发涵盖存储、加热、传输等多功能储热材料；⑨通过使用特殊添加剂或通过开发复合材料，改善相变材料的相关热物理性能；⑩减少热能损失，提高储热系统效率，包括改进长期储热系统中的绝热材料、优化储热罐中的热层以及通过使用通信和控制系统的系统集成的优化方法等；⑪充分研究技术的潜在环境影响，提出系统的环境评估方法；⑫研究开发相变储能的物理化学过程的计算机模拟技术，包括热传递和流体动力学等；⑬研究针对住宅等热负荷的热惯性的模拟方法；⑭储热技术和智能电网的充分融合，以实现多能源网的互联和互惠。

3）储气

储氢技术在未来10MW及以上大规模储能中具有广阔的应用前景。储氢基本分为5个步骤，各能量转换步骤所采用的技术的成熟度如图3-4所示。以目前的技术经济性来看，储氢技术的大规模推广应用还存在以下问题：①投资成本亟待降低以进一步丰富应用场合；②将氢气从大气压压缩到高压的运行成本较高；③缺乏大功率工程示范的运行经验，包括系统动态响应、优化设计等方面；④单电解槽高电流密度下效率过低；⑤含氢的合成燃料（synthetic fuels）的化学过程原料利用率低下；⑥储氢材料尚处于研发阶段。

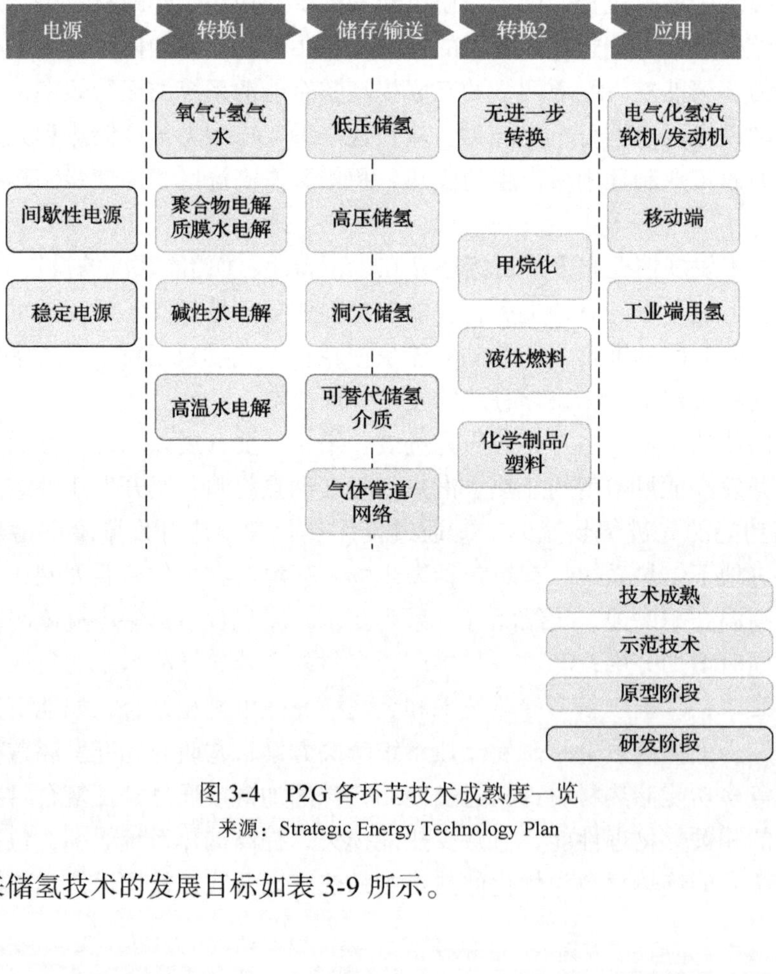

图3-4　P2G各环节技术成熟度一览

来源：Strategic Energy Technology Plan

未来储氢技术的发展目标如表3-9所示。

表 3-9　2030 年储氢技术发展目标

储氢技术	单位体积储氢量	储能密度/(kg H_2/kg×100%)	运行压力/bar	运行温度/K
气态压缩	17～33	3～4.8(系统)	350～700	常温
液态储氢	35～40	6.5～14(系统)	1	20
低温高压复合储氢	30～42	4.7～5.5(系统)	350	20
固态高压混合储氢	40	2(材料)	350	243～298
物理吸附储氢	20～30	5～7(材料)	80	77
金属氢化物储氢	<150	2～6.7(材料)	1～30	常温～553
络合金属氢化物	<120	4.5～6.7(材料)	1～50	423～573
化学氢化物储氢	30	3～5(系统)	1	353～473

数据来源：Joint EASE/EERA Recommendations for a European Energy Storage Technology Development Roadmap towards 2030, 2017 update.

3.3　源端基地综合能源系统和电力传输网络

构建源端基地综合能源系统是我国资源负荷逆向分布特性的长期需求，也是实现电网功能从单纯输电向多类型能源传输扩展的必然要求。我国西部由于其丰富的可再生能源资源和优越的开发条件，从长远看依然是我国最重要的可再生能源基地，未来需要有更大规模的发展。但是，单纯输电的方式已不能适应西部未来大规模风电、太阳能发电电能外送的要求，必须采取多种形式能源互补传输和就地消纳转化相结合的方式，才能满足我国 2040～2050 年及 21 世纪中后期全国对清洁能源电力的需求。

源端基地综合能源系统和电力传输网络的构建，必须在未来我国电力流的整体流向和平衡关系确定的能源输送需求基础上，确定合理范围的西部送端网络范围，并构建与之相适应的可能电网模式，同时还需要积极拓展清洁能源就地消纳(电应用、非电应用)的新模式。

3.3.1　未来我国电网电力流方向预想方案

未来电力流的整体流向和平衡关系基本按以下原则进行：新疆、河西、青海风电、太阳能发电电源及火电电源主要考虑送往华中电网负荷中心，新疆部分远端电源可以考虑送往西南电网负荷中心；宁东、陕北的火电、风电和太阳能发电电源主要考虑送往华东电网负荷中心，宁东部分电源送往山东；四川水电电源主要送往华东电网负荷中心；西藏水电电源主要送往华中电网负荷中心；蒙西火电、风电和太阳能发电电源主要考虑送往华北电网负荷中心；蒙东呼盟、锡盟等地的火电、风电电源主要考虑在东北电网内部消纳，可能的盈余部分可考虑通过直流联网通道转送往华北电网负荷中心。东部的华北电网、华中电网及华东电网通过特高压连接，之间不发生大的功率流动，功率平衡基本由送端电网和受端电网实现。后续关于西部电网的相关设想也将基于该电力流的整体流向和平衡关系展开。未来我国电网电力流方向预想方案具体如图 3-5 所示。

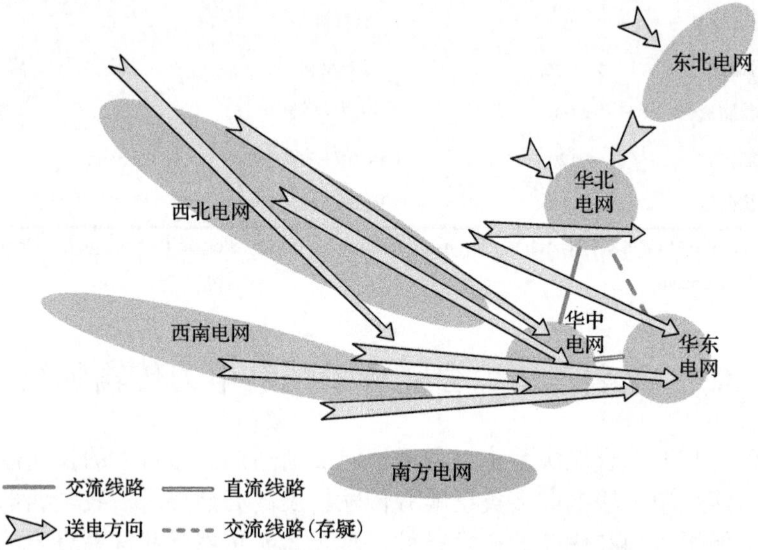

图 3-5　未来我国电网电力流方向预想方案示意图

3.3.2　西部送端电网覆盖范围分析

西部送端电网的主要目的是汇集西部各能源基地电源，并送往中东部负荷中心。就未来我国西部电源可开发资源分布看，我国煤炭资源主要分布在西部和北部地区，约 86%的煤炭资源在晋陕蒙宁新地区和贵州省，未来将建设神东、晋北、蒙东、宁东、陕北等 13 个大型煤炭基地。晋陕蒙宁新五省区煤电装机占全国煤电装机的比重 2020 年达到 39%，2030 年、2050 年比重将进一步提高。水电资源约 67%分布在四川、云南、西藏等西南地区，将是未来我国水电开发的重点，占全国新增水电的 80%以上。风能资源中，约 96%陆地风能集中在“三北”地区，即主要分布在西北、东北和华北北部。“三北”大型风电基地风电开发规模占全国比重达 70%以上。太阳年辐射总量，西部地区高于东部地区，青藏高原是太阳能高值中心；未来太阳能发电主要增长空间在西部、北部资源富集地区。

因此，西部送端电网的覆盖范围大致应包括以上地区，但考虑到三北地区的内蒙古地域辽阔，东西直线距离 2400 多公里，南北直线距离 1700 多公里，其东部、中部能源基地分别毗邻东北电网和华北电网，上述电源基地宜直接接入东北电网和华北电网。内蒙古西部地区则可根据西部送端电网的新能源汇集、送出能力考虑将相应的电源基地并入西部送端电网。

3.3.3　西部送端电网组网技术选择

1. 西部送端电网组网的整体技术方案

2030 年左右，我国电网发展面临的内外部环境将可能发生明显变化。一方面，化石燃料能源逐渐减少，大规模新能源的开发与利用将进入新的阶段，在一次能源消耗总量中所占比例达到一定水平。风能、太阳能资源丰富的三北地区和西南地区在满足当地供电的基础上，将承担起向三华地区负荷中心提供清洁能源的重任。风电、太阳能等新能源具有大幅度长时间尺度随机功率波动特性，大容量远距离输送新能源将使送受端均产生冲击，解决新能源功率波动引起的大电网潮流蹿动、保证清洁能源的高效可靠利用成为电网的主要任务。另一方面，随着直流输电技术快速发展，多端直流等先进输电技术的技术瓶颈和关键技术将可能突破，先进输电技术实用化趋势明显，为我国未来电网发展提供了更多的技术选择。

不同输电模式有其各自的适应性。

1) 较低输电需求下的技术选择

2030 年前后，我国电网有可能沿着现有电网发展模式继续加强和发展，近距离输电主要采用超高压/特高压交流输电方式，远距离则主要是超高压/特高压直流输电方式。

2) 中高输电需求下的技术选择

2030 年前后，送端以风电、太阳能为代表的新能源电源大量增加后，从电网安全角度来看，常规直流输电存在送端短路电流太小，受端受安全稳定及通道走廊约束，落点难以大幅增加及现有直流换向失败影响规模可能扩大等发展限制因素。从经济性角度来看，常规直流点对点送电如送新能源则通道资源利用率太低，如果能用直流电网把送端电源汇集，可以提高送电通道的利用效率。从送端送电的可持续性角度来看，如水电因自然天气情况枯竭，煤电因资源耗尽等原因枯竭或限制使用，也会影响到点对点常规直流输电技术的利用。为了应对这些变化和挑战，未来我国迫切需要在西部送端构建直流输电网。

2. 西部直流输电网的具体技术选择

构建直流输电网，具有两种可能的方案。其一，在 2030 年前构建的分散布置的点对点超高压/特高压直流输电模式的基础上，进一步将送端换流站辐射状或网状互联，发展形成以电流源换流器为核心部件的直流电网（line-commutated converter-high voltage DC，LCC-HVDC）；其二，如电压源换流器的高压直流输电关键技术（voltage source converter-high voltage DC，VSC-HVDC）已实现突破，容量已达到与 LCC-HVDC 相当的水平，则可将西部分散布置的点对点超高压/特高压直流输电模式逐步改造为基于电压源换流器的直流输电模式，并实现换流站互联，形成 VSC-HVDC 直流电网。

两种技术方案的对比分析如下。

(1)传统的采用由晶闸管构成的基于自然换相的电流源换流器构成高压直流输电系统存在以下的缺点：传统的直流输电需要交流电网提供换相电流；要求受端系统必须是有源网络；换流器吸收较多的无功功率；换流器产生的谐波次数低、容量大；换流站投资大、占地面积大。在此背景下，西部送端电网采用 LCC-HVDC 组网方案，将存在以下运行困难：一是新能源高渗透率条件下，常规电源装机比重较小将影响 LCC-HVDC 换流站短路电流水平，短路比不足则交直流系统运行困难；二是配合新能源出力波动调整直流送电功率，将导致大容量滤波器频繁投切，为抑制交流电网电压波动，需额外增设动态无功补偿装置；三是潮流反转时电压极性反转，速度慢，难以适应新能源出力波动对快速调整运行方式的要求；四是 LCC-HVDC 换流站谐波含量大，与新能源系统谐波特性存在耦合威胁，电网电能质量控制难度增加。

(2)与 LCC-HVDC 相比，VSC-HVDC 输电技术的全控器件换相、有功无功独立控制、可吸收或发出无功功率、谐波含量小以及潮流快速翻转等特性，可使 VSC-HVDC 直流电网可较好的适应新能源高渗透条件下电网的运行与控制。

在考虑未来大容量电压源换流器、多端直流输电以及直流电网等先进输电技术的技术瓶颈和关键技术均能实现突破的条件下，基于西部新能源高渗透情景预测以及直流输电技术特征的对比分析，西部直流电网组网的技术优选是基于 VSC-HVDC 构成的直流输电网。

3.3.4 送端系统的可能模式预测

1. 较低送电需求下的西部超/特高压交、直流混联电网模式

从能源资源更大范围内优化配置的角度及我国未来能源流向角度来看，在相关新型输电技术未取得重大突破之前，以超/特高压交、直流输电技术互联的全国电网模式将得到进一步加强。

根据火电、水电及风电等大型能源基地电力外送需求，我国将形成新疆、甘肃风光火打捆多直流送出系统，四川、云南及西藏大型水电基地多直流外送系统，以及宁夏、蒙西、呼盟等大型火电基地多直流送出系统。在京津唐、中东部和长三角以及珠三角随着负荷水平持续增长，直流受端比例增加，形成多直流馈入受端网络。西北的火电、风电、太阳能发电及西南水电可以采用直流方式送入东部负荷中心交流电网。

结构示意如图 3-6 所示。

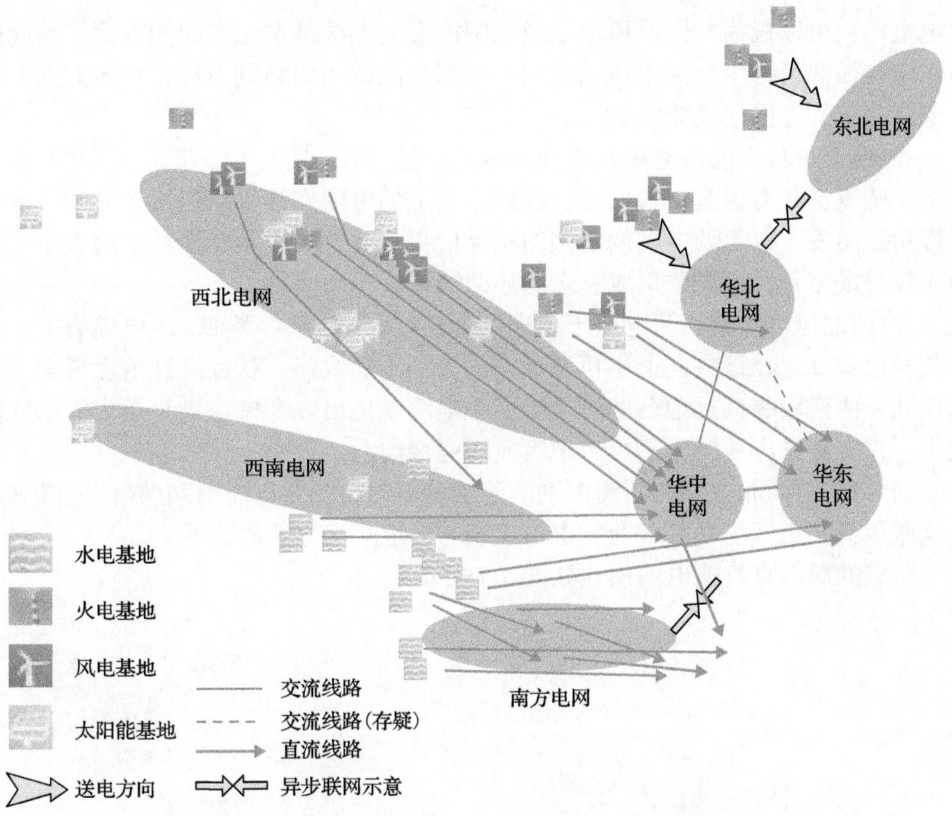

图 3-6　西部超/特高压交、直流混联电网模式示意图

2. 中高输电需求下的西部直流输电网模式构想

1)模式一：西北西南直流输电网互联模式

在基于 VSC 的直流输电网技术相对成熟条件下，在西北、西南等电源基地将可能出现送端直流输电网。对于中、东部受端电网而言，随着交流电网发展的逐步成熟，网架结构趋于稳定，交流电网发展速度放缓，以提高电网安全稳定性为目标，发展模式为局部强化。

西部送端交流电网和直流输电网互联模式以及中东部受端超/特高压交流电网相结合的输电网方案可将西部和北部大型煤电基地、西南大型水电基地、风电与太阳能发电等可再生能源基地构成一个互联的直流输电网，完成电源汇集，远距离输送到华北电网、华中电网和华东电网的负荷中心地区消纳，从而形成一个全新的电网格局。

根据相关专题研究中关于西部直流电网组网方式的原则性描述，给出具体的网架结构描述如下。

(1)我国北方尤其是西北地区风电出力的空间相关性较高，而西南电网基本为水电电源，可以视为与西北风电以及太阳能发电电源基本无空间相关性。因此西南水电与西北可再生能源电源基地间存在明显的调峰调频电力流，在该方向上需要安排一定的电网连接线路。

(2)西北可再生能源电源及常规火电的主送电方向为华中、华东，因此在该方向上，随着汇集电源基地的增加，在该方向上的电网连接线路应逐步加密，从可靠性角度出发，以上两方向的电网结构除应根据输送功率及交换功率的大小安排相应数目线路外，还需要形成一定的环网结构。

(3)西北风电与蒙西风电由于地理位置较近，气候条件类似，风电出力的空间相关性比较高，在该方向上不再考虑增加电网连通线路。从经济性角度考虑，对于西北、西南较为偏远地区的可再生能源电源基地可以考虑在满足送出需求的情况下，仅安排送出线路，不再考虑组成环网结构。

(4)考虑在西北电网和西南电网的若干负荷中心设置直流电网的落点，既有助于这些负荷密集区的功率平衡，也可实现与当地交流电网的联系。

对应的西部直流输电网模式如图 3-7 所示。

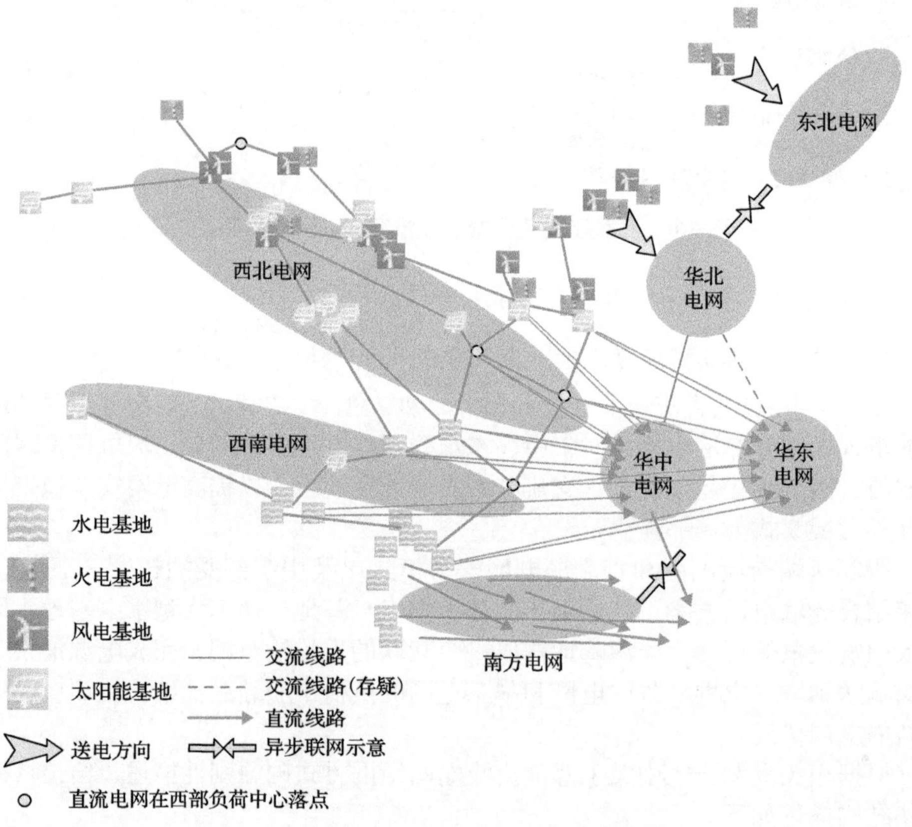

图 3-7 西北西南直流输电网互联模式示意图

建设完成的西部直流送端电网，可以与原有中东部交流受端电网形成多点互联，实现远距离西电东送。该方案可以将我国送端大型水电、风电、光伏电源及火电基地联成一个整体，实现各类电源资源的跨空间、跨流域配合。同时多端直流输电线路建设中间落点，既可以提高输电的灵活性，又可以实现更远距离电源的接续送电。形成的送端的直流网络，有助于在送端实现多种电源的特性互补；这个直流网络不改变所在地区的原有输配电网的网络系统，实现了电力的大容量专用通道直达负荷中心，真正意义上实现了大范围的资源优化配置。

2) 模式二：西北西南直流输电网解耦模式

在上述西北西南直流输电网互联模式中，西部直流输电网与西北和西南交流电网通过一些重要负荷中心地区的落点相互联系，可以起到一定的互为支撑的作用。但不容忽视的是：并网的可再生能源电源及直流电网会对交流电网的稳定运行带来影响，同时西部较为薄弱的交流电网众多稳定约束同样也会对直流电网可再生能源的送出带来一定的影响。

基于 VSC 的多端直流输电网对无功支撑的需求大为减少，对受端系统也没有要求，因此在一定程度上具备独立成网运行的条件。考虑 2030 年西北和西南电网功率交换需求较小，加之西藏及四川南部水电基地容量大、距离西北可再生能源基地较远，在送端电网参与上述电源基地出力平抑过程，将会引发大范围的远距离功率流动。在未来具有深度可调节特性的可再生能源友好型水电和火电发电技术成熟后，如考虑将距离西北电网较近的川北大渡河、雅砻江水电基地(可开发容量均超 2000 万 kW)和西北若干火电基地均建设为可再生能源友好型水电和火电电源基地，则可以考虑解开西南直流电网与西北直流电网的联系，西北和西南直流电网主要承担西部可再生能源电源的汇集和送出功能，解开西部直流电网与交流电网的联系，减少可再生能源并网对西部交流电网的影响。电网的具体接线图如图 3-8 所示。

3. 南方电网直流输电网模式

南方电网是世界上最复杂电网之一，其“远距离大规模输电、交直流并联运行、强直弱交、多回直流集中馈入”的主网架结构特征蕴含了复杂的稳定特性，运行风险很大。

云南、贵州是南方电网西电东送的电源基地，广东、广西是西电东送的受端，贵州电力送出规模已达到峰值，而云南电力外送规模还有较大发展空间。与美国 PJM 等大区域交流电网相比，南方电网的装机规模尚有一定差距，但其交直流并联远距离输电规模居世界前列，强直弱交的程度世界罕见。当大容量直流输电系统故障后其输送功率不可控的大范围转移，将可能使故障影响蔓延至并联交流输

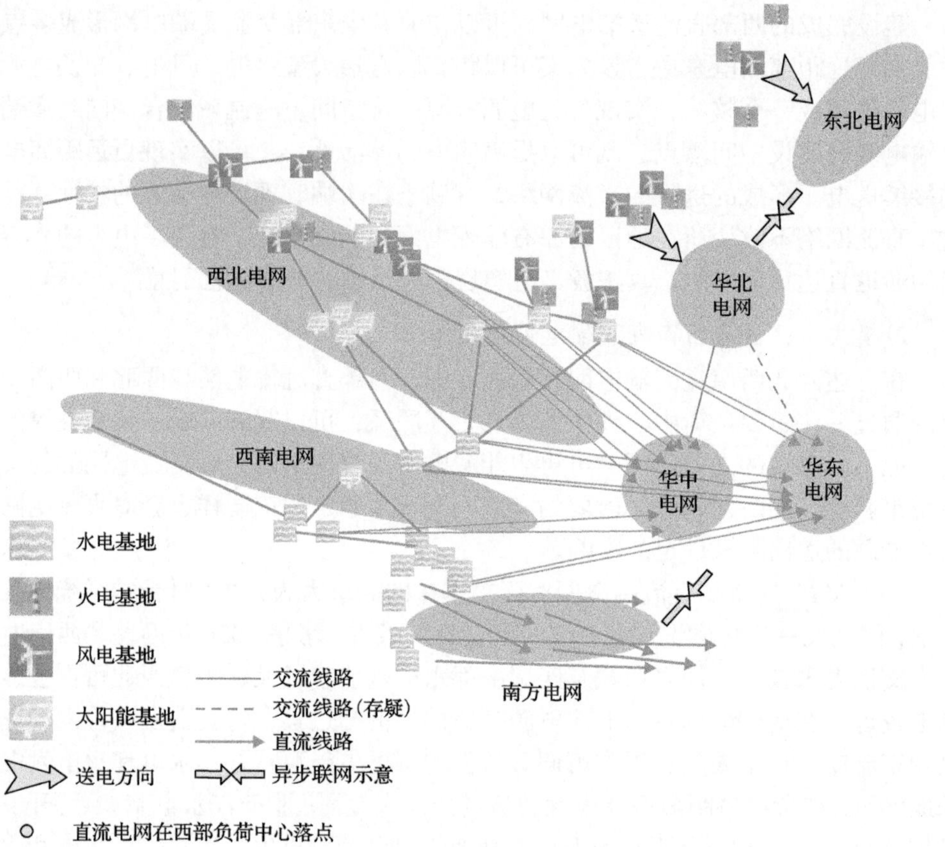

图 3-8 西北西南直流输电网解耦模式规划示意图

电系统，易造成系统失稳。南方电网已决策未来西电东送输电网采用直流输电技术路线，随着云南及邻近地区后续水电站开发，将会建设更多直流工程输电至广东和广西。为了降低运行风险，南方电网将从一张同步电网变更为三个相对独立的区域电网，区域电网之间用直流输电线相连并设立“防火墙”，区域内电压等级以 500kV 为主。即将现有的五省(区)同步电网分阶段解列为相对独立的三个区域电网(云南、贵州及其他地区)，区域电网之间以“直流背靠背”互联。

3.3.5 风光电制氢/制甲烷实现源端就地消纳的前景

1. 风光电制氢

氢能作为能源形式的一种，正在以其清洁、环保等优势推动各国可再生能源发展策略的变革。氢气具有较高的能量密度(压力 700bar 下，能量密度达 2.7～160kW · h/m^3)，使其成为合适的能源载体。氢气的制取可来源于太阳能、风能、化石能等多种能源，传统氢气的制取一般通过化石燃料制氢，对环境造成一定程度的破坏，采用可再生能源电解水制取氢气，全生命周期内绿色环保、排放污染低，为氢能经济的到来奠定环保绿色的技术基础。

电制氢技术方面，主要根据电解槽类型不同分类，包括碱性电解槽(alkaline electrolysis)、聚合物薄膜电解槽(proton exchange membrane electrolysis)和固体氧化物电解槽(solid oxide electrolysis cell)等。碱性电解槽已商业化，技术成熟度最高，适用于大规模可再生能源制氢，但仍需进一步提高其效率，降低维护成本。聚合物薄膜电解槽的响应迅速，技术性能好但成本略高，后期维护时需要经常更换薄膜，目前仅在军工和航天工程上实现商业化应用。固体氧化物电解槽展现出高效率、低投入和能量梯级利用等一系列优势，但对运行温度要求高，目前还处于实验室研究和积极示范阶段。三种电解槽的技术成熟度均超越了实验室样机阶段，长期发展目标应聚焦于：①提高能量转换的效率；②提高电解产能，降低运行成本，同时提高焓效率；③拓宽工作范围(包括温度和压力等)，同时显著提高其运行时的电流密度和最大启停次数；④提高设备的运行寿命和可回收程度。电制氢技术资源消耗主要在电力和水资源上，其中投入商业应用的碱性电解槽的耗电量约为4.5～5.0kW·h/Nm^3氢；水资源消耗量理论上约1.07L/Nm^3氢，碱性电解水技术实际制取过程中直接水耗量约为1.3L/Nm^3氢。

氢气储存从原理上可分为两大类，一类是基于物理特性的物理存储方式，包括气态高压储存、低温液化储存及固态吸附储存；另一类是基于化学反应原理的化学储存方式，包括金属储氢化合物、液态有机化合物储氢、氨类储氢化合物等。实现氢气的高密度存储将是未来氢能应用需重点解决的问题之一。

氢气作为清洁能源，应用领域非常广泛。传统应用方面，用量最人的行业是石油化工业，主要将氢气作为一种重要的石油化工原料，用于生产合成氨、甲醇及石油炼制过程中的加氢反应。此外，氢气在电子工业、冶金工业等领域也有应用。除传统应用外，氢气可作为能源加以利用，如氢燃料电池等，基于质子交换膜(proton exchange membrane，PEM)或固态氧化物(solid oxide fuel cell，SOFC)燃料电池技术在交通、工业与军事等领域的广阔应用，将成为氢气利用的重要发展方向之一。

采用可再生能源电解制氢存在的挑战是氢能技术的经济性和应用性。目前，氢气制取环节成本较高，主要决定性因素在于电价，需要相应的政策和激励措施推动电制氢产业发展。同时，产氢和用氢产业链尚未打通也会制约电制氢产业的发展，需整合氢能规模化应用需求，建立长期相关产业战略发展规划，推动氢能产业从产氢、输氢到用氢的全环节贯通。

2. 风光电制甲烷

电制气产生的甲烷(CH_4)是构成天然气的主要成分，可直接注入燃气管网进行输送，实现电网与燃气管网的互联，为能源消费供需的协调配合构建重要桥梁。2006 年我国天然气开始进口，进口量逐年上升，对外依存度不断提高，通过大规模弃电制气可以减少天然气进口，降低进口依赖度，促进我国能源革命和能源消费的变革。

规模化电制气需将电解制取的氢气与 CO_2 发生 Sabatier 甲烷化反应，若能利用工业化过程中产生的二氧化碳进行甲烷的制备，例如煤化工、火电、水泥、钢铁、有色金属等工业领域，有利于减少温室气体的排放，获得较大的环境效益。国家发展和改革委员会预期中国 CO_2 排放到 2030 年将达到峰值。通过碳捕集与封存技术，可以达到 90%以上的 CO_2 减排，实现我国煤炭密集产业，如煤化工、钢铁、水泥和炼油厂等高能耗高污染产业的大规模减排，表 3-10 为中国 CO_2 排放源和封存的优先地点。根据《中国 CCUS 发展路线图(2019)》数据显示，2019 年中国共有 18 个捕集项目在运行，二氧化碳捕集量约 170 万 t。

表 3-10 中国 CO_2 排放源和封存的优先地点

优先地区	封存地
鄂尔多斯盆地	长庆油田
渤海湾盆地	冀东，胜利油田
松辽盆地	辽河油田
江苏—南黄海盆地南部地区	江苏油田
新疆地区	青海，塔里木，吐哈油田

由中国碳捕集项目来看，未来规模 CO_2 的来源会是大型煤电集团、石化集团与煤化工企业，如何与可再生能源、天然气管网进行融合将是电制气产业实现规模化发展的关键因素之一。

3. 电制氢与电制气能源战略意义与选择

从能源供应安全角度考虑，电制氢和电制气技术有利于缓解能源供应危机。2019 年，我国天然气表观消费量为 3067 亿 Nm^3，全国天然气(含非常规气)产量达 1761.7 亿 Nm^3，进口为 9656 万 t(折合 1332.53 亿 Nm^3)，进口依存度达 43.4%，天然气在一次能源消费中的比例稳定上升 8.5%。未来利用电制氢、电制气等技术手段，可充分利用西部巨量的风光可再生能源资源、发展光伏发电大规模制氢(若西部气候变化降水增多，更将为制氢用水提供有利条件)，促进多元化能源综合利用和优化配置，改变仅靠“西电东送”满足东部能源需求的局面，实现可再生能源为主体条件下的“西能东输”，从全国整体层面统筹能源供需结构优化和效率提升，将成为未来全国能源转型的重要战略方向。

从电网运行角度分析，电制氢和电制气技术中所采用的电解水设备可以作为电网辅助服务，起到削峰填谷作用，在电网需求高峰时，降低设备用电量，还可以利用存储的氢气、甲烷等通过燃料电池、燃气轮机等进行发电提供电源支撑；在用电低谷期，提升到最大功率运行，实现对电网的灵活调峰。

在能源供需平衡方面，风电与天然气能形成季节性供需关系互补，统筹天然气和风力发电，是解决能源连续稳定供应的有效手段之一。从天然气和风力发电季节性匹配上分析，我国天然气季节性供需矛盾突出，如北京市全年峰谷差达到6～8 倍，由于储气库调峰能力严重不足，冬季天然气市场稳定供应的压力越来越大。风力发电同样存在季节性供需矛盾突出的特点，尤其冬季夜间是采暖期“三北”风能资源最大的时段，也是用电负荷的低谷时段和取暖供热的高峰时段，为了满足取暖供热需求，热电联产机组优先运行，风电机组被迫停运，造成大面积高比例弃电。例如 2016 年第一季的弃风率高达 26%。东北地区 2016 年第一季弃风比例 33%，弃风电量高达 71.5 亿 kW·h，而东北 2016 年第一季的弃电可以产生 4.28 亿 Nm^3 天然气，约 57.8 万 tce 供暖使用。充分利用风电制氢合成甲烷，将可能有效补充北方地区取暖供热需求，降低天然气供应保障压力和对外依存度，在一定程度上有助于缓解能源供应危机。

从能源终端的消费方式上，未来电制氢与电制气应用前景广阔。我国一次能源结构中天然气的比重已超过 8%，天然气利用行业主要包括城市燃气、交通运输、工业用气和天然气发电。从未来看，我国城市燃气行业继续扩张，城市天然气消费量快速增长，因此可实现电制气的终端市场的高效利用。氢燃料电池汽车产业正处在快速发展期，氢燃料电池汽车商业化趋势逐步显现。随着氢燃料电池汽车商业化进程的快速发展，作为清洁车用燃料的氢能将具有广阔的发展空间，其需求量将逐年增大，逐步成为继汽/柴油、电力之后的第三类车用动力燃料，终端应用前景巨大。

在经济性方面，电价和电解效率是影响电解制氢、制气是否具有经济效益的关键因素，借助先进催化技术，大规模碱液电解槽能耗可降至 4.0～4.2kW·h/Nm^3，稳定性在实验室可达到 8000～10000h，已具有部分工业化试点项目验证[①]。据试点研究项目初步测算，若采用 0.25 元/kW·h 电价，制氢成本可与天然气制氢相当，针对弃风、弃光、弃水的电已低于这个电价，电价若在 0.15 元/kW·h，制氢成本可与煤制氢相当。

结合我国实际情况和能源需求情况，建议未来可因地制宜的推进风、光、电制气及电制氢技术的应用，在氢能利用产业密集地区和燃料电池汽车应用推广示

① 兰州新区液态太阳燃料项目，2018 年启动，2021 年 1 月试车成功，采用 10MW 光伏电解水制氢，采用电解水制氢装置，单套产氢规模达 1000Nm^3/h，利用新研发的电解水电极催化剂，能量效率达 80%以上，绿氢与从化工企业收集来的二氧化碳进而合成甲醇。

范区，优先考虑将电制氢技术推广落地，实现氢能的就地化利用，获取更大的经济效益；在重要天然气管网延伸地区，可进一步布局电制气技术应用，作为能源安全战略的补充，保障天然气的安全可靠供应。

3.4 终端消费综合能源系统和能源电力配送网络

3.4.1 未来受端系统能源终端利用形式预测

能源终端利用主要分为工业、建筑物、交通运输三个领域，其分布因各国地理条件和产业构成而异。随着工业化的完成，我国终端用能结构将逐步与目前OECD(Organization for Economic Co-operation and Development，经济合作发展组织)国家(世界)的比率趋同。在以上领域的能源终端利用形式可以归纳为电、热、运输驱动力三种，其中“热”能利用形式又包括制冷、制暖及蒸汽等。

工业用能可以进一步分为两大类：冶金、化工、医药、食品等过程工业及机械、电子、轻工等离散制造业。过程工业用能中，电热比(电能需求/热能需求)大约为2∶8，其“热”需求主要包括高、中温工业炉供热、蒸汽和冷。机械、电子、轻工等离散制造业用能中，电热比大约为8∶2，其“热”需求主要为厂房供冷、供暖。

建筑物包括住宅和第三产业，主要终端耗能是供冷暖和热水，电热比也约为2∶8，但未来有可能趋向3∶7。

交通终端用能主要包括运输驱动力和热，其比例大约为9∶1。

根据以上类型终端用能的分析，大致推算，在未来可再生能源为主的时代，三种终端用能形式的总体分布为：电力占三成多，运输驱动力(包括最终由电力转换成的)约占三成，其余的三成多为冷、暖、热、蒸汽等。

3.4.2 受端系统的能源转换与利用方式

1. *受端系统能源转换基本原理*

能量利用的最基本规律是热力学第一、第二定律。按照第二定律，化学能和热能转换为机械能和电能的效率取决于其品位，化学能和热能中只有一部分能够转换成机械功或者电能；另外的部分只能以热的形式传递给环境。根据科学用能的16字原理：“高能高用、低能低用，温度对口、梯级利用”，化石能源经由热力循环转换成电的过程中，应充分利用以热的形式传递给环境的这部分能量用于产生供暖、空调、热水和蒸汽等较低品位的终端用能，可使能源利用效率由单纯发电的50%左右提高到80%以上。这就是在前两次工业革命和能源转型中产生的基于发电设施的热电联产(combined heat and power，CHP)和进一步发展到基于供能系统优化的冷热电联供(CCHP)。

正是从 CHP 到 CCHP 以及其他节能技术的应用,使工业化国家的能源利用效率从开始的 20%多逐渐提高到了目前的 50%以上，这也是未来能源高效利用的要义。以丹麦为例，丹麦立法规定，任何朗肯循环发电设施必须联供热，而供热锅炉必须联产电，这是丹麦全国的能源利用效率达到 70%的重要因素。

2. 受端系统能源转换方式

就一次能源而言，除了传统的化石能源煤、石油、天然气之外，风能、太阳能等可再生能源是最具规模化开发前景的新能源。

从一次能源到终端能源，有很多不同的方式。比如煤、石油、天然气、生物质等直接燃烧产生热能；基于各种化石能源的热发电；基于水、风、光等的发电等，如表 3-11 所示。

表 3-11　一次能源类型及能源转换方式

序号	一次能源	转换方式	能量转换过程	终端可利用能源
1	煤、石油、天然气、生物质	直接燃烧	化学能→热能	热能
2	煤、石油、天然气、生物质	发电	化学能→热能→机械能→电能	电能、热能
3	水、潮汐、风、光	发电	机械能/势能/光→电能	电能

图 3-9 给出了上述几种一次能源与终端利用能源电、热、冷之间的转换方式以及各设备的转换效率。

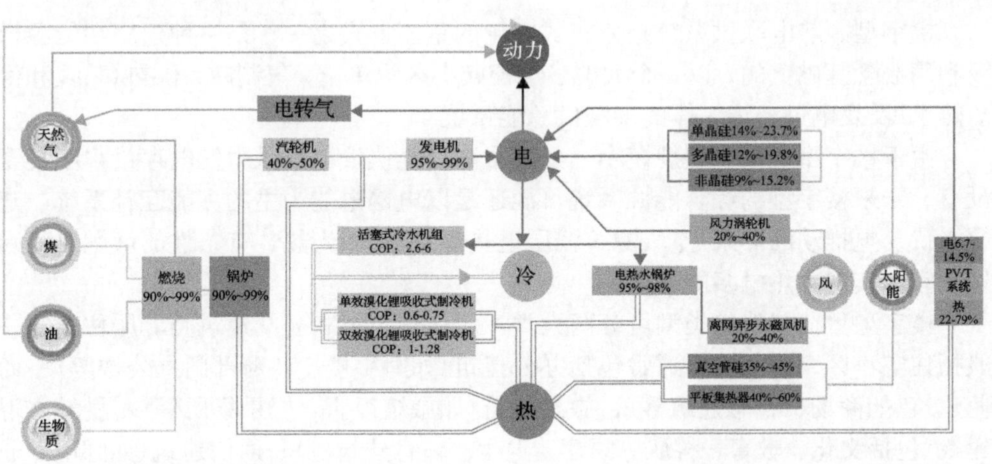

图 3-9　一次能源与终端电、热、冷能的转换方式以及各设备转换效率

各种可再生能源占比和增速由其科技突破形成的经济竞争力所决定。预计到 21 世纪中后期，用于工业和建筑物发电/供热的可再生能源中，非光伏太阳能、核

能、地热、生物质等可通过热力循环 CCHP 综合利用的可能近半；水力、风、光伏、潮汐等直接发电利用的占一半多。目前 90%以上是耗用石油馏分燃料的交通运输车、船、飞机的驱动力未来将采用由可再生能源产生的电力、氢气和液化天然气（LNG）替代：乘用车和轨道交通将使用电力（electric vehicle，EV）和氢气燃料电池（fuel cell vehicle，FCV）；运输用车船、飞机将采用电力和 LNG。

煤和石油将逐步退出用作能源的历史舞台，尽管它们还将长期被用作有机化工原料，而天然气发展前景则相对多元化。IEA 于 2020 年 10 月发布的《世界能源展望 2020》提出，天然气较其他化石燃料更具有发展优势，但是不同的政策环境发展前景差异较大。在承诺到 21 世纪中叶实现净零排放的背景下，天然气作为过渡燃料的观点正面临争议，可再生能源大规模发展，能源效率提升和终端电气化等因素，给天然气发展带来很大竞争压力。在当前政策情景下，到 2040 年全球天然气需求将增长 30%，发达经济体的天然气需求到 2040 年将略有下降。可持续发展情景中，预计到 2040 年印度和中国天然气需求将稳步增长，新兴市场和发展中经济体的天然气需求将在 2040 年前停止增长。就全球而言，到 2040 年，天然气消费量将比 2019 年水平低至少 10%，呈下降趋势。

3.4.3 受端供能系统的典型终端负荷特性分析

根据终端负荷特性的不同，分布式综合供能系统可分为三种典型应用场景：楼宇型、区域型、海岛型。

1. 楼宇型

楼宇型冷热电联供系统是分布式能源的重要形式之一，是一种建立在能源梯级利用概念基础上的，以一个大厦、学校或小区为单位，集制冷、供热（采暖和生活热水）及发电过程为一体的多联供总能系统。

由于楼宇型负荷类型规模小，条件限制，光伏发电和风力发电存量很小甚至没有，未来楼宇型的综合能源系统可能还是以电网电能为主的多能互补系统，建筑光伏、电推动的热泵（空气源、浅层地热源）、太阳光热、有条件的微燃机等因地制宜，实现冷热电多能联供。

楼宇型负荷按建筑类型可分两大类：居住建筑类和公共建筑类。居住建筑一般指住宅小区，公共建筑通常包括办公建筑（如写字楼、政府部门办公楼等）、商业建筑（如商场、金融建筑等）、旅游建筑（如旅馆饭店、娱乐场所等）、科教文卫建筑（包括文化、教育、科研、医疗、卫生、体育建筑等）、通信建筑（如邮电、通信、广播用房）以及交通运输用房（如机场、车站建筑等）。不同的建筑类型有着不同的负荷需求。一般来说，住宅小区、宾馆、办公楼、医院和商场是比较典型的几类场景，而当前应用于南方住宅小区的联供系统很少。

2. 区域型

区域型的综合能源系统基于工业园区和新开发大型社区，包括了各种类型的工商业和公共设施建筑物以及住宅，冷暖热电蒸汽等多样化需求，并且需求的高峰时间段衔接互补，同时系数小，从而可以大大节省基础设施投资。对于工业园区而言，纺织、印染、造纸、制药等工业企业及配套的生活服务都需要大量的热负荷，当然也包括通常的暖气和制冷系统。此外，为了解决生产中所面对的电力供应紧张问题，很多工业园区或大型企业也会自行配备了自备电厂，因此对于工业园区，冷热电联产存在很大的经济效益。

工业园区型受场地限制，难以大规模利用风能，光伏可根据实际情况考虑，储能电池则根据成本计算等综合考虑是否采用，工业园区型联供系统一般利用微型燃气轮机满足冷热负荷的同时兼顾发电，有条件的工艺余热利用也可纳入考虑。对于综合区域型，一般倡导绿色低碳节能，立足商业、高科技行业、金融服务业以及新兴产业等，相比于工业园区型对冷热的需求少，负荷需求也主要集中在白天。

3. 海岛型

海岛型微网由于难以连接主网，大部分为孤岛运行，同时单一能源供电往往不能满足用户需求，海岛一般拥有丰富的风能和太阳能资源，一般充分利用太阳能和风能发电，同时为抑制分布式能源的出力波动，考虑利用储能、设置可变负荷和限制风光发电。

3.4.4　受端系统典型终端能源综合利用模式分析

3.4.4.1　典型终端能源综合利用模式

终端能源系统是通过对能源生产、传输、储存、消费等环节进行有机协调和优化，形成的综合能源的产供需一体化系统，主要由供能网络、能源交换环节、能源存储环节、终端综合能源供用单元和大量终端用户共同构成。终端综合能源系统的能量综合阶梯利用示意图如图 3-10 所示。

综合能源系统种类繁多，不仅包括以燃气轮机或内燃机为核心的冷热电联产系统，还包括太阳能、风能、生物能等可再生能源综合利用系统，以及由具有极高效率的新型燃料电池组成的能源综合利用系统。

根据综合能源系统利用燃料类型的不同，主要分为以下几类。

(1) 利用常规矿物燃料的系统：锅炉/汽轮机系统、活塞式内燃机系统、微型燃气轮机系统、工业燃气轮机系统、燃料电池与燃气轮机的混合系统等。

(2) 利用太阳能、风能、水能、生物质能发电等的可再生能源系统。

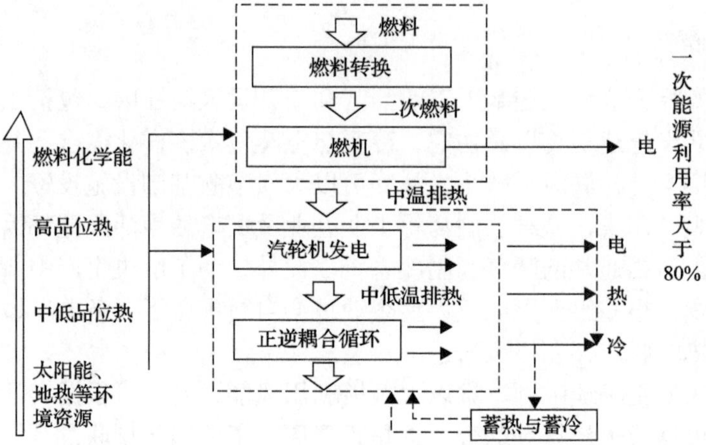

图 3-10　能源综合梯级利用示意图

(3)利用氢能的系统。

相对于可再生能源的随机性和间歇性，燃煤、燃油能流密度低，分散性强，且受气候、地理条件及当前技术水平等因素限制，加之其系统污染严重，采用天然气的分布式能源系统更具优势。

根据能源系统发电方式进行分类，可以分为热发电方式和非热发电方式两种。热发电方式是指输入能源先转化为热能，然后再进行发电，如燃气轮机、光热发电等；而非热发电方式是指能源没有经过转化为热能这一过程，而是通过其他方式进行发电，如光伏发电、风力发电等。

对几种典型的综合能源系统进行分类如下。

1. 冷热电联供系统

1) 热发电方式的能源系统

(1)以燃气轮机为核心的综合能源系统。

燃气轮机按其功率可以分为大型、小型和微型等，功率范围从几百兆瓦到几十千瓦不等，燃气温度也从一千多摄氏度到二、三百摄氏度。按照其不同的应用范围，可以有以下几种综合能源系统。

① 燃气轮机、余热锅炉、蒸汽溴化锂吸收式空调机组系统。在燃气轮机发电后，将烟气中的余热通过余热锅炉回收转换成蒸汽利用，冬季依靠换热器提供热水供暖，夏季依靠蒸汽溴化锂吸收式空调机制冷，全年进行生活热水的供应。另外还需要一台小型燃气锅炉在冬季和夏季燃气轮机不运行时段供暖、制冷，以及做安全备用，如图 3-11 所示。该系统适合于蒸汽需要量比较大，蒸汽品质要求比较高的项目，例如医院等，还特别适合已经购买蒸汽锅炉和蒸汽溴化锂吸收式空调机的单位进行技术改造。不足之处在于系统比较复杂，运行维护成本比较高，

增加了压力容器，安全要求也比较高。

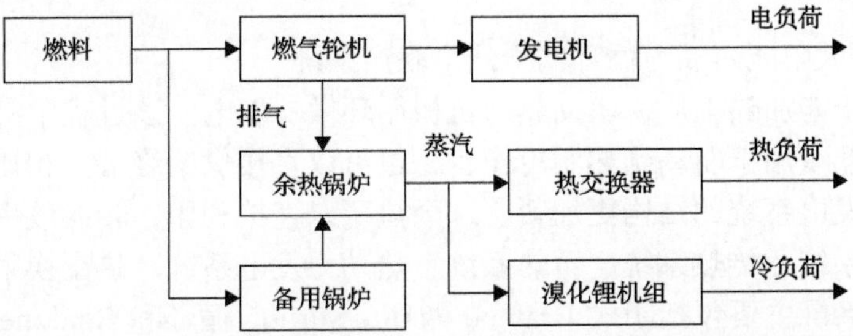

图 3-11　燃气轮机、余热锅炉、蒸汽溴化锂吸收式空调机组系统

② 燃气轮机、并联型余热/直燃溴化锂吸收式空调机组联合循环系统。该系统利用天然气发电，不同之处在于将烟气中的余热直接通过余热/直燃溴化锂吸收式空调机回收利用，冬季转换热水供暖，夏季转换冷水制冷，如图 3-12 所示。与前一种系统相比，减少了余热锅炉和备用锅炉，以及未在图中标出的化学水系统和蒸汽排泄系统，效率大大提高。燃气轮机组与溴化锂机组对接，利用燃气轮机的烟气余热制冷、供暖和提供生活热水以及其他形式的热能，将两个成熟的技术进行整合，减少了传统利用方式中的锅炉、换热器、化学水系统等，大大降低了造价、运行成本和维护难度。

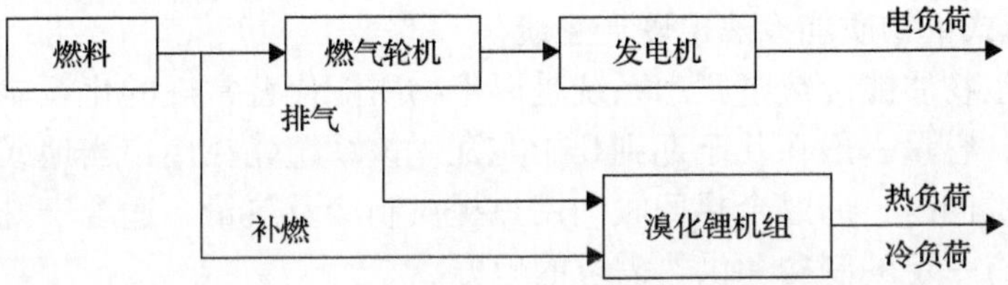

图 3-12　燃气轮机、并联型余热/直燃溴化锂机组联合循环系统

③ 以内燃机为核心的综合能源系统。内燃机首先利用石油/天然气发电，将内燃机的烟气和缸套冷却水中的余热由并联型余热/直燃溴化锂吸收式空调机组回收利用，冬季供暖，夏季制冷，内燃机中的冷却水作为居民的生活用热水，如图 3-13 所示。本系统具有以下特点：余热中高温排气量较小且含氧量低，不能再燃利用；

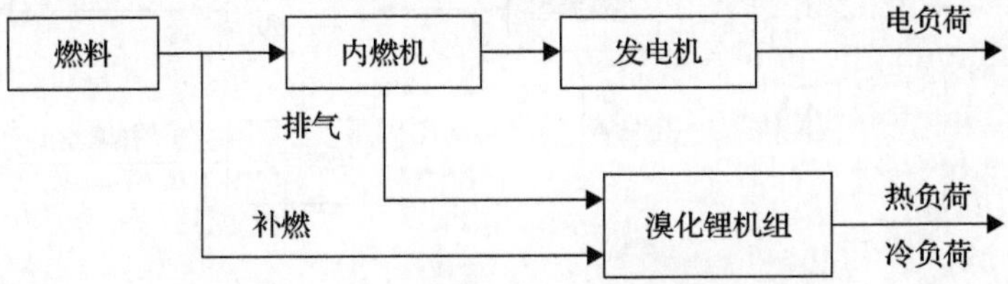

图 3-13　以内燃机为核心的综合能源系统

冷热电负荷容量搭配比较灵活；系统组合简便，适合于现有内燃机电站的基础上进行改造。

(2)基于太阳能热动力循环的冷热电联产系统。

利用太阳能加热工质，驱动热力机械循环做功发电。该过程中有大量热能释放，可以将热量用于驱动预热制冷设备，也可以直接供给终端。相比于光伏发电系统，热力发电系统的结构更加紧凑，余热可以直接利用，转换效率更高。该系统包括集热系统、传热系统、蓄热系统、热动力发电系统、热交换系统和制冷系统。热动力系统主要包括闭式 Brayton 循环、Stirling 循环和 Rankine 循环。典型的太阳能热动力冷热电联供系统如图 3-14 所示。

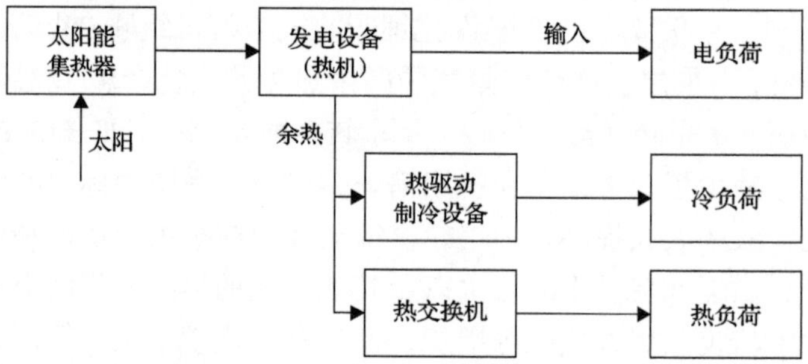

图 3-14　常见太阳能冷热电系统流程图

(3)分布式生物质能冷热电联产系统。

分布式生物质能冷热电联产系统是以生物质能代替常规的化石能源(天然气)作为燃料的，容量一般在几千瓦到几十兆瓦。该系统建在用户当地或者用户的附近，在供电的同时，通过余热回收向用户提供制冷及热量，适合于既有一定的电力需求，又有一定的制冷和供热需求的地方。

分布式生物质能冷热电联产系统主要可以划分为四部分：生物质气化模块、系统发电模块、供热和供冷模块。系统的基本构成如图 3-15 所示。

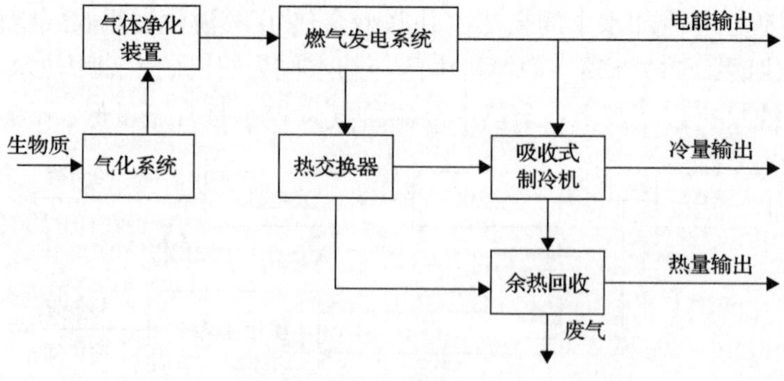

图 3-15　常规生物质能冷热电联产系统构成

① 生物质的处理模块主要是对生物质进行处理，将生物质气化、净化，并最终产生高品质的生物质能气体燃料。

② 分布式发电子系统称为现场发电子系统，其主要组成是分布式发电设备，其主要形式同上一章所述内容并无太大差别，也是内燃机、燃气轮机、Stirling 机和燃料电池等。这些设备的选择，要因地制宜。

③ 热回收子系统的主要作用是对发电设备产生的余热进行回收利用，用于供应冷、热负荷需求及生活热水。发电产生的尾气经过吸收式制冷机给负荷供热，然后再使用气水热交换器来对制冷装置排出来的热量进一步利用来供热。

分布式生物质能冷热电联产系统与常规的冷热电联产系统相比，具有以下优势：规模小，容量小，可以以模块化、分散式的方式将系统建设在用户附近。该系统可以独立的供给冷、热、电力负荷，线路损耗非常小，运输成本也极低。

(4) 氢能主导的综合能源系统。

氢能主导的综合能源系统是一种供氢、供电、供热、供冷的多联产高效无污染的综合供能系统。利用廉价的太阳能、风能等可再生能源来分解水中的氢和氧，并将其储存，在需要时利用氢氧还原反应，取得电能，并回收水反复使用。基于氢能的综合能源系统包括可再生能源发电子系统、可再生能源直接制氢子系统和氢的储运与转化综合利用子系统等。

图 3-16 (a) 给出了基于太阳能光解水制氢的系统模型，该模型由太阳能的直接光化学分解水制氢反应器、高温燃料电池、甲烷化反应器、微型燃气轮机和供热制冷调湿子系统构成。图 3-16 (b) 给出了基于风能电解水制氢的系统模型，该模型由风能的电解水制氢反应器、高温燃料电池、甲烷化反应器、微型燃气轮机和

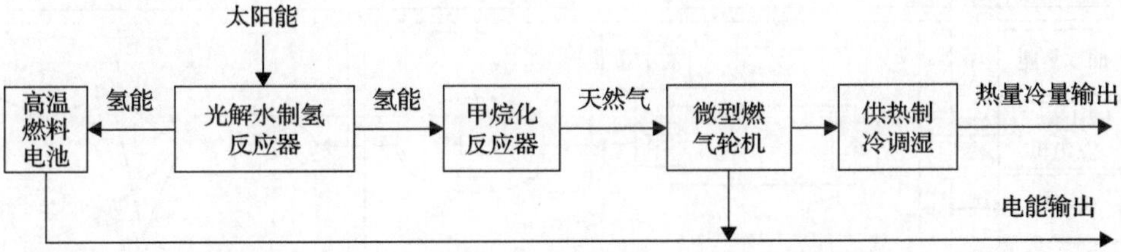

(a)

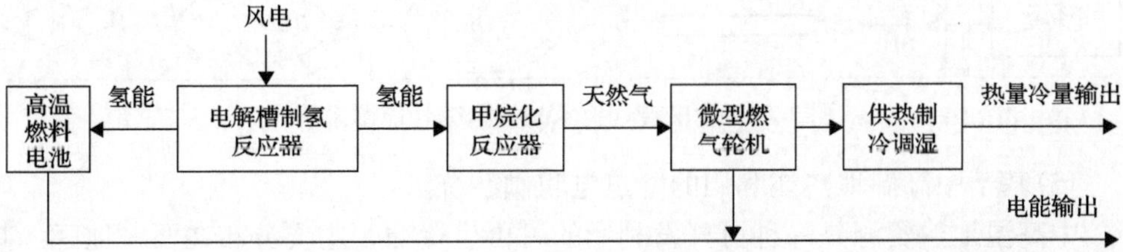

(b)

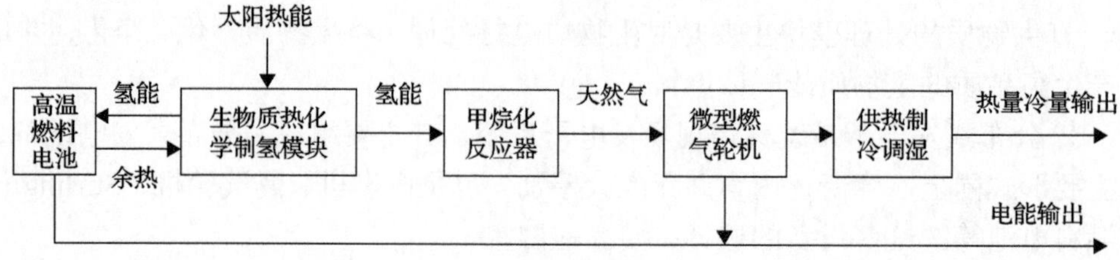

(c)

图 3-16　以氢为载体的综合能源系统示意图

供热制冷调湿子系统构成。图 3-16(c)给出了基于太阳热能(或高温燃料电池排气余热)制氢的系统模型，该模型由利用太阳热能将生物质和水以热化学方法分解转化制氢的子系统、高温燃料电池、甲烷化反应器、微型燃气轮机或直接燃氢的微型燃气轮机和供热制冷调湿子系统构成。

图 3-17 为含电转气技术的大型综合能源系统示意图，由于风电出力的随机性和间歇性，为充分利用大型风电基地的风资源，并提高远距离输电通道的利用率及输电经济性，通常采用风火打捆送电方式，并在源端或受端采用抽水蓄能进行调峰。然而高压直流输电线路的投资成本巨大，调峰带来的附加成本也不可低估，而通过电转气技术将风电场的电力转化为天然气，再利用当地的天然气管道输送至负荷中心，通过 DES/CCHP 区域供能系统向负荷中心供应冷、热、电负荷，效率高，排放少，环境效益较好。这种含电转气技术的综合能源系统的可行性，还需要从成本效益、风险评估及经济性评估这三个方面，与高压直流输电进行进一步的比较分析。

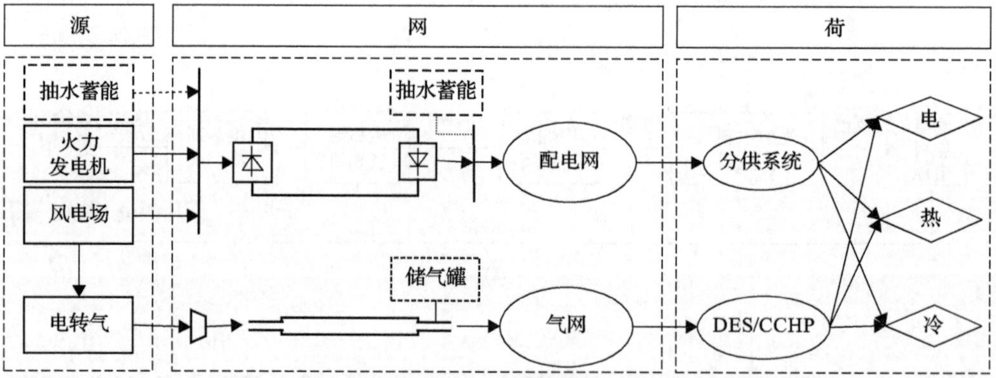

图 3-17　含电转气技术的大型综合能源系统

(5)基于中高温地热能利用的冷热电联供系统。

中高温地热资源是一种可开发利用的可再生资源，主要分布在西藏地区，其发电潜力约 3000MW，尤其是班公错-怒江活动构造带以南地区，为西藏中高温地热资源富集区，区内人口集中，经济发达，对能源的需求量巨大，是开展中高温发电规模开发的有利地区。图 3-18 是基于中高温地热能的冷热电联产系统，该系统主要由地热泵、热机、热驱动制冷设备和热交换机构成。

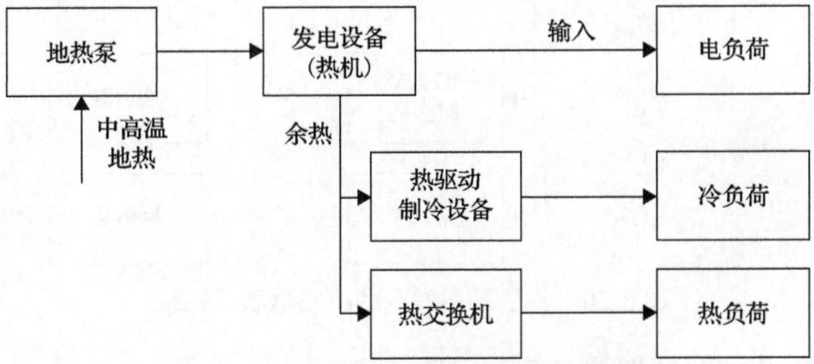

图 3-18　基于中高温地热能的冷热电联产系统

2) 非热发电方式的能源系统

(1) 基于太阳能电池的冷热电联产系统。

将太阳能电池提供的电源驱动传统压缩式制冷机或者热泵，就可以实现冷热电联产循环。理论上，压缩式制冷机的效率要高于吸收式制冷机，但由于太阳能转化率相对较低，所以系统总体效率不高。太阳能具有间歇性，为了应对这一特性，需为系统配备蓄电池以保证在夜间或者阴天时连续供电。但这也增加了建设成本，再加上压缩式制冷机的污染问题依然没有很好解决，限制了该系统的推广和发展。图 3-19 给出了基于太阳能电池的冷热电联产系统的模型，该模型由太阳能电池、压缩式制冷机和热泵构成。

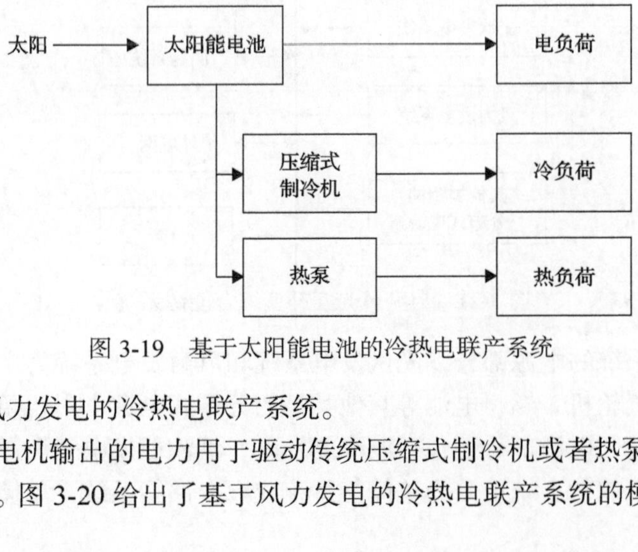

图 3-19　基于太阳能电池的冷热电联产系统

(2) 基于风力发电的冷热电联产系统。

将风力发电机输出的电力用于驱动传统压缩式制冷机或者热泵，从而实现冷热电联产循环。图 3-20 给出了基于风力发电的冷热电联产系统的模型，该模型由风力发电机、压缩式制冷机和热泵组成。

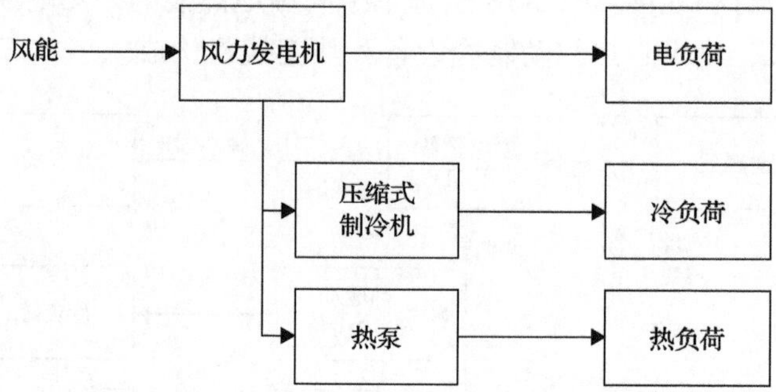

图 3-20　基于风力发电的冷热电联产系统

(3) 风光互补型综合能源系统。

典型风光互补型综合能源系统结构如图 3-21 所示。风光互补型综合能源系统结包括直流微网、交流微网及交直流混合微网，交流微网是目前微网的主要形式。在交流微网系统中分布式电源、储能装置等均连接至交流母线。相比于交流微网，直流微网由于各分布式电源与直流母线之间仅存在一个电压变换装置，降低了系统建设成本，在控制上更易实现；同时由于无须考虑各分布式电源之间的同步问题，在环流抑制上更具优势。交直流混合微网中既有交流母线也有直流母线，将交流电源接入交流母线，直流电源接入直流母线，相比于单一的交流微网或直流微网，可以方便不同类型的电源及负荷接入，减少变换环节和变换装置，简化微网结构，提高微网的经济性和可靠性。

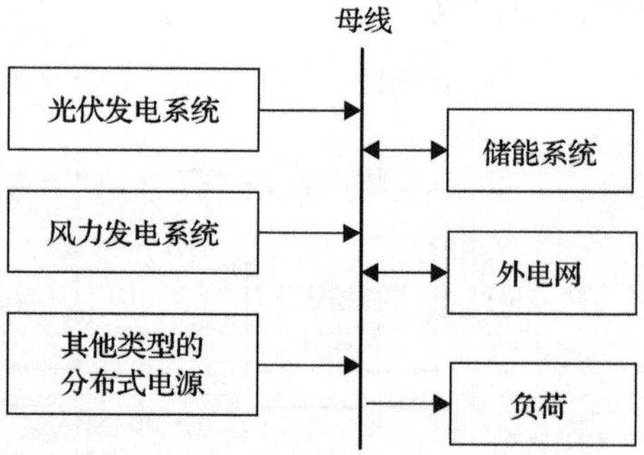

图 3-21　典型风光互补型综合能源系统

综合能源系统的电源部分以光伏发电系统和风力发电系统为主，辅以柴油发电机、微型燃气轮机、燃料电池等其他类型的分布式电源。对于条件允许的海岛型综合能源系统，电源部分还包括波浪能发电、潮汐能发电等海洋能发电系统。综合能源系统的储能系统可分为单储能系统或混合储能系统。单储能系统通常采用蓄电池储能，蓄电池储能中铅酸蓄电池的应用最为广泛。储能系统还包括超级电容储能、飞轮储能、抽水蓄能和压缩空气储能等储能技术。相比于单储能系统，混合储能系统兼顾了系统的能量型储能需求和功率型储能需求。

典型综合能源系统举例如下。

图 3-22 是以太阳能综合利用为主的冷热电联供系统示意图。该系统包含了光热发电、光伏发电、太阳能热水锅炉、燃气轮机、燃气锅炉及多种蓄能方式，它以太阳热为主要能源，电网电能和天然气作为辅助能源，实现区域冷热电联供。

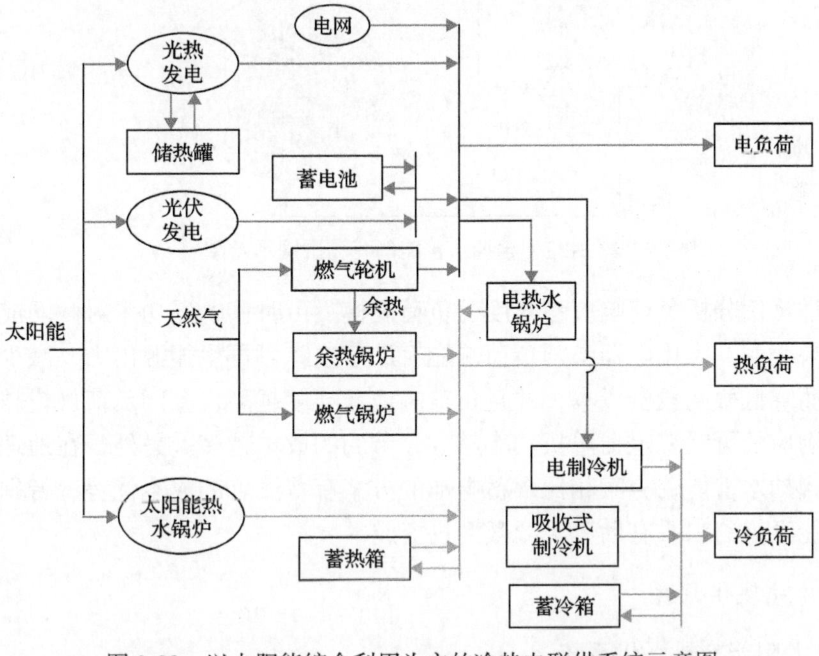

图 3-22　以太阳能综合利用为主的冷热电联供系统示意图

根据不同区域的冷热电比例，分配不同比例的太阳能到光热发电、光伏发电及太阳能热水锅炉这几种太阳能利用方式，从而使太阳能得到更加有效的利用。天然气作为辅助能源，在太阳能不足的情况下，为系统提供能源。

图 3-23 为考虑家居可时移负荷的含风/光/抽蓄的海岛微电网配置模型，电源部分包含太阳能发电系统和风力发电系统；储能部分为微型双水道抽水蓄能系统；负荷部分包含居民日用负荷及全岛公共负荷(如信号基站等)，按电器的特性分为不可调负荷和可时移家居负荷，规划中考虑可时移负荷参与负荷响应。在可再生能源过剩的时段，能源管理系统开启抽水蓄能系统中的水泵，蓄水池蓄水，并将可时移负荷移入该时段，若可再生能源供电还有剩余则切除一定的可再生能源发

电机组，以使系统能量平衡；可再生能源不足时，能源管理系统开启抽水蓄能系统中的发电机组发电，将可时移负荷移出到可再生能源充足的时段。

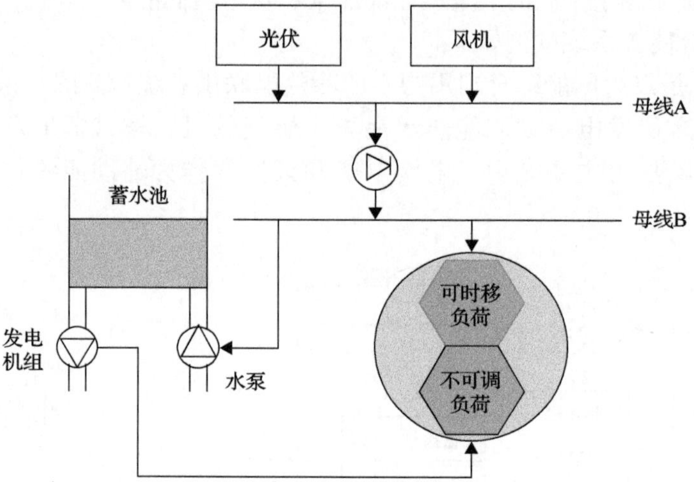

图 3-23　含抽水蓄能的海岛微网示意图

通过算例分析负荷响应参与度、负荷规模、可时移电器功率对微网成本的影响，结果表明，家用电器参与负荷响应有助于追踪可再生能源出力，减少储能压力，从而降低微网投资成本，并且负荷响应参与度越高，微网负荷规模越大，参与负荷响应的可时移电器单机功率越大，节约的成本越多。另外，在地理条件允许下，含抽水蓄能的方案相比含蓄电池的方案有着显著的成本优势，特别是提高抽水蓄能系统的水头有助于降低微网投资成本。

2. 冷热联供系统

(1) 太阳能冷热联供系统。

对于一些对冷热负荷需求量较大而电力负荷需求量较小的地区，在太阳能资源充足的情况下，可以直接用太阳能冷热联供系统进行供能。该太阳能冷热联供系统主要由太阳能集热器、热驱动制冷装置、热交换机构成，其成本比光伏发电小很多。这种系统很适合东部地区分布式太阳能利用。

(2) 地热能冷热联供系统。

我国地热资源丰富，可开发的浅层地热资源主要分布在华北和东北南部，开发浅层地热进行水热型居民供暖，可以有效地利用该可再生能源。图 3-24 是基于浅层地热能的冷热联供系统。

终端能源系统的类型，取决于相应范围内能源供给能源需求的特点，不同的终端能源系统类型适应于不同的情况，如表 3-12 所示。

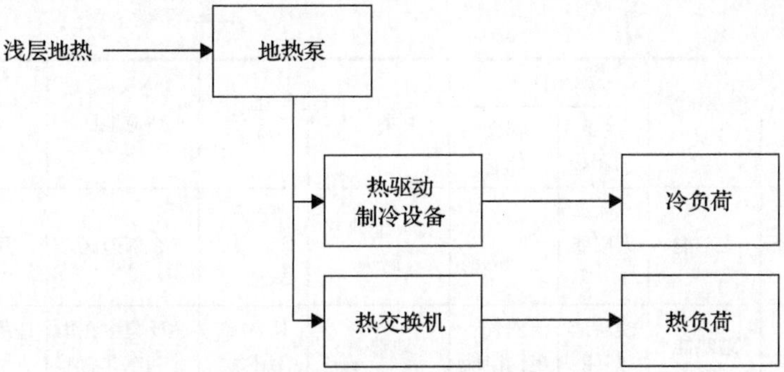

图 3-24　基于浅层地热能的冷热联供系统

表 3-12　不同终端能源系统类型的结构及适用场合

类型	发电方式	能源系统核心	输入能源		主要设备	其他设备	适应地区	适用场合
			主要能源	辅助能源				
冷热电联产	热发电方式	电网电能	电网电能	天然气	燃气轮机/燃气锅炉	压缩式制冷、热泵	东部电负荷密度大的地区	离散制造工业，一般的商业区用电及居民用能分供系统
		天然气主导	天然气	电网电能	燃气轮机/内燃机	余热锅炉、吸收式制冷	东部地区	适用于居民建筑用能
		太阳能光热利用	太阳能	天然气、电网电能	太阳能集热器、热机	吸收式制冷	主要为西部和北部地区	过程工业用能，建筑物用能
		生物质利用	生物质能	天然气	气化系统、燃气发电系统	吸收式制冷	全国农村地区	居民用能，小区域内的自给自足
		氢能主导	太阳能、风能等	天然气	制氢装置、甲烷化反应器、燃料电池、微型燃气轮机	余热锅炉、吸收式制冷	西部和北部太阳能密集但负荷密度小的地区，以及东部海岛等	主要是居民及商业用能，以及海岛型负荷
		地热能利用	中高温地热	—	热机	吸收式制冷机	西藏地区	居民用能
	非热发电方式	光伏、风等利用	太阳能	电网电能	光伏发电	压缩式制冷、热泵、储能	大型光电主要在西部和北部地区，东部地区主要为小型分布式光伏	离散制造工业，一般的商业区用电及居民用能分供系统
			风能	—	风力发电	压缩式制冷、热泵、储能	主要在“三北”地区	离散制造工业，一般的商业区用电及居民用能分供系统

续表

类型	发电方式	能源系统核心	输入能源		主要设备	其他设备	适应地区	适用场合
			主要能源	辅助能源				
冷热联供	—	太阳能	太阳能	天然气、电网电能	太阳能热水锅炉	燃气锅炉、吸收式制冷	东部地区	居民建筑用能
	—	地热能	浅层地热能	天然气、电网电能	地热泵	吸收式制冷	主要集中在华北和东北南部	适用于水热型地热能居民供暖

3.4.4.2. 集中与分散相结合的供能方式

随着环境压力日益增大，提高能源利用率要求越来越高，集中供应冷热能源受到越来越多关注。集中供热是在工业生产区域及城市居民聚集的区域内建设集中热源，向该地区及周围的企业、单位和居民提供生产和生活用热的一种能源地域生产组织方式。由于集中供热能够节约燃料、易大型化、机械化，还能够集中解决排烟污染、灰渣燃料堆放等问题，具有明显的经济效益、环境效益和社会效益，被认为是城市现代化建设的主要标志之一。

集中供能的意义在于以下方面：①缓解环境压力。目前，我国面临巨大的环保压力，大气污染造成的损失已占到国内 GDP 的 3%，是目前世界三大酸雨区之一。据统计，全国二氧化硫排放量的 90%、氮氧化物排放量的 60%来自燃煤，其中电力行业的二氧化硫排放量占总排放量的 40%左右。②提高能源利用率。目前我国能源平均利用效率仅为 32%，低于发达国家 10～20 个百分点，人均能源占有量仅为世界平均水平的 1/2，而集中供能能源可将能源提高到 80%以上。③缓解电网调峰压力。据国家电网公司统计数据，近年来我国部分城市空调用电占用电负荷比例达到 40%以上，电网调峰压力很大。如果有 400 万 m^3 的空调面积改用或选用燃气三联产系统，可在夏季每天增加 110 万 m^3 的燃气需求，减少 18 万 kW 的电力峰值负荷，有效缓解调峰压力。④我国天然气发展战略的需要。当前，我国天然气市场正以超常规的速度发展，西气东输和从澳大利亚、印度尼西亚、俄罗斯、哈萨克斯坦等国引进天然气，为经济发达却是高耗能的东南部地区发展冷热电三联供提供了必要的条件。

集中供能的应用领域主要集中在以下方面。

1. 商业领域

天然气热电冷联供技术已经相对成熟，如北京燃气大楼、上海华夏宾馆等都已应用这种新的能源利用方式。如果使用一台瓦克夏 475kW 的燃气内燃机，每小时消耗天然气 $119m^3$，该款机组的热平衡表如表 3-13 所示。

表 3-13　瓦克夏 VGF36GLD 热平衡表

项目	持续功率	备用功率
额定功率/kW	475	535
燃料消耗/kW	1463	1528
缸套水/kW	388	401
中冷水/kW	79	87
润滑油/kW	41	41
散热/kW	31	31
排气热量/kW	392	409
排气流量/(kg/h)	2936	3078
排气温度/℃	429	427
进气流量/(m^3/min)	36	38

从表 3-13 可看出，燃气内燃机在提供 475kW 电功率的同时又可产出缸套水、中冷水、排气热量，共计 859kW 的热功率，如果把这部分热能利用起来，则整个燃料的利用效率将达到 90%。再配以合适的超大余热型直燃机，可提供 27000m^2 左右的制冷和供热面积。从冷、热、电三个方面提供了全方位的科学而高效的能源解决方案。

2. 生态农业领域

以成都菊乐养殖场沼气发电项目为例，该项目是由农业农村部沼气研究所设计，东莞康达机电工程有限公司提供沼气发电机组及配套设备。猪场每天产猪粪 17t，按每吨猪粪生成沼气 60m^3 计算，每天能产沼气超过 1000m^3，燃烧沼气发电量达 1600kW·h，一年发电量 58.4 万 kW·h，可完全满足整个养殖场的用电需求。与此同时，发电机组可输出 194kW 的热量，回收的热量有 150kW。可产生 13t/h 左右 50℃的热水。余热可用于冬季厌氧罐体增温、猪舍加温等，沼渣、沼液还可为当地提供无公害种植的有机肥料。除去有机肥销售收益外，每年可为养殖场增收节支 43.8 万元。利用养殖场畜禽粪便产生的沼气发电，犹如建造了一座微型“坑口电站”，是大中型养殖场实现污染物零排放的最佳选择，也是发展循环经济、实现生态养殖的有益尝试。

3. 工业领域

许多大型造纸厂、药厂、酒精厂等既是当地的生产加工的骨干企业，但同时也是耗能大户。以某药厂为例，制药过程中需要利用蒸汽给发酵罐消毒，空气压缩机耗电量也很大。能源消耗主要是电和蒸汽，其中耗电量占总能源支出的

81.7%，蒸汽占 18.3%。如果利用药厂所排废水产生的沼气进行发电，同时把蒸汽进行回收，再用于生产过程，那么，这种集中供能综合技术解决方案，实现了能源的循环利用及高效利用。

集中供能系统还是利用废弃可燃性气体资源的最佳方式，煤层气和矿井瓦斯主要是煤田的气体资源，其主要成分是甲烷，且每年排到大气中的瓦斯可相当于 100 亿 m^3 的天然气资源。倘若对于利用矿井瓦斯所发电力允许并网，并给予适当的补贴，那瓦斯的利用将不再是难题。同样，随着钢铁、有色冶金和焦炭的不断扩产，焦化煤气行业也被迅速带动起来。2020 年我国焦炭产量已经达到 4.71 亿 t，如果采用集中供能技术将这些焦化煤气回收发电，并将余热供应周边地区城乡居民采暖制冷，以及工业供热，可以生产巨大的经济和环境效益。

集中供能系统主要包括热源、热网和热用户。集中供能方式与整个集中供能系统的经济效益、环境效益有直接关系，因此在集中供能系统设计时，应根据节能、环保和经济性进行合理选择。在实际研究中，应将多能源互补与冷热联供系统进行有机结合，并对集中与分散供能方式结合，以提高整个系统的效率。

首先，通过分析冷热联供系统可利用的能源种类，结合我国能源开发利用现状，确定系统的能源利用形式。与此同时，通过对系统主要设备适用性的分析，完成对设备类型的选择。在充分考虑能源特点及设备类型的基础上，分别建立集中与分散式供能系统的子系统循环流程，包括供暖循环和供冷循环，得出联供系统的循环方案。其次，建立较为完整且详尽的系统稳态数学模型，基于所建数学模型，再进一步研究以系统最优运行策略。

集中供能与分散供能的研究结果显示，当负荷远低于额定工况负荷时，由于集中供能系统中设备效率低于额定效率，已经过高的能源传输损耗比，使集中供能方式效率会低于分散供能方式，所以，在实际工程中，应根据系统具体情况协调供能方式，通过集中与分散供能方式相结合，以提高系统运行效率。

3.4.5 其他热点问题探讨

1. 北方及中部地区供暖方式的无煤化变革

北方及中部地区的冬季区域供暖是重大的民生工程、民心工程。推进北方及中部地区的地区冬季清洁取暖，能有效减少北方雾霾天数，是能源生产和消费革命、农村生活方式革命的重要内容。现阶段我国冬季供暖主要以燃煤为主，采用的是热电联产、燃煤锅炉及散煤取暖，然而大量燃煤导致了严重的污染物排放问题。根据国家环保部门统计，京津冀地区冬季因供暖增加的污染物排放量高达 30%。

清洁取暖是指利用天然气、电、地热、生物质、太阳能、工业余热、清洁化燃煤（超低排放）、核能等清洁化能源，通过高效用能系统实现低排放、低能耗的取暖方式，包含以降低污染物排放和能源消耗为目标的取暖全过程，涉及清洁热源、高效输配管网(热网)、节能建筑(热用户)等环节。推进清洁取暖对于降低取暖能耗、提高能源利用效率、打赢蓝天保卫战和雾霾污染防治攻坚战意义重大。

2016 年 12 月中央财经领导小组第十四次会议上提出要推动北方地区清洁取暖工程的全面开展。然而，我国各个地区资源分布不均，在推进清洁供暖时应“因地制宜，宜气则气，宜电则电”。“宜气则气”指在天然气资源丰富地区或进口气沿线地区采用燃气热电联产、燃气锅炉、分布式微型燃气锅炉进行供暖；“宜电则电”指在风电资源丰富地区或新能源电力受端采用新能源电供暖。后来有关部门又在此基础上补充了“宜煤则煤，宜热则热”。这四个“宜”实质上是要求因地制宜，根据当地的资源环境状况科学指定清洁取暖方案。

在国家政策的引导和支持下，北方地区特别是京津冀大气污染传输通道“2+26”城市、汾渭平原 11 城市等地区纷纷制定相关冬季清洁取暖实施方案、专项政策文件，推动清洁取暖工程的实施和建设。根据公开资料[5]，截至 2018 年年底，京津冀及周边地区、汾渭平原共完成清洁取暖改造 1372.65 万户。从采用的技术方案来看，试点城市主要采用的清洁热源替代方式以“煤改气”、“煤改电”为主，其他形式如“煤改热”、“煤改生物质”等仅有少量试点。2018 年北京市全市平原地区基本实现“无煤化”，河南省达到 60%，天津、河北完成 50%左右。北方地区冬季清洁供暖率达到了 50.7%。

地热能供暖在非清洁燃煤供暖地区实现替代，对集中供暖无法覆盖的城乡结合区域发展补充，是燃煤减量替代的有效解决方案。根据《中国地热能发展报告(2018)》数据显示，我国是全球最大的地热能直接利用国，而供暖是其中的最主要方式。截至 2017 年底，我国地源热泵装机容量达 2 万 MW，位居世界第一；浅层地热能利用方面，2019 年，我国浅层地热能建筑供暖(制冷)建筑面积达 8.41 亿 m^3，2020 年我国地源热泵装机容量已超 2 万 MW，年利用浅层地热能折合 1900 多万 t 标准煤，实现供暖(制冷)建筑面积超 5 亿 m^3，位居世界第一；水热型地热能利用方面，截至 2018 年底，全国水热型地热能供暖建筑面积超过 1.65 亿 m^3，其中山东、河北、河南增长较快。综合来看，随着地源热泵技术的逐步完善，浅层地热能必将成为我国今后一段时期地热能开发利用中的最普遍最主要的能源。在我国建筑物供暖(或供冷)中，浅层地热能所占的比重也将愈来愈高。

热泵系统集成空调和采暖系统，舒适节能，必将引领未来舒适家居生活的市场潮流。空气源热泵、水源和地源三种类型各有技术特点。空气源热泵采用热泵加热的形式，水、电完全分离，不受地质、燃气供应的限制，不受恶劣天气的影响，可以实现一年四季全天 24h 安全运行，但在−10℃或更低的极低温环境工作效能会大打折扣。水源热泵利用了地球水体所储藏的太阳能资源作为热源，水源包括地下水、地表的河流、湖泊和海洋，节水省地，维护方便，但需考虑地下水源保护问题及江河湖泊水源的季节性水位下降带来的运行限制。地源热泵指所有使用大地作为冷热源的热泵全部称为地源热泵，包括土壤热泵（即地耦合热泵）、地下水热泵、地表水热泵（包括江河湖海的水）等，严格来说，地源热泵属于水源热泵的一种，由于需要建造地下埋管的闭式环路，初投资成本较高，但运行费用低、节能环保。空气源热泵机组的应用范围主要包括《建筑气候区划标准》（GB 50178-93）的Ⅱ区的部分地区内，覆盖长江流域和部分黄河流域的夏热冬冷地区、云南大部，贵州、四川西南部，西藏南部一小部分地区；而在冬季气温较低且气候干燥的我国北方寒冷地区，则更适宜采用地源、水源热泵技术。

2. 农村用能方式变革的主要方向

我国农村地区生物质资源丰富，能源化利用潜力大。全国可作为能源利用的农作物秸秆及农产品加工剩余物、林业剩余物和能源作物、生活垃圾与有机废弃物等生物质资源总量每年约 4.6 亿 tce。生物质发电方面，根据《2020 年全国生物质发电运行情况简报》，截至 2020 年，全国生物质发电累计装机达到 2952 万 kW；其中，垃圾焚烧发电装机 1533 万 kW；农林生物质发电装机达到 1330 万 kW，沼气发电装机达到 89 万 kW，2020 年全年生物质发电量 1326 亿 kW·h，同比增长 19.4%，继续保持稳步增长势头。年发电量排名前五位的省份是广东、山东、江苏、浙江和安徽。在国家《能源发展战略行动计划（2014—2020）》中，指出要推动能源消费革命，加快农村用能方式变革，抓紧研究制定长效政策措施，推进绿色能源县、乡、村建设，大力发展农村小水电，加强水电新农村电气化县和小水电代燃料生态保护工程建设，因地制宜发展农村可再生能源，推动非商品能源的清洁高效利用，加强农村节能工作。

我国农村能源行业包括太阳能热利用（太阳能热水器、热泵、采暖、制冷空调、太阳房、太阳灶等）、沼气（包括小型沼气发酵装置及配套产品、沼气综合利用配套设施及技术、大中型沼气工程技术及装备、沼气发电技术及装备等）、生物质能转换技术与装备（包括生物质直燃和气化发电、生物质固化、生物质液体燃料乙醇及生物柴油等）、小型电源（包括离网型太阳能光伏发电、离网型风力发电、微水电）、节能炉具（包括民用省柴节煤炉、炕、灶）和新型液体燃料（包括甲醇、轻烃、二甲醚等石油替代产品）。这些技术和产品不仅可以为我国城镇和广大农村提供可持续应用的高品位清洁能源和节能技术，缓解常规能源供应紧张局面，改善生态和人居环境，提高健康水平，还可以通过对以上各种可再生能源利用和节能技术的整合，发展生态种植和生态养殖，生产无公害农副产品，帮助农民增产增收，促进农业生产结构优化升级，实现良性循环发展[6]。

1）大力推广洁净型煤和生物质成型燃料

（1）推广使用洁净煤或生物质成型燃料。在煤炭资源丰富的地区，要大力推广洁净煤，加大对“一低两高”劣质煤流通销售的控制，加强监管，减少、杜绝劣质煤及散煤在农村的销售、使用。要认真落实，严格执行国家已出台的《商品煤质量管理暂行办法》，加大对优质煤、洁净煤的扶持推广力度。要做好优质煤、洁净煤在农村地区的流通，可在乡镇设立煤站，在村组设立代购点，方便农户购买优质煤和洁净煤。在薪柴、秸秆等生物质资源丰富的地区，要大力推广生物质成型燃料。国家要出台相应的政策措施，鼓励秸秆、树皮、锯末、树枝等综合利用，发展生物质成型燃料，特别是要结合秸秆综合利用产业化，推进秸秆新能源开发。每个村或镇可建立一个小型或中型秸秆成型燃料加工厂，可个人投资或村、镇投资建厂，减少原料运输费用，国家要在财政、税收、电费等方面给予优惠扶持。

(2) 淘汰低效直燃式高污染炉具，推广使用高效低排放炉具，提高炉具能效。制定计划，限期淘汰低效高污染炉具。为农户选择优质炉具提供便利条件，像家电下乡一样，做到炉具下乡，财政可适当补贴，提供优惠。

2) 大力推广电采暖

电能是公认的清洁能源，无污染无排放，但目前初始投资大，农村居民使用电采暖购买电暖气设备时初始费用较高，若是选择安装地暖或电热膜等对住宅有一定要求的电采暖方式，农民在购买设备的同时还需对住宅进行节能保温改造，在经济上难以承受。电采暖正处于发展阶段，国家对农村地区的政策支持力度不够，管理规划也还存在一定问题，目前很难享受到相关政策补贴与优惠。

(1) 加大对农村居民的资金支持，通过中央财政、市级财政、区县财政分担的筹资机制，采取全额支付、补贴、贷款贴息等多种方式的财政支持政策，采用发展针对“电采暖”计划专项资金进行补贴的方式，解决电采暖的高成本问题。

(2) 尽快制定《农村电气化促进法》，实行农村冬季优惠电价，减少农民冬季做饭取暖的燃煤使用。

3) 大力推广“煤改气”

液化天然气热值高，燃烧完全，杂质含量少，燃烧后产生的污染物极少，而且液化天然气入户工程综合投资少，是解决散煤燃烧污染的有效措施。目前管网铺设投资较大，建站土地审批较难，建站规划许可和审批手续复杂。

一是将大气污染防治资金中的冬季取暖每户补贴、液化气补贴，直接补到项目公司。管网、入户管线费用可由政府和企业均摊。气站由企业出资建设，入户的燃气器具由政府部分补贴。二是将液化天然气供气站建设规划纳入政府规划，把天然气管道建设补贴资金纳入财政年度规划，气化站建设场地纳入政府年度建设用地规划。三是简化审批手续，合并或取消部分部门审批，改前置审批为后期监管。四是严格安全监管，确保气站运行安全和农户用气安全。

4) 大力推广太阳能采暖

大力推广具备较高能量转换效率和较低投资成本的太阳能供热采暖系统。一是做好战略布局。目前，我国最适宜推广应用太阳能供热采暖系统的地区是太阳能资源丰富、地广人稀、采暖季长的西部地区和东部经济发达地区的城市郊区、乡镇和农村。二是建立激励机制，加大鼓励扶持的政策力度。在西部地区，对太阳能供热采暖系统的工程建设给予适当的财政补贴；在东部地区，通过市场机制和政府的相应激励政策推动。三是建立示范工程。建立县乡村不同层级，山地、平原等不同环境，南方和北方不同气候条件的示范工程，为大面积推广太阳能供热采暖系统，提供可资借鉴的相关数据，促进太阳能供热采暖技术在全国的进一步推广。

3. 建筑节能的发展趋势

1）建筑能耗类别及相应节能措施

考虑到我国南北地区冬季采暖方式的差别、城乡建筑形式和生活方式的差别，以及居住建筑和公共建筑人员活动及用能设备的差别，将我国的建筑用能分为北方城镇供暖用能、城镇住宅用能（不包括北方地区的供暖）、公共建筑用能（不包括北方地区的供暖）及农村住宅用能四类。

北方城镇供暖用能指的是采取集中供暖方式的省、自治区和直辖市的冬季供暖能耗，包括各种形式的集中供暖和分散采暖，包括了热源和热力站损失、管网的热损失和输配能耗。主要通过建筑保温水平提高、高效热源方式占比提高和供热系统效率提高来降低能耗。

城镇住宅用能指的是除了北方地区的供暖能耗外，城镇住宅所消耗的能源。在终端用能途径上，包括家用电器、空调、照明、炊事、生活热水，以及夏热冬冷地区的省、自治区和直辖市的冬季供暖能耗。通过提高炊具、家电、照明等设备的效率，能耗的增长速度得以减缓。

商业及公共建筑用能（不包括北方地区的供暖）指办公建筑、商业建筑、旅游建筑、科教文卫建筑、通信建筑及交通运输类建筑内由于各种活动而产生的能耗，包括空调、照明、插座、电梯、炊事、各种服务设施，以及夏热冬冷地区城镇公共建筑的冬季供暖能耗。对其能耗的控制主要是通过建立公共建筑节能监管体系来实现，包括公共建筑节能监管体系制度建设，公共建筑能耗监测平台建设，推动节能改造，提升节能运行管理水平，培育节能服务市场等。

农村住宅用能指农村家庭生活所消耗的能源，包括炊事、供暖、降温、照明、热水、家电等。充分利用农村地区各种可再生资源丰富的优势，通过整体的能源解决方案，在实现农村生活水平提高的同时不使商品能源消耗同步增长，加大农村非商品能利用率，可以降低相关农村能耗。

2）我国建筑能耗现状

《中国建筑节能年度发展研究报告 2020》显示，2018 年，我国建筑面积总量约 601 亿 m^3，其中城镇住宅建筑面积为 244 亿 m^3，农村住宅建筑面积 229 亿 m^3，公共建筑面积 128 亿 m^3，北方城镇采暖面积 147 亿 m^3。对比我国与世界其他国家的人均建筑面积水平，可以发现，我国人均住宅面积已接近发达国家水平，但人均公共建筑面积与一些发达国家相比还相对处在低位。2018 年，中国民用建筑建造能耗为 5.2 亿 tce，约占全国能耗的 11%，城镇住宅、农村住宅、公共建筑分别占比为 42%、14%和 44%，具体分析见表 3-14。

表 3-14　中国建筑能耗(2018 年)

用能分析	宏观参数(面积/户数)	电/(亿 kW·h)	总商品能耗/亿 tce	能耗强度
北方城镇供暖	147 亿 m^2	571	2.12	14.4kgce/m^2
城镇住宅(不含北方地区供暖)	2.98 亿户 244 亿 m^2	5404	2.41	806kgce/户
公共建筑(不含北方地区供暖)	128 亿 m^2	8099	3.32	26.0kgce/m^2
农村住宅	1.48 亿户 229 亿 m^2	2623	2.16	1406kgce/户
合计	14 亿人 601 亿 m^2	16697	10	717kgce/人

资料来源：中国建筑节能年度发展研究报告 2020。

3) 建筑节能的发展重点

(1) 建筑能耗总量目标。近年来我国建筑部门用能增长迅速，但建筑用能强度低于发达国家，传统节约的建筑使用模式是其主要原因。在未来以新能源为主体的新型电力系统战略下，建筑部门应当积极适应这种能源供给结构变化，提高电气化水平，大力发展柔性用电方式，从而实现未来建筑能耗控制在 3 万亿 kW·h 电加上 2.5 亿 tce 直接燃料能耗水平以内。

(2) 建筑部门能源消费模式变革。坚持绿色节约的建筑形式和使用模式，从而有效控制建筑能耗的增长；推动用能方式变革，大力发展光伏建筑一体化，建筑直流供电和分布式储电，实现柔性灵活的用电方式，从而推动新型城市柔性灵活的配用电系统；北方地区进一步推动清洁取暖；大力发展生物质，优先利用生物质满足农村地区的能源需求。

4. 交通电气化和燃气应用的发展前景

1) 我国交通行业现状

交通是人类出行、实现物流交换的支撑技术，汽车、水运、航空、铁路是主要的交通手段。传统交通工具大多以化石能源为主要的燃料动力来源，以热机的相关技术作为驱动手段。

根据《2020年中国统计年鉴》，2018年我国交通运输、仓储和邮政业能源消费总量43617万tce，在终端能源消费中占比达到9.24%，消耗的主要是汽油、柴油等燃料，严重依赖石油。国家交通运输部2018年交通运输行业发展统计公报数据表明，监测的城市公交企业每万人次单耗1.5tce，比上年下降5.2%，百车公里单耗41.7kgce，下降8.9%；公路班线客运企业每千人公里单耗14.6kgce，下降0.6%，百车公里单耗29.1kgce，下降0.6%；公路专业货运企业每百吨公里单耗2kgce，增长11.1%；远洋和沿海货运企业每千吨海里单耗4.1kgce，下降6.8%；港口企业每万吨单耗2.3tce，下降4.1%。而随着经济社会发展水平的提升，交通领域的业务规模还将继续擅长，用能需求从全球规模来看在近年内还将不断增加，因此节能降耗的潜力巨大，而相关的能源消耗量大、污染排放、能源安全三大核心问题也需要重视。

为了解决以上问题，对于交通各部门进行电气化改造，燃气应用改造，可以起到如下效果：①有效丰富该领域的用能种类，减少对于单一石油类燃料的依赖；②电气化改造可以降低污染排放，把排放源从每一个分散的交通终端集中起来，并可以利用电能相关的技术实现更高的综合运行效果(例如高铁)；③燃气应用改造与原有燃油技术路线兼容性好，可以经过简单改进实现良好减排效果。在近年来，交能电气化和燃气应用改造中，以高铁为代表的轨道电气化铁路以及电动汽车、天然气汽车的推广是比较有代表性的。

2)铁路电气化改造

与公路、航空相比，铁路运输的人均能源消耗是最低的，而且目前铁路是唯一可以大面积用多种能源替代石油的大能力综合性绿色交通运输工具，目前世界的先进国家都把铁路电气化作为铁路的主要发展方向。2019年，中国铁路里程达到13.9万公里(其中高铁营业里程达到3.5万km)，旅客发送量36.60亿人，旅客周转量14706.64亿人公里，货物总发送量43.89亿t，货物总周转量30181.95亿吨公里。

中国自2008年开始进行大规模推进高铁建设，这也使中国铁路行业电气化水平明显提升。在过去近10年的时间内，中国铁路的电气化比例从2005年时的31.2%上升至2014年时的55%，内燃牵引里程占比从2005年时的68.8%下降至2014年的45%。2019年电气化里程10.0万km，电化率71.9%。电气化比例的提升也是中国铁路领域能效提升的主要原因。

3)汽车电气化、天然气应用

目前，全球汽车消耗的石油占到了世界石油消耗总量的近70%，在各种交通运输方式中，公路是能耗最大的部门，占交通运输总耗能的80%左右，而带来的汽车尾气、耗能也是非常严重的问题。

根据2020年国民经济和社会发展统计公报，全国汽车生产量2532.5万辆，民用汽车保有量28087万辆(包括三轮汽车和低速货车748万辆)，比上年末增加1937万辆，其中私人汽车保有量24393万辆，增加1758万辆。民用轿车保有量15640万辆，增加996万辆，其中私人轿车保有量14674万辆，增加973万辆。

在国家“补贴、限牌、限行”等政策引导下，2011～2020年的10年间，中国新能源乘用车销量由2000辆增长到114万辆，市场渗透率从0%稳步提升到5.7%，市场认可度逐步提高。新能源乘用车类型中，2020年插电式混合动力汽车(plug-in hybrid electric vehicle，PHEV)占比16.7%，纯电动车(battery electric vehicle，BEV)占比83.3%，占据绝对市场份额。其中宏光MINI和特斯拉Model 3(国产)的销量暴增导致PHEV的份额大幅下滑。而政府财政补贴的力度差异，也导致企业产品开发更偏重BEV，主流厂商新能源汽车销量贡献主要来自BEV，PHEV的占比微乎其微。

产业政策方面，2020年11月国务院办公厅正式发布《新能源汽车产业发展规划(2021—2035年)》，总体思路是坚持电动化、网联化、智能化发展方向，深入实施发展新能源汽车国家战略，突破关键核心技术，提升产业技术能力，构建新兴产业生态，完善基础设施体系，优化产业发展环境，持续为新能源汽车产业高质量发展注入新的动力。发展愿景方面，到2025年，纯电动乘用车新车平均电耗降至12.0千瓦时/百公里，新能源汽车新车销售量达到汽车新车销售总量的20%左右，高度自动驾驶汽车实现限定区域和特定场景商业化应用。到2035年，纯电动汽车成为新销售车辆的主流，公共领域用车全面电动化，燃料电池汽车实现商业化应用，高度自动驾驶汽车实现规模化应用，有效促进节能减排水平和社会运行效率的提升。在产业融合部分，加强新能源汽车与电网(V2G)能量互动、促进新能源汽车与可再生能源高效协同成为能源交通融合的两个发展重点。

4)小结

总结以上成果可见，在交通领域发展电气化、燃气应用具有深远的意义和很好的发展前景，是我国能源系统发展变革的重要路径和方向。

(1)以纯电动为代表的零排放汽车、电气化铁路交通将成为中国交通领域的重要组成部分，提升中国交通行业的竞争力，创造更多的就业机会。

(2)电气化、燃气应用的汽车技术将成为交通网与能源网(电、气)融合的桥梁与纽带，促进能量网络高效流动互相转化，实现互相支持(V2G、燃料电池车、余电制氢制天然气等)。

(3)电气化、燃气应用改造还将促进带动相关产业链的共同繁荣进步，带动新技术产生。在近年来，中国的电池、电机、电力电子等技术的迅速发展就得益于交通领域电气化的发展。如果在未来，以上技术如果能产生更为实质性的突破，甚至可能会对于交通及相关领域产生革命性影响。比如，如果电池技术有突破，电动汽车技术有望进一步普及，甚至可能在汽车领域中占据主导地位，这对于汽车领域的发展将会是颠覆性的，并可以进一步深刻影响电网等领域的发展。

3.5 保证新一代能源系统功能实现的市场体系和机制

3.5.1 建设新一代能源市场的必要性

为推动新一代能源系统的低碳、安全及有效运行，最大幅度地提高能源综合利用效率，必须建立一套公平高效的市场机制。在更加宽松、竞争性的市场环境下，能源的生产、传输、转化、存储、消费等各个环节将被打通，其商品属性将被还原。能源销售业务的寡头垄断将被打破，能源系统的投资与运营将允许社会第三方资本进入，能源的交易也将打破管制，回归以市场配置资源的本质。在我国，电力体制改革、油气体制改革已相继拉开序幕；在“互联网+”的助力下，创新的能源互联网商业模式已如雨后春笋般涌现。因此，以当下改革为契机，有必要借鉴国外能源电力市场的成功与教训，同时结合我国国情研究未来新一代能源系统的运营模式与市场机制。

现阶段我国能源市场和碳交易市场亟待解决的问题有以下几方面。

1. 电力市场

我国电力工业在垄断经营的计划经济形式下完成了发展和壮大的过程，但是这种体制也逐渐使电力工业缺乏活力、垄断经营的弊端逐步显现。2015 年我国新一轮电改方案破解了我国推进电力市场化改革的重大难题，指明了电力市场化改革再启航的方向。然而，细节决定成败，以下关键问题仍然需要进一步深化，并制定科学的政策方案。

1) 如何保障交易机构的独立性

市场改革初期，市场交易机构由电网公司的交易中心负责运行，但如何确保其有效“相对独立”，广大市场成员必然心存疑虑，因此，需要开展制度层面的设计。其一，建立科学的信息披露机制，交易机构必须向市场提供证明其交易独立性的信息支持。其二，建立一个由行业专家组成的专业化第三方监管机构，负责对市场规则、市场组织、交易行为、争议处理等问题进行调查与仲裁，以保障电力交易平台的公信力。

2) 如何培育大用户直购电市场

在放开发电计划和发售电价格后，要完成由计划模式向市场模式的转变，迫切需要为激发市场成员参与市场的积极性创造条件，让市场“活”起来。大用户直购电交易将成为一个重要突破口：对发电企业，应优先鼓励通过与大用户直接交易获得市场份额；对大用户，也优先鼓励通过与发电企业直接交易获得质优价廉的电能。剩余的市场份额再在所有发电企业中公平分配，并按照政府核准的上网电价和输配电价格结算。在电力供求紧张的时期，将优先保障通过市场交易形成的合同履行。期待这一机制能够有效培育市场，推进我国电力市场化的改革进程。

3）如何培育售电市场

市场是需要培育的，必须出台相应的激励措施。美国得克萨斯州（得州）培育零售市场的经验值得借鉴：由于一次能源价格的大幅度下降，零售电价存在着很大下降空间，德州政府规定，电网直接零售的售电价格下降不得低于6%，而其他售电商可以低于这一限价措施，正是这一激励机制加速培育了售电市场。可以想见，在这一机制下，售电商们只要降价低于6%，就能够吸引用户，比电网企业更具有竞争力。正是这一激励，使德州成为全美最成功的售电市场。

4）如何建设有效的电力现货市场

必须建立完善的现货电力市场体系（包括日前市场、实时平衡市场及辅助服务市场等），否则，中长期交易的市场化与电网平衡调度的非市场化将导致电网在调峰、新能源消纳、辅助服务等方面矛盾重重，限制电网在保障安全和消纳新能源等方面的可调度空间，提升了电网运行的安全风险。现货市场的分时电价将激励发电企业根据自身的调峰能力，预留调峰容量参与日前或实时平衡市场，消纳新能源。现货市场能以市场手段提升电网的安全水平，通过价格改变供求关系，进而改变电网中电能传输的分布，实现电能传输的均衡化。现货市场还能为中长期市场提供价格风向标，引导中长期市场的交易。

5）如何以市场方式促进新能源消纳

在推进市场化改革的今天，不应仍以计划方式促进新能源消纳，而应以市场方式来解决问题。建议：一要采用配额制的新能源消纳模式，政府不再直接对新能源定价，而由市场发现价格；二要在激励发电企业与大用户直接交易过程中，以价格信号引导、激励大用户以友好的方式用电，提升发电企业电网消纳新能源的能力；三要建立日前市场，通过分时电价激励发电企业主动进行调峰，激励大用户“移峰填谷”；四要建立辅助服务市场，应对新能源发电波动，以市场化方式发现辅助服务的真实价格。

6）如何引导充足、合理的电源投资

发电行业是一个资本密集型行业，投资成本占总成本的很大比例，尤其在可再生能源大力发展的情况下，投资成本比例进一步增大。市场设计中，投资成本的回收机制涉及市场长期的稳定性和效率，并与能量市场的设计密切相关。

纵观国际的电力市场，发电投资的回收有不同的机制，如建立容量市场、允许能量市场的高电价、签订长期差价合约等。不同的机制有不同的适用情况，也又可以细分为不同的子类。需要对国际典型市场的发电投资成本回收机制进行系统的研究，提出适合我国的机制。

2. 天然气市场

我国天然气市场现阶段面临的最重要的问题是以行政垄断性定价代替市场定价，市场机制不健全，天然气系统的源、网被垄断，国有企业既充当“裁判员”又充当“运动员”。

虽然国家现在着手开展天然气体制改革，但由于天然气系统产业格局纵向一体化程度较高，产业链条比较多，各业务板块的市场开放程度仍然存在一定差异，其中上中游的市场开放程度相对弱一些，下游炼化销售的市场开放程度则相对较高。天然气产业链上中下游各环节中，依然存在市场开放程度不够、自然垄断业务与竞争性业务不分等问题。天然气勘探开发环节，仍存在民间资本难以直接进入，矿权退出和流转机制不完善等问题；管道运输环节，具有自然垄断属性的天然气管输送业务与销售业务尚未实现分离；销售环节，国有企业仍占市场主导地位，竞争不够充分；城市燃气市场尚未开放。天然气实现了存量气与增量气价格并轨，市场化进程取得了阶段性进展，但目前执行的与替代燃料价格挂钩的门站价格形成机制还不能反映天然气本身市场供需状况，且居民供气市场未完全放开，调峰定价机制尚未形成。

3. 碳交易市场

碳排放交易制度不仅是国家应对气候变化的重要政策工具，也是环境公共治理框架的一个重要组成部分。建立全国碳交易体系是一项长期复杂的系统工程，从现有试点省市运行情况来看，中国碳排放交易市场仍存在许多问题。

一是交易规则不一致，推广难度较大。我国是一个具有典型“二元经济”特征、区域发展不平衡的国家。同时，东部、中部、西部的改革进程差异大，金融资源不平衡。基于中国区域发展的差异性，现阶段多区域碳交易市场并行可以适应不同区域的经济发展水平，体现差异化的减排目标和成本，进而提高碳交易市场的运行效率。

二是大部分碳排放权交易试点的法律约束力较弱。碳交易政策得以实施的基础是必须要有强制约束力的保障，即参与单位只能在配额许可的范围内来排放二氧化碳，超出部分将会受到法律惩罚。如果没有法律的约束，或者法律约束力度较弱，碳交易的政策效果将难以得到保障。尽管我国已经相继出台了《环境保护法》、《大气污染防治法》、《排污费征收使用管理条例》等多部与环境保护相关的法律法规，但这些法律法规均未对碳排放权制度进行明确规定。当前的八个试点主要依据各自的省市情况制定的相关法规政策，不同的法规在各个交易试点的法律效力不同，缺乏强制性的法律措施，法律效力普遍较弱。

三是碳排放数据统计核算基础差。我国在建立碳排放权交易试点之前，没有企业层面的关于温室气体排放的统计体系，因此各试点在起初均面临没有数据的困境。大部分试点通过对历史排放数据进行摸底来获得部分数据，但这些回溯的数据相对质量较差，根据这些数据制定的碳排放权试点政策可能会存在一定的偏差，例如碳排放总量设置过高、碳排放基准值设计不合理等。

四是碳市场透明度较差。市场的有效运行离不开公开透明的市场环境，透明的市场才能吸引各类市场主体参与其中。碳市场作为政策建立的市场，其透明性往往取决于政策设定者的设计以及信息公开度。目前，大部分试点均存在透明性较差的情况，包括纳入企业排放数据的统计、排放配额总量的确定、具体配额的设计方案和分发情况、交易数据的公布等方面。

4. 多能源市场耦合

我国能源市场现存问题还包括电力市场、油气市场、碳交易市场相对独立，缺乏必要的协调，整个能源系统供应侧的效率没有达到最优。就电力市场、油气市场而言，一方面，油气是部分发电机组的一次原料，油气市场的竞价结果直接影响到了发电机组的燃料供应可靠性和经济性；另一方面，发电厂商作为“大用户”影响着油气市场的竞价结果。因此，在发展新一代能源系统时，必须考虑电力-油气市场的互补与协调。

就电力市场、碳交易市场而言，两者作为新兴市场，都将对电力行业产生深远的影响。碳交易市场的开展也赋予了电力市场新的内涵，同时电力市场的开展也有利于发挥市场的资源配置作用，实现电力行业碳减排。碳交易市场与电力市场在管理和运作上是彼此独立的，是两个相对独立的市场，但二者之间又存在一定的关联关系，并且相互影响、相互作用。一方面碳交易市场促进用电部门、发电部门节能减排，推动光伏、风电等清洁能源发展，起到积极作用；另一方面，碳交易市场环境下，发电企业发电行为和终端用户用电行为将产生变化，投资结构和布局也会发生变化，将使电力供需形势和区域分布发生变化。因而碳交易市场引入以后将通过影响火电企业的竞价策略和终端用户的行为，对电网规划和建设产生影响。

3.5.2 国外能源市场和碳交易市场对我国的启示

1. 电力市场

从电力市场最初引进的时期即 20 世纪初来看，英国模式与美国模式的起点都是采取集中出清的方式进行，因为这种模式较好地兼顾了电网运行的物理规律。但是随着市场化进程进一步推进，两个国家却逐渐走向了相反的方向。英国强调双边，美国则进一步集中，并且两种模式在各自国家都运行良好，因此值得我们深入地进行分析。通过对欧美电力市场进行对比，回答以下六个关键问题，以做到“前车之鉴，后车之师”，探索适应我国国情的合理方案。

1) 市场是否开放、竞争、公平、有序?

在基本的机制设计上，美国模式和英国模式不分伯仲，都基本实现了公平开放的市场准入与退出。

值得一提的是，美国模式在市场公平、保障权益、易于监管等方面更具优势。美国模式虽然复杂，但以合理、环环相扣的机制设计，“挤出”市场的博弈空间，保障市场成员“安心、静心”参与市场。美国模式引入了科学的成本核算与市场力规避机制，以确保市场的有序竞争，并引入了多项有效保障市场成员合理收益的机制设计。另外，美国的平衡操作和阻塞管理以滚动计算的安全约束经济调度(security-constrained economic dispatch，SCED)程序下达计划，以金融输电权(financial transmission rights)分配阻塞盈余，依据清晰，可监管程度高；英国模式则给予英国国家电网输电公司(National Grid Electricity Transmissionplc，NGET)一定的操作空间，通过严格的运行成本考核机制，将压力转移给监管部门。

2) 市场是否实现产业的平稳改革与转型?

相比英国电力市场模式，美国模式对于我国在改革路径与产业转型上更加平稳，原因有以下三点。

一是美国模式对于零售竞争的开展程度要求不高，在“双边金融交易+日前全电量优化”的市场模式下，对于“配售分离”的要求不高，便于与我国当前的产业结构相衔接，有利于市场改革的平稳过渡。

二是美国模式以“日前安全约束机组组合(security-constrained unit commitment，SCUC)+实时安全约束经济调度(security constrained economic dispatch，SCED)”作为电网调度运行的主要决策手段，与我国电网当前的调度运行机制具备良好的适应性；对于发电商的要求也比较简单。

三是英国模式采用“双边物理交易+平衡机制”，一方面，用户提前订好合约，需要培育出大量的售电商，代理广大用户进入市场购电，并对其所形成的用电计划负责，这也同时对发电商提出了很高的要求；另一方面，日前计划环节被“削弱”，对于电网的实时调度提出了更高的要求。

3) 市场是否有效保障电力系统的安全可靠运行?

美国的市场机制可以更好地保证电力系统安全可靠运行，因为其设置了日前、实时两级市场，全天协调，提前量更加合理；实现了多时序、主辅市场的联合优化，并通过前瞻、滚动的 SCUC 与 SCED，实现交易计划与系统实际运行的偏差滚动修正。英国的电力市场机制则稍显欠缺，因为其不考虑时段耦合、辅助服务与能量相解耦，不完全符合机组运行的物理规律，调度辅助服务的能力稍差。

4) 市场是否实现对于电力资源的最优调度?

美国的市场机制可以更好地实现电力资源的最优调度，因为其采用全电量优化，双边交易只具有结算关系，集中优化范围更广，程度更深，结果更优；实时运行保障平衡与优化调度并重；并且实现了多时段、主辅能量的联合优化。英国的电力市场机制则稍显欠缺，因为其采用的是非全电量优化，双边交易需要物理执行，降低了现货市场集中优化配置资源的能力，无法实现全系统范围内的最优匹配；辅助服务与能量市场分离也降低了调度结果的最优性。

5) 市场是否能够促进适度、合理的规划发展?

美国的市场机制可以更好地促进适度、合理的规划发展，主要因为其同时运行有电量市场和容量市场；节点电价能够更加明确地给出电源和电网进行建设和投资发展的空间信号。相比而言，英国仅有电量市场，且分区电价无法给出区域内部具体投资的空间信号，适用于电网已经建设良好，负荷增长不大的情况。

6) 市场是否促进清洁能源的消纳?

美国的市场模式属于全电量联合优化，能够更加充分灵活挖掘辅助服务的供应能力，保障清洁能源的消纳；全系统范围内集中优化调度能够调度多类资源协调运作，共同为消纳清洁能源做出贡献。英国的模式稍差，能量与辅助服务解耦，导致辅助服务供应能力稍差；双边交易物理执行，固化了系统调节能力，进一步限制了清洁能源的消纳。

2. 油气市场

20 世纪 50～70 年代的美国天然气系统与目前中国的天然气系统有几分相似，都是由监管机构来控制天然气价值链上不同环节的大部分业务。历史经验表明，联邦尝试控制进口、出口和各环节价格产生了不正当的并且经常是损害性的结果。由此美国才提出一系列解除管制的措施，今天美国油气煤市场基本上是免于价格控制、交易限制和直接经济管制的。美国的市场化道路的经验和方法有值得中国借鉴的地方。

(1)市场化是一个整体，需要有足够多的市场参与者，建立监管机构，制定政策法规，建立开放的准入机制和公平竞争的环境。美国的天然气市场已经发育成为成熟的市场，有着成熟的制度和监管框架、经验丰富的市场参与者、强大而透明的经济信号显示当前的市场状况，以及基于开放的准入和竞争体系。我们可以借鉴分析其完全市场化运行与计划管制运行的种种差异，包括激励机制、价格机制、安全保障等，从中找出改革的切入点和可能路线。

(2)在美国，FERC(Federal Energy Regulatory Commission，联邦能源管理委员会)是市场的独立监管机构，各州还有自己的州立监管机构，政府或委员会在推进自由化方面扮演着必不可少的角色。在中国也是一样，政府应成为市场变化背后的驱动力，同时，应当制定与天然气相关的法律法规，给出未来天然气发展的政策，这样市场参与者才能找到依据。

(3)美国天然气价格是由天然气市场供需关系决定的，历经三十多年的发展，已形成由反应区域市场供需的多个现货价格和交易活跃度仅次于原油的市场标杆期货价格共同组成的成熟价格体系。中国 2011 年开始天然气市场化改革，价格管制逐步放开，但新的价格体系尚未建立，正处于改革关键阶段。定价会影响天然气产业的发展，国内在天然气定价体系中还需要进行深入的研究和调整，使天然气更多反映各类市场的变化。

(4)除常规天然气资源以外，中国在致密气、煤层气和页岩气方面也有大量的资源。虽然资源类型、埋藏条件等和美国有所不同，有些还差别较大，但是美国页岩气等非传统天然气开发、管理的经验值得借鉴。

(5)在天然气上游领域，通过逐步解除井口价格管制，驱动了美国天然气生产，页岩革命也得益于此。完全的管制不单难以实施，更严重的是会导致天然气供需失衡。中国还应制定相关的政策，给予上游的投资者们适当的激励，以对这些资源进行开发。如果缺乏上游驱动，中国市场将难以满足快速增长的天然气需求。

(6)由于天然气管道网天然处于自然垄断的地位，所以建设批发市场必须将管道运输服务独立出来，并实现第三方无歧视接入。美国监管机构通过相关法令，分离了管网公司的销售与运输业务，并且运输企业积极参与到相关法规制定中，确保了天然气运输容量的高效使用和优质服务。美国天然气管网极为发达，是美国市场高效流通的载体，中国未来的政策制定和监管办法还应能够保障管网投资，通过合理的运输费用，保障投资者可以收回成本并适当盈利。

(7)美国市场体系不同地区存在价差，价差存在反映了不同地区存在着不同的供需状况，有些相对短缺，有些相对过剩。价差的存在是市场化的必然，也可以通过市场化得到减缓。因为这些市场化的价格信号能对天然气生产、传输管道或储存设施投资方面起到驱动作用，这些为了利用不同区域价格之间存在的套利机会而产生的各种投资行为，反过来会减轻区域间的价差。

(8)电力部门是天然气需求的重要组成部分，电力市场和天然气市场的自由化是相互依赖的，如果电力市场不进行自由化就会影响天然气的发展。美国电力自由化程度也很高，我们可以借鉴其市场化经验并分析两个市场间的耦合关系，有助于设计更具合理性的市场化体系。

(9)美国市场中存在着数量庞大的参与者，包括生产企业、管道运营商、地区配送商及活跃的中间商，处于垄断地位的企业较少。但中国与此不同，天然气生产由三家企业垄断，最大生产商的产量占国内总产量的四分之三。因此，在中国开展市场化，必须考虑到市场参与者不足的问题。

(10)美国市场目前基本处于自给自足的状态，与国际市场联系较少。但中国市场大量进口，与国际市场紧密相关，这为中国市场化改革带来了更多的复杂情况。

(11)美国目前天然气市场主要仍是批发市场，零售市场尚未完成开放(部分州放开了零售市场)。虽然美国在天然气物理市场基础上还有大量的金融市场，然而由于其复杂性，仍然建议中国市场化开展时从物理市场开始、从批发市场开始，逐步过渡到完善的市场体系中。

3. 碳交易市场

国际碳交易市场的弊病之一就是缺乏统一性与流动性。事实上，中国碳交易市场也存在类似的问题。目前，多数参与碳排放权交易市场的控排企业已经感受到碳减排的压力，但碳资产管理意识和能力仍有待提高，加之参与碳排放权交易的机构投资者和个人投资者匮乏，导致 8 个试点省市的碳排放权交易市场普遍存在交易主体积极性不高、市场度不强、流动性欠佳的现象。各个试点交易市场在开市不久都普遍面临没有交易或交易断断续续的情况。比如在上线首日成交 2 万 t 后，深圳碳交易平台连续出现了近两个月无交易的窘境。此外，在履约期临近时，企业履约的积极性较低。

针对这一重要问题，我国有必要加快建设一个国内统一碳排放市场，不仅有利于减少买卖双方的交易成本，还能积累市场经验并建立一套较为完整有效的交易方法和制度，依托市场优势重新在全球和区域性的碳市场体系中取得定价权。2017 年，国家发展和改革委员会发布了首个以发电行业为切入点的全国碳排放权交易体系实施方案，确立了发电行业率先参与碳交易的基础，《全国碳排放权交易市场建设方案(发电行业)》明确参与主体是发电行业年度排放达到 2.6 万 t 二氧化碳当量及以上的企业或者其他经济组织包括其他行业自备电厂。发电行业数据基础较好，产品主要为热、电两类，相对比较单一，数据计量设备比较完备，管理较为规范，便于进行数据的核查核实，配额分配也较简便易行。我国发电行业碳排放体量巨大，仅此一个行业在交易正式启动后，其规模都可远超世界上正在运行的任何一个碳市场，以电力行业作为率先试点开展碳排放交易，充分引领我国区域性碳排放交易市场形成，不断完善我国基于总量控制与配额交易体系下的配额价格机制。全国碳排放交易体系正式启动以来，截至 2020 年 8 月，试点省市碳市场共覆盖近 3000 家重点排放单位，累计配额成交量约 4.06 亿 t 二氧化碳当量，成交额约 92.8 亿元。

3.5.3　国内能源市场改革现状

1. 电力市场

2015 年 3 月，新一轮电改的标志性文件《中共中央国务院关于进一步深化电力体制改革的若干意见》（中发[2015]9 号）正式下发，系统性地提出了“三放开、一独立、三强化”的改革方向和实施路径。以科学的机制设计为手段，通过破解制约电力市场化交易的关键制度因素，力图构建一个“公平、开放、有序、竞争”的电力市场体系，以促进新能源与可再生能源消纳，深化电力资源优化配置。

2015 年 11 月，国家发展和改革委员会与国家能源局联合印发六个电力体制改革配套文件，为本轮电力体制改革提出了具体可操作的要求。

（1）《关于推进输配电价改革的实施意见》。

（2）《关于推进电力市场建设的实施意见》。

（3）《关于电力交易机构组建和规范运行的实施意见》。

（4）《关于有序放开发用电计划的实施意见》。

（5）《关于推进售电侧改革的实施意见》。

（6）《关于加强和规范燃煤自备电厂监督管理的指导意见》。

其中，《关于推进电力市场建设的实施意见》对电力市场的建设路线进行了设计，即具备条件的地区逐步建立以中长期交易为主、现货交易为补充的市场化电力电量平衡机制；逐步建立以中长期交易规避风险，以现货市场发现价格，交易品种齐全、功能完善的电力市场；市场模式主要分为分散式和集中式两种模式。分散式是主要以中长期实物合同为基础，发用双方在日前阶段自行确定日发用电曲线，偏差电量通过日前、实时平衡交易进行调节的电力市场模式；集中式是主要以中长期差价合同管理市场风险，配合现货交易采用全电量集中竞价的电力市场模式。

2017 年 2 月，国家发展和改革委员会颁布文件《三部门关于试行可再生能源绿色电力证书核发及自愿认购交易制度的通知》，拟在全国范围内试行可再生能源绿色电力证书核发和自愿认购，从而引导全社会绿色消费，促进清洁能源消纳利用，进一步完善风电、光伏发电的补贴机制。该文件主要包含四点关键内容，一是建立可再生能源绿色电力证书自愿认购体系，并要求根据市场认购情况，自 2018 年起适时启动可再生能源电力配额考核和绿色电力证书强制约束交易；二是试行可再生能源绿色电力证书的核发工作；三是完善绿色电力证书的自愿认购规则；四是做好绿色电力证书自愿认购责任分工。建立绿证制度可以有效促进中国清洁能源的高效利用，还可以降低财政资金直接补贴强度，减轻财政压力，促进各可再生能源企业公平竞争。

2017 年 8 月，国家发展和改革委员会办公厅、国家能源局综合司下发特急文件《关于开展电力现货市场建设试点工作的通知》，确定第一批现货试点主要在南方(广东)、蒙西、浙江、山西、山东、福建、四川、甘肃等 8 个地区展开。文件提出了现货试点工作目标和具体要求。

新一轮电力体制改革以机制设计代替机构调整，以“温补调理”代替“外科手术”，破解制约电力市场化交易的关键因素，力图构建一个“公平、开放、有序、竞争”的电力市场体系，深化电力资源优化配置，提高存量资产利用效率，拓宽增量资产建设渠道，促进新能源和可再生能源消纳，引导科学合理的电力规划，确保电力系统安全可靠运行，最终实现政府调控市场、市场引导企业的重大转变。

2. 天然气市场

天然气领域改革是现阶段中国政策调整的重头戏，以价格改革、扩大准入、建设交易市场为代表的市场化改革措施相继出台，天然气行业深化改革总体方案已进入征求意见阶段；管网改革和国有企业改革也开始预热；同时，政府管理方式转变和天然气行业清洁发展政策也在继续推进。我国现阶段天然气体制改革主要体现在以下几个方面。

1) 天然气价格机制

价格形成机制改革是中国天然气行业市场化改革的核心之一。按照 2014 年天然气价格改革提出的实现增量气与存量气价格并轨的要求，2015 年中国天然气价格机制取得新进展，经过两次调整，整体降低了非居民用气的门站价格水平，实现了增量气与存量气的价格并轨。“十二五”期间，中国天然气价格形成机制经历了管理环节、决定机制、价格结构等一系列改革。价格管理环节从管出厂价格到管门站价格，价格决定机制从成本加成到与替代能源挂钩，从调整价格水平转向调整价格结构，实行对终端价格的分类管理。到目前为止，中国天然气价格机制改革已经取得极大进展，但仍有两大问题没有解决。

(1)天然气目前仍由政府定价。天然气目前仍由政府定价，由政府定价转向市场定价是改革的方向。根据《关于推进价格机制改革的若干意见》，天然气价格改革的方向是“管住中间、放开两头”，实现终端价格的全面市场化，交易市场的建设是实现这一目标的重要举措。2015 年 7 月，国家发展和改革委员会推动建设了上海石油天然气交易中心。在调整气价的同时，国家明确要求非居民用气加快进入上海石油天然气交易中心，由供需双方在价格政策允许的范围内公开交易形成具体价格。因此，现行的与可替代能源挂钩的模式只是市场化进程中的一个过渡阶段，未来天然气价格将由供需基本面决定。

(2)天然气价格中的交叉补贴问题有待进一步解决。长期以来，中国对居民用气实行低价政策，居民气价明显低于工商业等其他用户价格，交叉补贴现象严重。从世界各主要消费国的天然气价格比较看，除中国外，其他国家的工业用户气价均低于居民用户气价，欧盟和 OECD 国家工业用户气价与居民用户气价之比约为 1∶2，美国、荷兰约为 1∶2.5，加拿大约为 1∶4。2015 年，新政降低非居民用气价格 0.7￥/m^3，而居民用气价格没有上调，使国内三大天然气生产商年收入减少 700 亿元。下一步改革需要在建立对生活困难人群和一些公益性行业的定向补贴和救助机制的基础上，适当上调居民生活用气价格，消除居民用气与工业、热力用气的交叉补贴现象。

2) 天然气管网改革

目前，中国天然气管网主要由国有石油企业承建、运营，按照天然气田与终端用户的一对一关系设计的管道没有剩余运力向第三方开放。管网政策广受社会关注，主要集中在管道建设的公平参与、管道第三方公平准入和管道运营的监管三个方面。2019 年 12 月 9 日，国家石油天然气管网集团有限公司(简称国家管网公司)在北京正式成立，标志着深化油气体制改革迈出关键一步。国家管网公司负责统筹规划建设全国原油、成品油、天然气管道输送，以及部分储气调峰设施输送，并统一负责全国油气干线管网运行调度等，实现了管输和生产、销售分开，以及向第三方市场主体的公平开放，有利于促进市场竞争，提高资源配置效率，进一步推进市场化的油气价格机制改革。

3.5.4　我国新一代能源市场的建设思路和场景

1. 新一代能源系统的运行机制和市场化的基本思路

新一代能源系统的运行机制和市场化有两个关键耦合要点，一是电力-油气市场的耦合，二是电力-碳交易市场的耦合。

1) 电力-油气市场

油气市场与电力市场耦合十分紧密，两者的关系如图 3-25 所示。一方面，油气是部分发电机组的一次原料，油气市场的竞价结果直接影响到了发电机组的燃料供应可靠性和经济性；另一方面，发电厂商作为“大用户”影响着油气市场的竞价结果。因此，在发展新一代能源系统时，必须考虑电力-油气市场的互补与协调。

我国新一代综合能源市场的建设必须注意以下两个协调。

(1)协调电力现货市场日前出清时间与油气管网容量市场竞标时间。随着我国

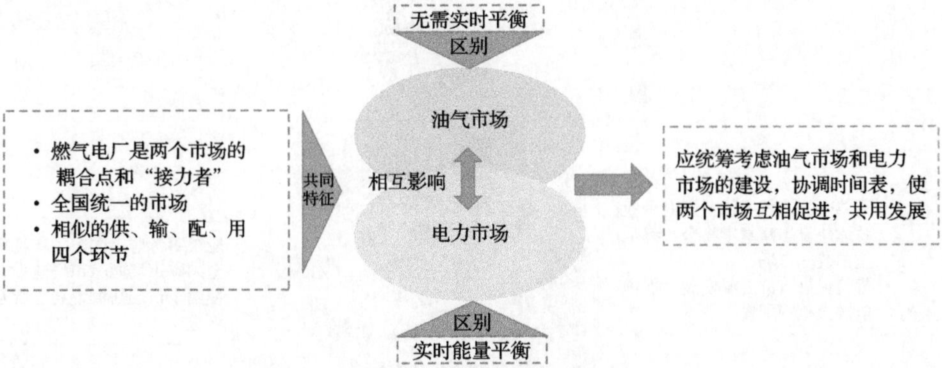

图 3-25　油气市场与电力市场的关系

环境保护力度加强，传统的高污染燃煤电厂占比必然会下降，高效环保的燃气电厂装机则会相应上升。值得注意的是，燃气电厂是电力市场与油气市场的关键结合点，其既充当电力系统的“大供应商”，同时充当油气系统的“大用户”，经济、安全地位都至关重要。因此必须设计良好的制度，协调电力市场与油气市场的时刻表，在日前决策时就保证燃气电厂的一次燃料供应。

(2) 协调电力系统和油气系统不同时间尺度特性。电力系统中能量以光速传播，发电和用电瞬时平衡。相比之下，油气系统的动态过程则远远慢于电力系统，天然气/石油在管道中的传输速率最快也只有每秒几百米，从供气到用气短则十几分钟，长则数小时。另外，电网不具有储能的功能，而油气管网具有非常强大的储能潜力。因此，在设计油气市场时，有必要合理、科学的考虑其动态特性，在合理的时间尺度上允许一定比例的能量不平衡，在保证油气-电力系统安全的前提下充分利用油气系统的慢物理特性，创造更多的经济价值。

2) 电力-碳交易市场

在管理和运作上，碳交易市场和电力市场彼此相对独立又相互影响，相互作用。电力市场对于市场的资源配置的作用，有助于碳交易市场实行电力行业的碳减排目标。碳交易市场与电力市场之间的关系可用图 3-26 表示。

我国碳交易市场和电力市场都需要在全国范围内配置资源，最终形成全国统一市场。统一市场能够为各类商品和生产要素自由流动和优化配置创造条件，使经济保持活力和效率。建设全国统一的碳交易市场，利用不同地区、不同行业、不同企业之间的减排成本差异，促进碳排放配额在全国范围内的流动，实现以最小的成本实现预定的减排目标。同样，构建全国统一电力市场，将使更多的市场主体参与电力交易，增加市场的竞争力，发挥市场发现价格和配置资源的重要作用。构建全国统一的碳交易市场和电力市场，都要以统一设计为前提、以统一规则为基础，按照市场总体规划框架推进。

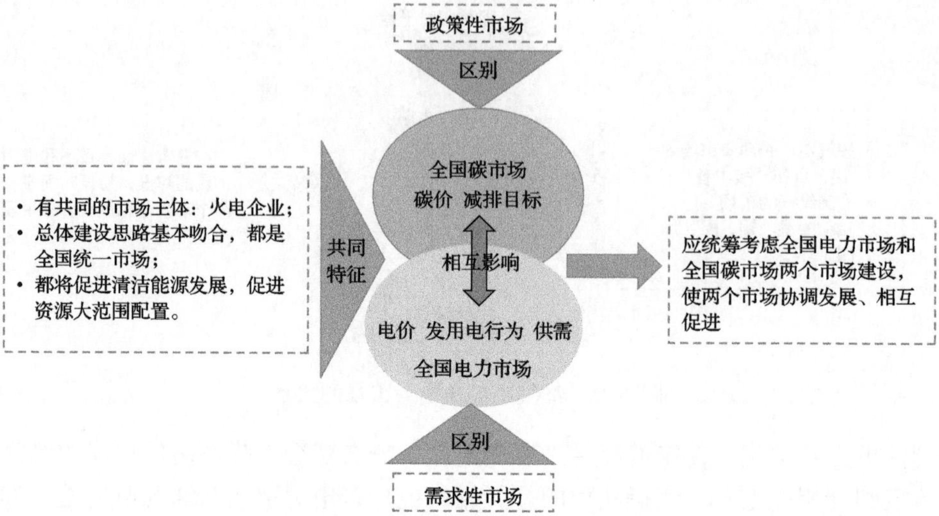

图 3-26 全国碳交易市场与电力市场的关系

碳交易市场与电力市场形成合力将极大促进清洁能源发展。全国碳交易市场的建立，在碳排放总量约束下，促使电力企业实施节能减排，开发和利用低碳节能技术，推动风电、光伏发电等低碳能源的大力发展，碳交易的引入将火电企业的外部排放成本内部化，降低了火电的竞争力，为可再生能源提供了发展空间。碳交易市场对发电企业发电行为和终端用户用电行为产生影响，进而影响电力市场供需关系。

在电力市场条件下，碳排放价格将计入发电成本，将在一定程度上影响电价。碳价与电价之间相互影响，因此，实施碳交易政策，应允许电力上涨，避免对电力投资产生影响，以保障电力供应。

总体来看，碳交易市场与电力市场是两个相互独立的市场，但存在一定的关系，二者之间相互影响、相互促进，要在顶层设计上统筹全国碳交易市场和电力市场的开展，通过制定合理的政策使两个市场协调发展、相互促进。

2. 电力市场

1) 不同市场阶段的建设目标

(1) 2020～2030 年的建设目标为：①构建“双边合同+现货竞争”的电力市场模式。②实现电力市场在资源配置、新能源消纳、节能环保等方面的效益。

(2) 2030～2050 年的建设目标为：①建设“统一、开放、竞争、有序”的电力市场体系。②在电力行业的可持续发展中发挥基础性作用。

2) 电力市场建设路线图与关键措施

我国电力市场设计需要考虑两个维度的内容，一是时间维度，即需要有适应不同市场建设阶段的改革措施，二是物理维度，即需要在中长期市场、短期现货市场、辅助服务市场等多个物理层面建立相应的标准和措施。为了更好地展示市场建设重要节点，相关 “关键” 措施整理如表 3-15 所示。

表 3-15　我国电力市场建设路线

	近期	中期	远期
中长期能量市场	(1)公益性和调节性的年度合约+二级交易(发电权)+大用户直购 (2)从年度合约方式平稳过渡到竞争方式,将物理结算转变为金融结算	(1)取消年度合约 (2)从大用户直购过渡到标准的双边交易(OTC 或 PX) (3)市场参与者能够灵活选择交易组合配置	(1)进一步开展金融交易,包括期货和期权交易等 (2)使市场参与者能够规避电价波动的风险，完善电力市场体系
现货能量市场	建立日前全电量竞争市场(发电侧)	(1)组织实时市场(小时前) (2)进一步满足日内负荷和供给在实时前的调整需求	引入 LSE(load service entity)，放开需求侧参与市场，引入虚拟报价
辅助服务	建立调频服务市场(双边或者竞标)	(1)建立备用服务市场 (2)其他辅助服务可以采用双边合约的方式实施	建立完整的辅助服务市场(与能量市场联合出清,逐渐提高联合程度)
输电权	阻塞收益单列,按照损益向市场成员分摊	(1)跨区交易(双边交易)，需配套物理输电权拍卖,并对阻塞盈余进行分配	引入金融输电权，组织输电权的拍卖与二级买卖平台，帮助市场参与者规避风险
容量市场	集中的规划与审批建设方式	(1)逐步建立容量市场	全面建立容量市场，引导长期资源投资
价格机制	(1)放开上网电价，通过发电竞争实现边际出清 (2)从边际价、分价区逐渐过渡到节点电价	(1)全面引入节点边际电价	引入辅助服务的定价机制
市场秩序	(1)批复电价限价(可以考虑合理的收益利益加成) (2)核算发电成本，以作为有效市场干预手段	(1)最高限价 (2)建立 price-based 与 cost-based 的双轨价格申报与出清机制	完善的市场监管规则

注：OTC：over-the-counter 场外交易；PX：power exchange 电能交易中心。

3. 天然气市场

(1) 2020～2030 年的建设目标为：①分离管网的交易与运输业务。②建立油量、气量市场与管道容量交易市场。

(2) 2030～2050 年的建设目标为：①形成天然气分区价格机制。②建设“统一、开放、竞争、有序”的天然气市场体系。

天然气市场建设路线与关键措施如表 3-16 所示。

表 3-16　天然气市场建设路线

	近期	中期	远期
气量市场	(1)建立批发侧市场，从政府定价逐渐过渡到市场竞争形成价格 (2)开放天然气供应侧，鼓励多元化天然气供应主体	(1)完全形成批发侧市场 (2)引入大用户直购等双边交易	建设与现货市场相协调的金融市场
管道容量市场	逐步开放管道接入与使用权，落实第三方准入	(1)分离管网交易与运输任务 (2)逐步建立管道容量市场	形成与电力日前市场时序协同的管道容量市场
输配价格	逐步建立输配价格体系	逐步建立输配价格体系	建立科学、公平的输配价格体系
价格机制	开发侧由政府定价逐渐过渡到市场竞争形成价格	输配侧逐步建立科学的价格体系	形成天然气分区价格
市场秩序	检验开发侧市场竞争力，避免寡头市场	核算开发侧成本，以作为有效市场干预手段	完善的市场监管规则

4. 碳交易市场

1) 不同市场阶段的建设目标

(1) 2020～2030 年的建设目标为：①构建全国碳交易市场。②建设二级金融市场，实现碳交易市场的完备化。

(2) 2030 年～2050 年的建设目标为：①建设“统一、开放、竞争、有序”的碳交易市场体系。②推动我国碳交易市场与国际接轨。

2) 碳交易市场建设路线图与关键措施

我国碳交易市场设计也需要考虑两个维度的内容，一是时间维度，即需要有适应不同市场建设阶段的改革措施，二是物理维度，即需要在总量确定、配额分配、初始定价等多个物理层面建立相应的标准和措施。综合考虑我国近期、中期、远期碳交易市场的发展，我们认为有如表 3-17 所示的“关键”措施。

表 3-17　碳交易市场交易路线

	近期	中期	远期
总量确定机制	以单位 GDP 占比核定多个区域总配额	结合区域的实际特点进行碳排放配额总量调整	国家配额与国际接轨
配额分配机制	(1)短期基本免费、远期有偿分配 (2)逐步提高拍卖分配的比例	短期完全免费分配。远期完全实现拍卖分配	协调公平与效率问题，形成“统一行业分配标准”、“差异地区配额总量”、“预留配额柔性调整”三原则
统计核查机制	完善碳排放监测、报告、核查体系	建立适用于不同行业的碳排放计算方法与标准	建立公平、公正、高效的温室气体管理标准体系

续表

	近期	中期	远期
注册登机机制	实现跨区交易与区域内交易信息的充分交换与协调	构建全国统一的登记簿平台	建立与国际碳交易互联互通的碳交易信息平台
初始定价机制	以免费配额分配为主，逐步实现有偿分配	(1)完全实现以固定价格出售和拍卖为主的配额分配方式 (2)形成具有明确下限与弹性上限的价格发现机制	定价机制与国际接轨
市场交易机制	(1)建立跨省区交易中心 (2)实现交易系统与登记簿的信息互联	建立国家交易中心，实现全国统一组织的出清与交割	交易制度与国际接轨
调控监管机制	完善跨省区调控机制，包括供给方式、限价措施、储备联通	建立全国层面的调控监管机制	监管机制与国际接轨

3.6　能源系统与网络信息系统深度融合的能源互联网

3.6.1　能源互联网的兴起

美国著名学者杰里米·里夫金首先提出了“能源互联网的愿景”，认为能源互联网具有以下特点。

(1)支持由化石能源向可再生能源转变(shifting to renewable energy)。

(2)支持大规模分布式电源的接入(buildings as power plants)。

(3)支持大规模氢储能及其他储能设备的接入(deploying hydrogen and other storage technologies)。

(4)利用互联网技术改造电力系统(using internet technology to transform the power grid)。

(5)支持向电气化交通的转型(transitioning the transport fleet to electric, plug-in and fuel cell vehicles)。

由上可见，里夫金描述的“第三次工业革命”思维理念可理解为：生产要素配置的分散化和协同化、管理交易模式的扁平化和去中心化、消费供给的一体化和网络化三个方面，在此引导下，其倡导的能源互联网内涵主要是利用互联网信息技术实现广域内的电源、储能设备与负荷的协调；最终目的是实现由集中式化石能源利用向分布式可再生能源利用的转变。

图 3-27 为能源互联网的基本架构和组成元素。能源互联网事实上由 4 个复杂的网络系统构成，即电力系统、交通系统、天然气网络和信息网络紧密耦合。

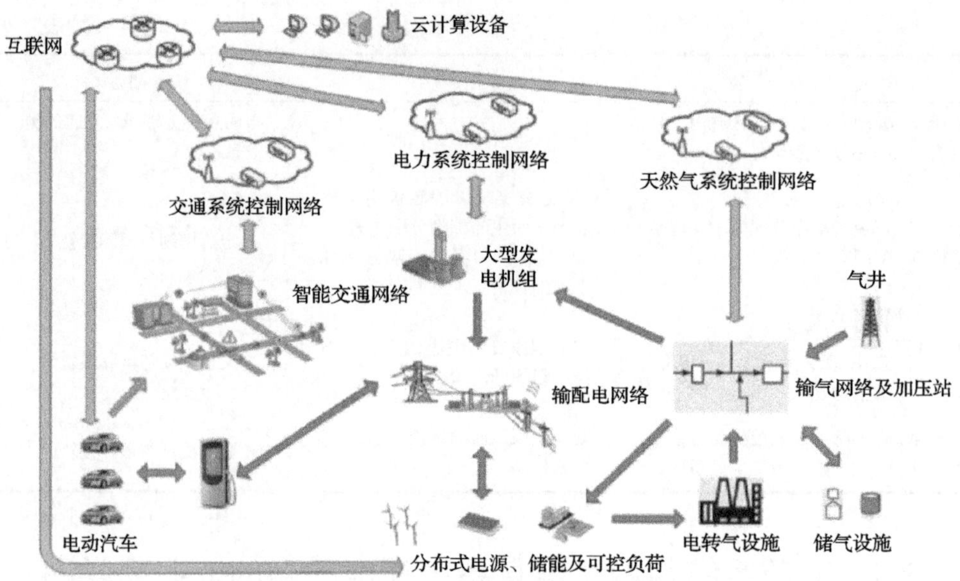

图 3-27　能源互联网的基本架构与组成元素

首先，电力系统作为各种能源相互转化的枢纽，是能源互联网的核心。其次，电力系统与交通系统之间通过充电设施与电动汽车相互影响。然后，燃气发电及多余电制氢的技术的普及使天然气与电力系统之间也存在着双向的物质能量交换。在此基础上，能源互联网将会强化利用多能互补技术，以热电联产系统为纽带，可以将电力网络、供热网络、其他二次能源网络进行横向集成协调，实现相互支持，从而大大提高系统的整体能效和稳定性。在这个过程中，横向的多能互补将与纵向的“源-网-荷-储-用”优化结合，把能源供给侧与负荷侧及储能统一连起来，提供多样化的电能服务，提高综合效率。此外，在信息技术的支撑、开放的能源市场的支持下，个体用户也可以通过安装光伏等方式进行产能、售能以及与其他用户进行交易，从而打破了传统上能源生产者和消费者严格分开的情况，形成“产销一体化的模式”（Prosumer）。最后，以上所有的能源互联网中的物理设备都要依靠一个强大的信息网络进行协调和控制，该网络要求不仅能满足传统的工业控制要求，而且还能允许外界互联网的接入，从而实现新型的开放式的结构，为最终形成能源市场来服务。在整个能源互联网系统中，信息网络将渗透到每一个用能设备终端、每一个能源生产和消费者，并基于大数据、云计算、区块链等关键技术对整个能源网络进行优化调控。

能源互联网是各国能源系统发展的重要方向。在近几年来，美欧日等发达国家以及中国都开始积极发展能源互联网的相关项目，都把发展能源互联网视作能源与经济的发展转型的路径和提高本国科技、工业竞争力的重要手段。2015 年 3 月，中共中央国务院颁布了《关于进一步深化电力体制改革的若干意见》，拉开了电力-能源体制改革的序幕。2016 年初，国家能源局发布了《关于推进“互联网+”智慧能源发展的指导意见》。2016 年底，国家能源局发布了《首批多能互补集成优化示范工程评选结果公示》，公布了首批拟列入多能互补集成优化示范工程的 23 个项目名单，其中源端 6 个，受端 17 个，明确支持和鼓励多能互补的使用探索，倡导在能源互联网相关项目中应用多能互补技术。2017 年，国家评选出了首批 55 个“互联网+”智慧能源(能源互联网)示范项目，并要求首批示范项目原则上应于 2017 年 8 月底前开工，并于 2018 年底前建成。

总体来说，能源互联网可以促进能量、信息设备的一体化，促进新兴信息技术与传统能源体系的融合，协调能源的优化调配与市场运营，还可以以多能互补技术支持打破传统能源互联网相互割裂的现状，使其相互支撑优化运行。综上所述，能源互联网可以在信息技术与多能互补技术的支持下对传统能源系统进行升级改造，是我国实现新一代能源系统目标的重要路径选择之一。

3.6.2　能源互联网的定义与特征

目前，能源互联网/互联网+智慧能源有许多机构进行研究和推广，各自的定义也不同，在此主要介绍以下几种典型的概念。

(1) Energy Internet：这种认知方式侧重于能源网络结构的表述，以美国的 FREEDM 为典型代表。该认知方式立足于电网，借鉴互联网开放、对等的理念和架构，形成以骨干网(大电网)、局域网(微网)及相关联接网络为特征的新型能源网。在技术层面，重点研发融合信息通信系统的分布式能源网络体系结构。

(2) Internet of Energy：这一认知方式侧重于信息互联网的表述，以欧洲的 e-energy 为典型代表。该认知方式将信息网络定位为能源互联网的支持决策网，通过互联网进行信息收集、分析和决策，从而指导能源网络的运行调度。

(3) Intenergy：这种认知方式强调互联网技术和能源网络的深度融合，以日本的电力路由器为典型代表。该方式采用区域自治和骨干管控相结合的方式，实现能源和信息的双向通信。其中，信息流用于支持能源调度，能源流用于引导用户决策，以实现可再生能源的高效利用。

(4) Multi Energy Internet：这一认知方式强调电、热、化学能的联合输送和优化使用，以英国、瑞士等国的能源发展方向为典型代表。

(5) Global Energy Interconnection：即中国国家电网公司提出的全球能源互联网，全球能源互联网=特高压电网+泛在智能电网+清洁能源。核心是以清洁能源为主导，以特高压电网为骨干网架，各国各洲电网广泛互联，能源资源全球配置，各级电网协调发展，各类电源和用户灵活接入的坚强智能电网。

(6) “互联网+”智慧能源：国家发展和改革委员会在《关于推进“互联网+”智慧能源发展的指导意见》(发改能源[2016]392 号)中提出，“互联网+”智慧能源(简称能源互联网)是一种互联网与能源生产、传输、存储、消费以及能源市场深度融合的能源产业发展新形态，具有设备智能、多能协同、信息对称、供需分散、系统扁平、交易开放等主要特征，从国家层面明确了能源互联网的形态和发展要求。

综上所述，尽管以上几种认知方式的侧重点有所不同，但都将互联网-信息技术运用到了能源系统，以支持提高可再生能源的比重，实现多元能源的有效互联和高效利用。而周孝信等[7]在《能源互联网的发展现状与展望》给出了能源互联网的定义："能源互联网是以可再生能源为优先，以电力能源为基础，多种能源协同，供给与消费协同，集中式与分布式协同，大众广泛参与的新型生态化能源系统。"基于这个思路，能源互联网是传统能源架构+新能源技术+互联网思维与技术的结合，具有以下几个关键特征。

(1)通过先进的电力电子技术、信息技术和智能能量管理技术，将大量的由分布式能量生产装置和分布式能量储存装置构成的电力/热力/燃气等能源网络互联起来，实现能量和信息双向流动的能量对等交换与共享。

(2)不局限于电能，充分利用多能源互补特性，通过能源梯级利用增加终端能源利用效率。

(3)以大数据及广域信息平台为基础的需求侧响应，提高能源生产与传输设施的利用效率。

(4)以能源信息一体化的基础构建开放、互动、平等的能源市场体系。

不难看出，多能网络协调、分布能源应用、提升能效、应用可再生能源、信息能量一体化、以能源信息带动能源市场运营业务的开展是能源互联网的重要特点，以上特征符合我国能源系统发展的总体需求，因此，可以说是我国能源网络发展的重要路径。而相比于能源系统发展的其他路径，能源互联网路线更强调多能融合，强调能源信息一体化。在这里以智能电网为例，重点介绍能源互联网路径与智能电网路径的区别：传统的智能电网更侧重于局部电网的封闭式控制管理，而能源互联网强调了多能转化以及开放式的信息网络，提倡能源信息的一体化，如表 3-18 所示。

表 3-18　能源互联网与智能电网的主要区别

	智能电网	能源互联网
物理主体	电力系统	电力系统、交通系统和天然气网络
能量形式	电能	电能、化学能、热能等多种形式间相互转化
分布式能源	局部消纳和控制	局部消纳和广域协调结合
信息系统	传统工业控制，封闭式	互联网信息网络，能量信息一体化，开放式
应用场景	电网	更广，可扩展到智慧能源社区等

根据上述能源互联网的特征和定义，建设我国能源互联网的核心目标包括以下 5 点。

(1)最大幅度提高能源综合利用效率。以电力为中心，多能源互联互通，提高一次和二次能源的综合利用效率。

(2)最大限度开发利用可再生能源。互联网技术与智能电网为主干的能源网络深度融合，采用即插即用、能量路由器、大数据、云计算等技术，支持集中和分布式可再生能源的规模化系统接入。

(3)较大程度提高能源电力系统安全性及经济性。以电网为能源配置基础平台，在网络信息技术支持下，发挥分布式能源和用户侧响应能力，实现安全经济的能源生产消费。

(4)为终端用户提供便捷、可靠、优质的综合能源服务。以用户为中心，催生能源服务的新业态和商业模式，拓展用户服务范围，提升服务水平。

(5)推动技术装备产业发展。推动电力电子和微电子、储能、传感材料器件装备等新兴产业的发展。

3.6.3　能源信息一体化对于能源互联网的意义

未来能源系统的发展将会呈现以下的几个主要特点：可再生能源发电占比提升，分布式能源占比提升，能源市场改革力度加大、开放程度提升，能源回归商品属性，用户互动更加活跃。如果说 Internet 是一个信息互联的网络，能源互联网就是利用 Internet 重塑能源服务的能源网络。众多先进的传感器、控制和软件应用程序、大数据技术等，将能源生产端、传输端、消费端的数以亿计的设备、机器、系统连接起来，形成了能源互联网的物联基础，使其自动化、数字化程度与工作效率大为提高，从而使信息网与能源网实现融合。

以上变化必将带来能源体系运行方式的深刻变革，而最为重要的一点就在于能源互联网中，能源信息的互通、收集和分析的意义将更为重要，因此能源信息一体化对于能源互联网的发展将是核心技术，主要体现在以下方面。

(1)可再生能源出力的不稳定性要求气象预测协助预测出力情况，为系统进行功率平衡提供参考依据，同时多能互补时多种能源的协调互通互补也可以为能源网络稳定运行提供支持，此时就需要对多能流信息情况全面收集，统筹优化运行。

(2)分布式能源占比提升将使能源网络呈现集中式供能与分布式供能结合的架构。而在此体系下，分布式能源之间存在密切的能量流互动，分布式能源与集中式能源网络主干之间也有频繁的能量交流，与传统能源网络自上而下的单向潮流有很大差别，这需要收集充分的能源信息，以帮助能源网络的各部分协调运行。

(3)能源体制的改革将带来能源市场运行机制的巨大改变。传统上能源生产-消费者分明的特点会被打破，能源市场中用户的个性化、定制化用能需求将会涌现，多主体之间针对于能源开展的交易等业务也会更为丰富。在未来能源系统中各主体互动会更为频繁，业务会更加复杂，而能源市场运行方式的这种变革将导致信息处理量的猛涨，所以此时必然要求能源-信息系统深度融合，需要信息技术为能源系统提供强有力的支撑。

3.6.4　能源互联网关键信息技术：大数据、云计算、区块链

物联网、大数据、移动互联网等信息技术的飞速发展，可为涵盖能源全链条的效率、经济、安全提供有效支撑。在能源互联网下，信息系统和物理系统将渗透到每个设备，并通过适当的共享方式使每个参与方均能获取到需要的信息。信息与物理的高度融合必将产生巨大的价值，第一阶段的价值体现在信息获取上；第二阶段的价值体现在优化管理上，通过多能协同优化和调度，可以从整个能源结构的角度实现社会总体效益最大化；第三阶段的价值体现在创新运营上，在信息开放、共享的基础上，运用互联网思维，创新商业模式，带动市场活力，实现经济增量，为用户提供更好的服务。本部分将重点介绍能源互联网能源-信息一体化技术对于实现能源运营模式革新方面的影响以及其对于能源网络发展路径的作用，主要技术包括大数据、云计算、区块链等，如图 3-28 所示。

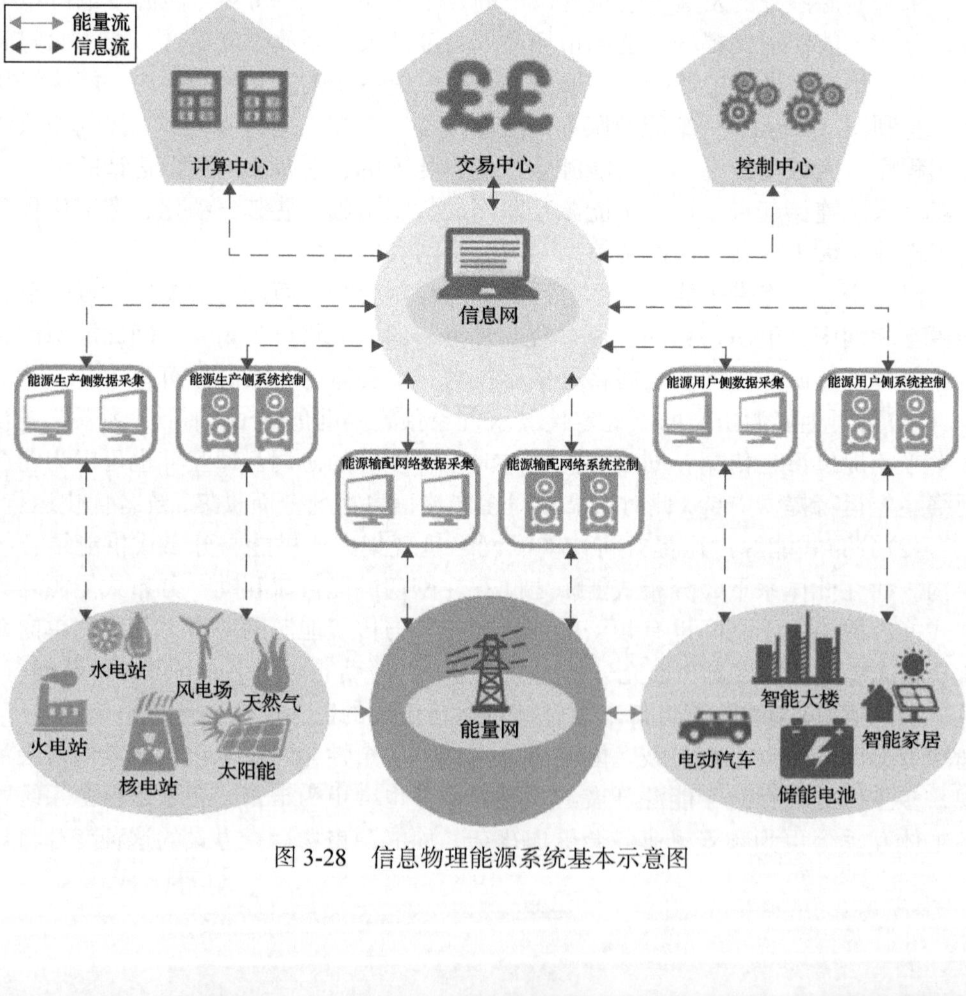

图 3-28　信息物理能源系统基本示意图

1) 能源大数据技术

传统能源系统中的数据处于封闭、利用率低的状态，这也直接影响了电力等网络的工作效率，深入挖掘数据的潜力，基于这些信息更好地指导能源网络的发展，实现高效、优化的能源调配与系统运行是非常有意义的，因此有必要重视能源数据相关技术的发展及挖掘其价值的工作。未来能源系统中管网监控、运行、能源交易和用户用能及各类分布式电源负荷数据量极大，基于用能大数据的知识发现，将有助于由表及里，深入分析用能行为，把握用能规律，实现用能预测，提升用能服务，因此也将成为新一代能源系统的核心技术。

能源大数据理念是将电力、石油、燃气等能源领域数据及人口、地理、气象等其他领域数据进行综合采集、处理、分析与应用的相关技术与思想。在智能终端网络、先进通信技术的支持下，能源大数据技术在未来将对于能源生产-传输-存储-消费的全环节的各终端实现全覆盖，对所有数据进行收集，从而可以更好地实时指导能源系统的源-网-荷-储互动，以及协调多种网络之间的优化运行。不仅如此，能源大数据还是支持能源互联网各种商业模式的最基础的信息来源，只有得到了这些数据，才能分析出能源系统的运行情况、每一个个体的具体需求，从而有针对性地提出解决方案和创立相应的商业模式。

由上可见，能源大数据不仅是大数据技术在能源领域的深入应用，也是能源生产、消费及相关技术革命与大数据理念的深度融合，将加速推进能源产业发展及商业模式创新。能源大数据技术有利于电网企业准确把握不同时空粒度的用能特性与规律，实现产能、传能、用能的高效管理，创造能量之外的增值服务，有利于促进在数据挖掘、用能预测需求响应等方面的理论研究，有利于实现理论向实践的快速转化，提高相关部门能量管理的自动化和智能化水平。主要需要发展的技术包括高性能储存计算架构、数据模型与平台和数据可视化等。

(1) 电力大数据储存技术。目前大数据领域中最主流的大数据存储计算方案是 Hadoop 架构，在电力大数据应用中也被广泛采用，但同时存在分布式文件系统不能直接在现有普通操作系统上挂载、不易与现在系统进行交互的缺陷，并不能完全取代电力系统现有成熟的小量级关系数据库在数据读取计算上的便捷性优势，因此目前的研发重点方向在于基于 Hadoop 和传统关系数据库混合型的储存计算构架。

(2) 大数据分析与挖掘算法。为了适应大量增长的数据，目前有多种算法也被优化和复杂化以配合大数据的发展，其中包括基于文件的数据挖掘、分布式 MapReduce 数据挖掘、数据库内部挖掘等。商业化的数据挖掘产品包括 S-PLUS，MATLAB，APL 等分析软件，以及开源的统计编程语言 R——贝尔实验室开发的一种跨平台的统计计算环境。R 语言可以提供多样的便捷模型，具有开源优势，可以和 Hadoop 的混合架构配合，为 PB 级的数据挖掘提供革命性的技术架构支撑，可在大数据上实现并行的时间序列模型、预测模型等，具有良好的应用前景。

(3)大数据可视化技术。能源数据的大量处理，需要借助图形化手段，例如商业智能工具、Web 门户、数据分析终端等方式，清晰有效地传达与沟通信息，便于相关者对数据的理解和认识，有效地传递信息，便捷地使用信息。目前主要数据可视化商业智能工具供应商包括 SAP 的 Business Object 4.0、Oracle 的 OBIEE 和 OBIA 平台、IBM 的 Cognos、Microsoft 的 SSRS/SSAS/SharePoint/Microsoft BI 系列平台等。随着能源系统的发展、新能源的大量使用，多能融合、市场交易等业态的繁荣必然会为数据可视化带来新的应用场景和需求，需要相应的开发适应性的平台和软件，以满足不断变化的系统的需要。

2) 云计算技术

云计算(cloud computing)是分布式计算(distributed computing)、并行计算(parallel computing)、效用计算(utility computing)、网络存储(network storage technologies)、虚拟化(virtualization)、负载均衡(load balance)、热备冗余(high available)等传统计算机和网络技术发展融合的产物。获取能源大数据之后，就需要整理与价值挖掘，使之从信息变成信息财富，以协调统筹能源系统的运行，并支持能源相关市场运营业务的开展。此时就需要大量的计算资源的投入，而云计算就可以聚合网络上的计算能力，灵活提供所需要的计算支持。

互联网行业中的云计算倡导的理念是把彼此的力量联合起来，供其中的每一个成员使用。在该体系下，可以让全世界的计算机或具有储存和运行能力的电子设施，通过各种形态的网络连接起来，集中为每一个需要者服务在能源互联网架构下。能源信息的一体化、市场业态的高度丰富化使能源系统将更为复杂化，信息量更大，互动行为更为复杂，因此数据量、计算量会暴涨，更需要云计算技术的支持。

能源领域对于云计算产业的需求会不断增长，传统的各类公共数据中心及企业私有的数据/信息/计算中心也会不断发展变化,未来云数据中心将以公有云和私有云两种形态为主，以更加灵活地为多种能源计算需求服务。资源大规模聚集的公有云数据中心，可为广大的企业用户及个人用户提供服务；而由企业传统数据中心改造的绿色、可靠、高效运维的私有云数据中心，则可为企业内部用户提供服务；混合云数据中心则可满足部分企业用户和个人用户的特殊需求。

云计算主要需要发展的技术包括以下几个方面。

(1)高能效的数据中心技术，降低计算能源消耗，提高暖通效率，从而最终降低计算服务成本。

(2)优化的计算任务调度、延迟和协调机制。云计算需要系统内的资源协调合作来完成能源信息的计算处理任务，而不同计算单元的工作效率、供能情况、宽带传输压力都有差异，而且在不断变化，因此需要开发技术进行资源协调和优化。

(3)高性能的计算用软、硬件技术，进一步提高计算效率，降低能耗。

3)区块链技术

区块链(blockchain)是一种利用去中心化方式集体维护一组数据库账簿的可靠性的技术方案，是有包含交易信息的区块从后向前有序链接起来的数据结构。在网络信息系统中的任意多个节点，通过一串使用密码学方法相关联产生的数据块(block)，即区块。每一个区块上面都会包含一整条区块链的信息，是很多交易数据的集合，并生成数据指纹用于验证其信息的有效性和链接下一个数据库块。通俗地说，区块链中的每一个区块都会被标记上时间戳和之前一个区块的独特标记，有效的区块获得全网络的共识认可以后会被追加到主区块链中。因为该认证过程并不经过网络的中心统治者认可，依靠的是网络上多个参与者的公平约束，所以任意每几个节点的权利和义务都是均等的，而且每一个节点都会储存这个区块链上所有数据，即使某一个节点被损坏或遭受攻击，仍然不会对总体区块链的安全性造成威胁。从本质上说，区块链是一种密码加密技术，需要用 Hashcash 演算法来进行工作量证明，且交易过程采用椭圆曲线数位签章演算法来确保交易安全，并在每笔交易与每个区块中使用多次 Hash 函数以及 Merkle Tree，同时也使用时间戳来确保区块序列。

该技术的最大优点在于，可以在没有可信第三方做担保的条件下，自证其信，保证网络上的信息数据安全，可以让两个匿名陌生人能够达成信任基础，并且在此基础上交易，从而降低了沟通、交易的成本，提高了网络市场上的交易安全性与效率。而在能源互联网体系中，能源信息产生数量巨大，又涉及频繁的交易互动行为，信息安全至关重要。能源互联网体系由传统的集中垄断式治理方案转变为现有的集中与分布式并重的体系架构以及扁平化的治理体系，进而会有多主体频繁参与到能源业务中，这样必然会对信息安全的保障提出更高的要求，也更加有必要建立群众认可的信任机制。在这种情况下，区块链必将为能源互联网的发展起到重要的支持作用，是能源互联网系统信任体系建设的基石。

根据高盛的区块链研究报告，区块链主要有以下三大优势。

(1)安全：区块链通过加密验证交易各方身份来确认交易，从而确保在未获得相关方许可的情况下，“虚假”交易不能加入区块链。

(2)透明：在数据库设计上允许多方读取相同数据(部分情况下为组织内部本地读取)。

(3)高效：省去了同一交易各组织之间需进行费时费力的账目核对，从而节约大量的人工等成本，还可帮助组织建立起共同或互通的业务功能，从而免去多个组织间重复相同任务的麻烦。

目前，国内外已有少数公司开始探索并实践区块链技术在能源互联网中的应用，比如美国的能源公司 LO3 Energy 与比特币开发公司 Consensus Systems 合作建立的一个基于区块链系统的可交互电网平台 TransActive Grid、欧盟 Scanergy 项目。这些项目目前还大多在实验探索过程中，技术还需要进一步发展完善。主要的挑战有以下几方面。

（1）提高计算速度，满足大量、快速数据处理需求。需要建立更新间隔更短的区块链技术体系，其中包括吞吐量更大的数据库技术、更快的数据通信技术、更高效的共识机制等。

（2）建立优化的异步共识网络。区块链技术本身是异步共识网络，理论上不存在一个一致性的算法保证系统能够达成共识并且能够实现拜占庭容错。目前比特币的工作量证明机制（挖矿）采用激励机制来解决拜占庭容错进而保障系统的安全性，但相应的代价是需要耗费大量的计算资源以及工作量验证所造成的延时。未来区块链的应用必然要采用不需要挖矿的创新性共识机制，保持系统安全性鲁棒性的基础上降低系统对计算资源的消耗。

（3）法律政策规定的完善。解决智能合约的责任主体缺失问题，需要找到签订智能合约的主体，并需要政策的保障和监管，保证区块链主体的合法性和合理性。

3.6.5　能源互联网商业模式发展展望

能源-信息的一体化，使能源系统将向着“互联网+”智慧能源/能源互联网的方向发展。信息技术的引入，将深刻影响以集中式、封闭、垂直管理为特点的传统能源行业，促进其商业、市场业态进行发展演化，主要方向有以下几方面。

（1）融合能源各领域，促进价值服务供需对接。传统能源行业服务业态高度模式化、程式化，灵活性不足，服务领域常常固定在现有的领域内（比如电力行业、石油行业）。而发展能源互联网，提供了各能源领域融合沟通的媒介，可以为各种能源服务牵线搭桥，为客户服务，使能源的产与需能够更好地协调互动，从而为能源行业从业者找到创造价值的机会。

（2）建立共享互通网络，以市场力量实现资源优化配置。与传统的电网/热网形成的强制性的共享统一供给制度不同，能源互联网的发展将打破各能源种类子网之间的界限、各子微网与主干能源网络之间的界限、各地域之间的界限，使不同个体、形式和规模的能源可以实现良性互动，还原回商品的属性并在综合能源网络中进行流通，在互联网+市场的平台上实现供需对接，满足需求。

（3）实现信息对等，促进各方平等参与。传统能源系统是封闭的，是一个垂直统治系统。互联网的理念是公开、透明、平等，各方都享有对信息的知情权，在这种情况下各方拥有了较为平等地位，可以在自由市场中进行交易互动，从而为能源系统-市场注入活力。

（4）提供创新平台，催生各种新型服务业态。互联网与传统行业的结合可以极大地改变一个行业的运行情况，并催生新型甚至是目前无法预知的业态，比如微信、共享单车等。能源行业总体来说还较为传统，但是这也意味着利用互联网进行改造具有很大的潜力和发展空间，未来可以期望丰富的创新可能性。

在信息技术的支持下，能源互联网发展路径将形成具有特色的商业生态，充分调动各类用户的积极性，实现在透明、平等的能源市场环境下不同用户、不同能源种类之间的良性的互动，商业模式也将不断创新发展，主要具有以下几个潜在方向。

(1) 以用户为中心的价值创造。即以用户为中心，一方面需要满足用户基本的多样化用能需求，以用户便利作为商业模式的核心；另一方面还可以诱导性地改变用户的消费习惯、提供创新性的商品与服务，从而为整个能源系统创造出新的价值。创造的价值可以归结为主要三大类：促进用户节能增效，提高资产利用效率，提升系统运行效益。

(2) 以数据为核心的信息增值。能源互联网时代，能源系统的数据将以指数级的大爆发增长，以数据为核心的商业模式也将在能源互联网中扮演着重要的角色，可以通过信息的增值来提供创新性的服务。从信息增值提供的出口上看，主要可以分为提供“生数据”、提供 “熟数据”、提供数据驱动的创新服务三个层次。数据的拥有者适合于提供生数据，大数据技术的提供者适合于通过处理和分析提供熟数据，而服务提供者则适合于基于数据分析提供个性化的信息增值服务。

(3) 以技术为驱动的业务革新。能源互联网各项关键技术的突破、商业模式本身的创新也将产生新的应用场景需求，从而为技术研发开拓新的方向。而能源互联网业态中相对活跃的资本、市场、用户、技术的互动也可以对技术的发展成熟产生重要的推动作用。

(4) 以改革为契机的效益挖掘。为适应我国能源供需形势的变化，保障国家能源安全，推动能源生产和消费革命已成为我国的一项长期战略。电力、油气体制改革已相继拉开序幕，这将打破我国能源体制的传统结构，破除垄断，允许第三方资本进入，回归以市场配置资源的本质。改革的红利必将带来发展的机遇，挖掘出新的效益增长点。主要的商业模式大致上可以归结为三大类：能源零售竞争、能源系统运营与能源交易运营。

3.6.6　能源互联网的影响与意义

目前世界各国的能源系统都在向着低碳、智能、分布式的方向发展，能源互联网的发展理念体现了“三化”精神——电气化、低碳化、智能化，符合能源系统的发展趋势。能源互联网是以互联网思维与理念构建的新型信息—能源融合“广域网”，实现了分布式与集中式供能的结合；倡导横向多能互补的应用，使各能源网络实现融合达到互相支持高效用能；以开放的信息—能源一体化架构最大限度地适应分布式可再生能源的接入，真正实现自底向上的能量对等分享，在纵向上打通能源产业链，实现“源-网-荷-储-用”优化结合；通过信息技术与能源网络的融合重塑能源网络、建立平等、透明、开放、活跃的能源市场业态，从而变革现有的刚性、垂直统治式能源的能源体系架构；使传统的能源行业升级为具有双重属性的产业：既是能源产业，又是能源服务业。

《关于推进“互联网+”智慧能源发展的指导意见》中明确指出：能源互联网是推动我国能源革命的重要战略支撑，对提高可再生能源比重，促进化石能源清洁高效利用，提升能源综合效率，推动能源市场开放和产业升级，形成新的经济增长点，提升能源国际合作水平具有重要意义。能源互联网是新能源技术和新的用能方式与产业模式的结合，是能源革命的落实和体现，将会对社会方方面面产生深远的影响。主要影响包括以下几个方面。

(1)在关键技术突破方面，能源互联网对现有能源技术提出了更高要求，并提供了能源路由器、储能、分布式发电、柔性交/直流输电技术、电力电子技术等关键技术进一步发展的综合应用场景。能源互联网的发展，必将使相关技术发展和进步，促进技术革新，生成就业岗位，推动行业发展。

(2)在促进“互联网+”智慧能源转型方面，能源互联网通过互联网促进能源系统扁平化，推进能源生产与消费模式革命，可以提高能源利用效率，推动节能减排，加强分布式能源网络建设，提高可再生能源占比，促进能源利用结构优化，加快发电设施、用电设施和电网智能化改造，提高电力系统的安全性、稳定性和可靠性。

(3)在加速制造业服务化转型方面，能源互联网通过鼓励制造企业利用物联网、云计算、大数据等技术，整合产品全生命周期数据，可以形成面向生产组织全过程的决策服务信息，为产品优化升级提供数据支撑。鼓励企业基于互联网开展故障预警、远程维护、质量诊断、远程过程优化等在线增值服务，拓展产品价值空间，实现从制造向“制造+服务”的转型升级。

(4)在社会影响方面，能源互联网将推动能源供给体系的变革，推动能源技术革命，促进电力体制改革，促进能源行业向服务业方向跨界转型，有利于重塑创新体系、激发创新活力、培育新兴业态和创新公共服务模式，对打造大众创业、万众创新和增加公共产品、公共服务“双引擎”，主动适应和引领经济发展新常态，形成经济发展新动能，实现中国经济提质增效升级具有重要意义。

综上所述，能源互联网提倡多能互补以及新能源的大量使用，以能量-信息一体化为重要特征，倡导公平、开放的能源市场运营体系，符合我国能源系统未来发展方向的需求，因此也是实现新一代能源系统目标的重要路径。在我国新型城镇化和农业现代化的进程中，发展“三化”的能源互联网是落实“能源革命”的重要内容，对我国的经济建设、社会建设、生态文明建设具有重要意义，对于我国科技、工业、能源行业的转型升级意义更为深远。

3.7 小　结

新一代能源系统的源、网、荷三个关键环节都将通过一系列技术和体制创新构成新的形态，推动能源转型中新一代能源系统建设发展目标的实现。具体实现路径可归纳为如下 6 点。

1. 积极推进电源结构清洁转型，构建新一代电力系统

(1) 持续大力发展风能、太阳能、水能、生物质能等可再生能源。研制应用更高效率更低成本的光伏和风力发电装备，早日实现平价上网，助力推动非化石能源在一次能源消费中比重、非化石能源发电量在全社会用电量中比重等指标达到国家战略要求。

(2) 安全高效适度发展核能。重视核安全和核废料处理利用技术和新一代大型核能发电技术的研发，开发民用小型化核电装置，实现 2030 年和 2035 年核能发电量分别达到年总发电量的 6.51%、8.25%，2050 争取达到总发电量的 11.79%。

(3) 加大天然气开发利用力度。发展天然气发电和热电冷综合利用，提高能源利用效率；发挥天然气发电在电力系统中的灵活调峰功能，助力高比例可再生能源电力系统安全稳定运行。

(4) 加速常规煤电机组灵活性和超低排放技术研发和改造进程。应对出力具有显著波动性和间歇性的高比例可再生能源发电接入电力系统带来的运行问题，在能源转型的过渡期，煤电依然要发挥基础电力保障作用。

2. 构建源端基地和终端消费综合能源系统

从技术研发、试点示范到广泛应用，实现多能互补，助力高比例可再生能源消纳，大幅度提高能源综合利用效率。

(1) 源端基地综合能源系统。在西部能源基地，通过构建直流输电网实现水电、风电、太阳能发电、灵活煤电等多类型电源综合互补向中东部输电；推广电力供热制冷、高载能产业耗电等多种途径就地消纳；发展可再生能源电力制氢、制甲烷就地利用或通过天然气管道、常规运输途径东送，促进全国范围内 2030 年约 16 亿 kW、2035 年约 24 亿 kW、2050 年约 35 亿 kW 的风电和太阳能发电得到充分开发利用。

(2) 终端消费综合能源系统。发展基于各类清洁能源满足用户多元需求的区域综合能源系统和清洁能源微网；建设主动配电网架构下直接面向各类用户的分布式能源加各类储能和新能源微电网；推动基于天然气和清洁电力的分布式冷热电联产系统发展；大力推动北方冬季清洁供热及中部地区居民夏季冬季空调供暖

的清洁高效发展。优化用能结构并与各类节能措施配合，实现大幅提高能源系统的能源利用效率、电能在终端能源消费中比重和持续降低能源系统 CO_2 排放的目标。

3. 加速推进各类储能技术研发应用和产业化进程

加大对各类储能技术和具有储能功能的太阳能热发电技术的支持力度，早日达到储能电池“高效长寿命低成本”的目标要求并实现高水平的产业化，以便在新一代能源电力系统中广泛应用，满足高比例可再生能源电力系统调峰调频和终端用户（含新能源汽车）用电用能不断增长的需求。

4. 建设新型能源传输配给网络，促进可再生能源为主的能源电力广泛消纳

加快推进新一代电力电子技术、高强度环境友好绝缘技术、超导输电技术、新型直流输配电技术的研发应用和产业化进程，促进可再生能源接入电网消纳；实现高效安全经济的可再生能源制氢及电制气技术，探索新型非电“西能东输”的方式和技术，助力构建新型电能和综合能源传输和配给系统。

(1) 研制应用“高可靠性低损耗”基于宽禁带半导体的新一代电力电子器件、装置和系统，构建我国的新型特高压/超高压直流输电系统和西部直流输电网，满足我国西部能源基地各种可再生能源和清洁能源多能互补，向中东部大量输送消纳的需求，以及全国各地新能源接入及配送的需要。

(2) 研制应用高强度绝缘技术和超导输电技术、环境友好气体绝缘输电管道和输电输气超导混合输能管线，将有可能开启输电输能技术的新形态、新业态。

5. 推动能源互联网发展，研发应用新一代人工智能技术

与高速发展的网络信息技术深度融合，加快能源互联网开发示范推广应用进程，研发应用新一代人工智能技术，推动新一代能源系统的运行技术、管理模式及能源电力服务商业模式创新。

(1) 构建面向分布式清洁可再生能源生产和消费用户的能源互联网。能源互联网是“传统能源架构+新能源技术+互联网思维与技术”的结合，通过多能网络协调、分布能源应用、提升能效、应用可再生能源、信息能量一体化，以能源信息带动能源市场运营业务的开展，是我国能源网络发展的重要路径。

(2) 研发应用适用于能源电力系统的新一代人工智能技术。基于先进传感、物联网、大数据、云计算、区块链、深度学习等信息通信和人工智能技术，广泛采用智能设备、智能调度、智能交易，将有可能颠覆传统能源电力系统的设备管理、系统调度、能量管理和交易方式，开启全新的自动、自治、自主新模式，保证新一代能源电力系统的经济性和安全可靠性较传统系统有大幅度提高。

6. 建立全国统一的能源电力市场

加强电力市场与燃气市场、电力市场与碳交易市场的沟通协调，最终建立以电力市场为中心的全国统一能源电力市场。通过建立适当的市场交易机制实现可再生能源的充分消纳，并有助于引导能源电力建设(能源电源和传输系统)的合理布局。

参 考 文 献

[1] BP. 2020 Statistical Review of World Energy – 69th Edition. [EB/OL]. [2020-11-20]. https://www.bp.com/content/dam/bp/business-sites/en/global/corporate/pdfs/energy-economics/statistical-review/bp-stats-review-2020-full-report.pdf

[2] 中华人民共和国自然资源部. 中国矿产资源报告 2020[EB/OL]. [2020-10-22]. http://www.mnr.gov.cn/sj/sjfw/kc_19263/zgkczybg/202010/t20201022_2572964.html.

[3] 国家统计局. 中华人民共和国 2020 年国民经济和社会发展统计公报[EB/OL]. [2021-02-28]. http://www.stats.gov.cn/tjsj/zxfb/202102/t20210227_1814154.html.

[4] 中石油经济技术研究院. 2050 年世界与中国能源展望(2020 版)[EB/OL]. [2020-1225]. https://pdf.dfcfw.com/pdf/H3_AP202012251443823759_1.pdf?1608923532000.pdf.

[5] 清华大学建筑节能研究中心. 中国建筑节能年度发展研究报告 2020. 北京: 中国建筑工业出版社.

[6] 曲春风. 关于发展农村新能源扎实推进社会主义新农村建设的调查报告[J]. 现代农业, 2007(12): 71-73.

[7] 周孝信, 曾嵘, 高峰, 屈鲁. 能源互联网的发展现状与展望[J]. 中国科学:信息科学, 2017, 47(02): 149-170.

第 4 章　实现新一代能源系统目标的关键技术

4.1　关键技术概述

第三代电力系统是 100 多年来第一、二代电力系统的传承和发展，是新形势下推动能源转型发展的新一代电力系统，是新一代能源系统的核心组成部分。

实现新一代能源电力系统的发展目标，必须以技术创新为关键基础，尤其需要关注的几类可能带来全局性影响的技术方向：

(1) 高效低成本太阳能、风能发电技术。

(2) 高效低成本长寿命储能技术。

(3) 高可靠性低损耗电力电子技术。

(4) 高强度绝缘技术和超导输电技术。

(5) 可再生能源电制氢和电制燃气及其传输应用技术。

(6) 能源互联网和新一代人工智能技术。

以下分别对上述技术方向目前存在的问题及关键技术和未来技术愿景进行阐述。

4.2　高效低成本太阳能、风能发电技术

4.2.1　存在问题及关键技术

1. 风力发电

近年来，我国风电实现了快速技术进步，未来将继续保持快速发展的态势。目前，我国风力发电技术与国际先进水平仍有差距：缺少自主知识产权的风电机组设计工具软件系统，核心控制策略也未能完全掌握；基础原材料自主研发、关键零部件创新能力薄弱，制造过程中质量控制技术相对落后；以物联网、云计算、大数据等为基础的信息化和互联网技术在风能产业升级方面的技术研发刚起步，风电智能化运维水平在精细化与信息化方面有待提高；在基础理论、前沿技术、创新应用等方面缺乏公共服务平台支撑；我国海上风电直流换流平台研发起步较晚，需要突破换流平台的轻型化、防腐性和抗震性等问题。

发展新一代电力系统中风力发电的主要关键技术包括以下几个方面。

(1) 大型风力发电机组整机技术。研究大功率风电机组整机一体化优化设计

及轻量化设计技术；开展大功率机组叶片、载荷与先进传感控制集成一体化降载优化技术，大功率风电机组电气控制系统智能诊断、故障自恢复免维护技术，以及大功率陆上风电机组及关键部件绿色制造技术研发。

(2)大型风力发电机组控制技术。研究风电机组智能化控制技术、极端工况(覆冰、台风)下的载荷安全控制技术；研究风电机组变流器和变桨距控制系统等的模块化设计技术，中高压变流技术、新型变流器冷却技术；研制大型海上风电机组智能型整机控制系统、变流器及变桨距控制装备，并推广应用。

(3)海上风力发电技术。研究适用于我国的近远海风电场设计施工关键技术；研发远海及深海风电机组漂浮式基础；研究高可靠性传动链及关键部件设计、制造、测试技术；研究大型海上风电机组耐腐蚀性、可靠性设计方法、研究海上风电场施工建设和运维技术，研究大型海上风电集电系统及并网关键技术；研制自主知识产权的海上风电机组及其轴承和发电机等关键部件；研制台风、盐雾、高温、高湿度海洋环境下的风电机组内环境智能自适应性系统；研究大容量海上风电机组并网特性全工况地面测试技术。

(4)大型风电场监控系统技术。研究复杂地形、特殊环境条件下大型并网风电场的运行控制优化技术；研发基于物联网、大数据和云计算的风电场全寿命周期设计、控制和运维关键技术，建立基于云计算平台的风电场设计、监测、诊断及运维大数据综合分析平台；研究风电场综合智能化传感技术、风电场实时监测技术及海上风电场远程监控技术。

2. 光伏发电

近年来，无论是晶体硅的原料、生长和加工技术，还是太阳电池的结构设计、制造工艺等技术，乃至组件、辅料制备技术都取得了长足的进步。我国已掌握了晶体硅电池技术，高效晶体硅太阳电池生产技术水平和世界同步，形成了从晶体硅提纯、电池生产、组件封装、系统集成等完整的光伏产品制造产业链，产业规模全球第一，并初步掌握了碲化镉薄膜太阳能电池产业化生产技术，研发了具有自主知识产权的全套染料敏化太阳能电池关键技术和关键装备。但在其他新型产业化太阳能电池方面，我国基本以引进国外先进技术为主，重要的生产原料依赖进口，生产设备的自动化程度和可靠性有待提高，例如 HIT 电池、铜铟镓硒太阳能电池等。

在光伏逆变器领域，由原来集中式逆变器占据主导地位，逐步过渡至组串式逆变器与集中式逆变器平分市场。同时，集散式逆变器与直流 1500 伏逆变器也在市场上占据一席之地。目前，逆变器在多机并联运行方面尚存在保护盲区增大、动态响应时间增长、易发生并联谐振等问题。

发展新一代电力系统中光伏发电的主要关键技术包括以下几个方面。

(1) 高效、低成本晶体硅电池产业化关键技术。研发低成本晶体硅电池；研究HIT太阳电池、IBC电池产业示范线、IBC与HIT结合型的高效电池；研究高效太阳电池用配套电极浆料、封装材料及原材料制备等关键技术；研究高透太阳电池用玻璃制备技术。

(2) 其他类型的太阳电池产业化关键技术。研发碲化镉太阳电池、CIGS薄膜电池、硅薄膜电池等薄膜太阳电池产业化关键技术；研发高效率聚合物太阳能电池技术；研发铁电-半导体耦合电池、低成本钙钛矿电池、钙钛矿叠层电池、铜铟镓硒电池、碲化镉电池等新型高效太阳电池产业化关键技术。

(3) 光伏逆变器关键技术。研发更高效率、更高功率等级、更高直流电压、更智能化的逆变器；研发弱光发电的DC/DC变换器；研究适用于大型荒漠电站、荒山荒地、渔光互补、农光互补、分布式屋顶等应用场景的光伏逆变器技术；研究电网构建型光伏发电的逆变器协同优化控制技术；研究分布式光伏—储能一体化技术。

(4) 高能效、低成本智能光伏电站设计集成和运维技术。研制基于高电压直流母线的光伏电站系统集成技术研究及关键设备；针对不同地域、不同气候条件，研发光伏电站精细化设计软件及规范；研究光伏电站智能运维技术，包括无水（少水）自动清洗技术、自动红外巡航检测装置、专家诊断系统等。

3. 太阳能热发电

我国太阳能热发电起步较晚，太阳能热发电还处于技术研发与集成示范的产业化导入时期，主要面临着技术不成熟和发电成本高的难关。目前太阳能热发电形式有槽式、塔式、碟式、菲涅尔式四种，其技术现状以及存在的问题如下。

(1) 槽式太阳能热发电技术成熟，风险较低，有可借鉴的商业化运行经验。但其聚光比低、工作温度较低，工质流程长，散热损失大，效率提高和造价降低空间小，抗风沙能力弱。现有槽式热发电单机容量可达10～200MW，聚光比可达70～80，年均效率可达11%～16%。

(2) 塔式太阳能热发电聚光比大，工作温度高，工质流程短，散热损失小，具有较高光电转化效率，易于实现大容量和长时间储热。但其建设中需将聚光场和吸热器偶合集成，跟踪控制精度要求高。现有塔式热发电单机容量可达10～200MW，聚光比可达300～1500，年均效率可达7%～20%。

(3) 碟式太阳能热发电聚光比较大，发电效率高，场址要求低，建设灵活，相对周期短。但其聚光镜成本较高，核心设备斯特林机制造技术门槛高，故障率高，维护成本高，且难以实现大容量储能。目前碟式太阳能热发电单机容量可达0.003～0.05MW，聚光比可达1000～3000，年均效率可达12%～25%。

(4) 菲涅尔式太阳能热发电结构简单，镜面制造难度小，控制系统成本低，投资维护成本相对低。但其聚光比较小，光电效率低于槽式，占地面积大，工作温度较低，工质流程长，散热损失大。目前非涅尔式热发电单机容量可达 10～200MW，聚光比可达 50～100，年均效率可达 8%～13%。

我国太阳能热发电产业链中的核心技术有待突破。集热系统中的槽式太阳能聚光器、高温真空太阳集热管、储热系统等尚处于试验阶段。塔式集热系统定日镜/场的精密控制技术、高性能聚光集热器设计与制造的相关工艺，碟式斯特林发动机的设计制造技术均由国外大企业垄断。聚光镜镜面生产工艺上，产品弯曲精度和反射率要依靠国外先进的设备做保证。抛物镜面热弯工艺依靠国外。槽式真空集热管的制造技术国外实行技术封锁，即使用市场份额也很难换取其技术。这些关键技术和装备的研发和制造，直接关系着我国太阳能光热的产业化进程。同时，还缺乏太阳能热电站的系统集成技术、技术标准等。

太阳能热发电系统的光电转换效率是影响发电成本最重要的因素，为充分发挥太阳能热发电在新一代电力系统中的重要作用，需要进一步开展以下几个方面的工作。

(1) 研究高温、高效的系统工质。目前工程应用采用熔融盐/离子液体作为工作介质，介质工作温度范围 375～530℃，年均效率达 20%；采用空气、固体作为工作介质，介质工作温度范围达到 650℃以上，年均效率达 30%，是目前极具前景的太阳能热发电技术。

(2) 提高集热系统效率，降低成本。太阳能热发电系统一般由聚光集热环节、储热环节及发电环节 3 个子系统构成。储热环节及发电环节技术较为成熟，而集热环节在太阳能热发电系统建设成本中占有很大比例，其系统的优化、效率的提高及成本的降低是整个系统效率提高和成本降低的关键。

(3) 储热技术的发展。考虑到太阳能的间歇性，需要配置储热系统储存收集到的太阳能，储热是太阳能热发电系统实现输出稳定、提高系统调峰能力等优势的关键环节，因此高效低成本的储热系统成为太阳能热发电中的另一关键技术。

(4) 研究大型太阳能热电站系统集成应用技术。研究槽式、塔式等太阳能电站系统集成技术，实现气象条件与集热、储热、蒸汽发生与汽轮发电协同控制与调节技术；研究可复制、模块化的系统集成与集成控制技术，研究太阳能热电站参数优化方法。

(5) 研究超临界二氧化碳太阳能热发电技术。研究超临界二氧化碳与光热发电系统直接加热耦合方式，突破与聚光场耦合的非均匀能流下高温高可靠吸热气设计及二氧化碳高温储热方法；研究基于不同的耦合方式、不同的工作介质超临界二氧化碳光热发电系统不同配置方案、控制系统等；研究适用于超临界二氧化碳光热发电系统的高转速涡轮发电机。

4.2.2 技术愿景

风力发电方面，不断提高风电消纳水平和利用效率。到2035年，掌握大容量及新型风电机组及关键部件设计制造关键技术；研制15MW级及以上风电机组、100m级及以上风电叶片、15MW级及以上风电机组变流器；研制拥有自主知识产权的55MW及以上功率等级海上风电机组的控制系统产品，实现高可靠、低成本大容量风电机组批量制造。研发集成化的风电场监控系统，实现在线、实时的风电场运行状态监测系统的工程应用；突破海上风电关键零部件的防腐、一体化运输和安装技术，实现直流换流平台的小型化、高防腐性和高抗震性应用，研发海上风电远程监控系统。

光伏发电方面，提高太阳能电池转换效率，降低成本，提高可靠性，带动建筑集成光伏、农光互补等领域发展，解决光储一体化发电高成本问题。到2035年，实现低成本高效率太阳能电池、逆变器规模化生产，效率超过25%的高效晶体硅太阳电池实现产业化，HIT电池的国产化率达到85%以上；大幅度提高CIGS和碲化镉电池的效率，并建立具有完整自主知识产权生产线。掌握智能光伏电站设计和建造成套技术并实现电站效率达80%以上。

太阳能热发电方面，逐步推进太阳能热发电向高效率、高比例、高可靠、基础与调峰兼顾的方向发展。到2035年，融盐槽式热发电站成为槽式热发电市场主流技术，蓄热时长超过9h，可实现24h不间断发电；掌握100MW级槽式太阳能电站系统集成技术。高参数融盐塔式太阳能热发电站成为塔式热发电的主流技术，单机装机容量超过100MW，蓄热时长超过9h，实现24h不间断发电；以超临界二氧化碳、空气及粒子集热器为代表的第四代塔式太阳能热发电技术将逐步得到商业化应用；碟式太阳能斯特林机设计与制造实现商业化应用；实现以DSG技术为主的菲涅尔太阳能热发电的广泛应用。

4.3 高效低成本长寿命储能技术

4.3.1 存在问题及关键技术

储能作为多类型能源互补的中枢和纽带，助力实现电力系统的柔性连接，增强电力系统的灵活性，是新一代电力系统的重要支撑。在未来电力系统中，储能系统定义为电力与热能、化学能、机械能等能量之间的单向或双向存储与转换装置。围绕电力供应的电化学储能、储热等能源存储技术，将从根本上改变传统电网“源随荷动”的运行模式，成为保障电力系统供电可靠性、保障电力系统运行稳定性和辅助提升可再生能源消纳水平的重要手段。

我国应用相对比较广泛的电力储能技术为抽水蓄能、锂离子电池和铅炭电池等。目前还没有一种技术在效率、规模化程度、成本、安全、稳定性等各项指标上全面超过其他技术类型。储能系统只有不断提升技术性能并降低成本，才能实现储能在电力系统的商业化应用。未来 10 年内，扮演主力的电力储能本体仍是锂离子电池和铅炭电池，此外，高温钠电池、水系离子嵌入电池、液态金属电池的研发也将进一步深入。

我国储能发展总体处于应用推广期，工程应用逐渐以商业运营为主要目标，技术成熟度、成本和价格激励政策是影响大面积商业推广的关键因素，具体表现在以下几方面。

(1) 关键技术指标有待进一步突破。储能系统容量、转换效率、寿命等核心技术指标还有待进一步提高。

(2) 储能系统安全性亟待提升。储能单元自身存在安全风险、缺乏整体安全设计、在线预警和防护隔离技术不完善、缺乏有效的防火灭火措施等。

(3) 运行控制技术有待提升。随着储能系统规模增大及应用场景增多，设备单元数量增加和单体容量提升带来运行控制系统复杂性日益提高，运行工况和范围显著扩大，系统参数变化及内外部干扰增多；为满足大规模储能系统的运行需求，储能运行控制系统的快速性、灵活性、鲁棒性和安全性有待进一步提升。

(4) 运行维护技术尚不成熟。现阶段储能在电力系统的应用仍处于起步阶段，实际投运工程数量不多，运维过程中未能落实相关标准或规范，未建成相应的运行数据库，缺乏全生命周期健康状态评价和管理维护方法。

(5) 技术标准体系有待进一步完善。随着当前储能技术发展和应用需求，部分标准需要进一步修订完善，新型储能形式在电网中的应用控制、储能电站调度运行、安全防护、启动调试、检修等方面标准需要加快制定进程；此外，已发布的标准存在与实际应用脱节的现象，缺乏监管和执行机构。

当前，为适应新一代电力系统发展需求，储能领域亟待解决的关键问题在于提高储能器件的能量密度、功率密度、响应时间、储能效率、循环寿命、经济性、可靠性等，需在电池材料、制造工艺、系统集成及运行维护等方面进行技术攻关。

(1) 电化学储能电池材料技术，研发具备综合性能优、性价比高、成本低的新型长寿命电化学储能体系关键材料和本体制备技术，研究高能量密度型电化学新体系的材料体系和匹配技术。

(2) 储能及其系统特性评价技术，研究储能电池安全状态在线辨识与异常预警技术，建立适应各种储能类型发展的设备及并网测试能力。

(3) 储能系统运行调度、运维检修关键技术，计及电热管理的储能电池模块防热失控连锁反应阻断技术。

(4) 储热材料配方体系及改性技术，实现功率可控的蓄热材料、器件及易模块化扩展的大容量储热系统推广应用。

4.3.2 技术愿景

未来 20 年，储能系统将成为未来电力系统重要的灵活性调节资源，储能应用将呈现装机高比例化、布局泛在化、场景多样化、运行平台化等特征。本征安全、低成本、长寿命、高密度新型储能电池取得重大突破。结合物联网、智能感知和人工智能技术，构建可观、可测、可控的储能调控平台，充分实现各层级、泛在化、可共享的储能资源有序聚合和广域协同调控。在电源侧，基于储能与新能源相融合的多能互补，构建主动支撑型新能源电源体系；在负荷侧，以储能作为灵活性调节手段，聚合分布式电源、可调负荷、电动汽车等元素，构建应用新业态，实现新能源的有效消纳和终端能源的高效利用；在电网侧，作为重要的灵活调节资源为系统提供惯量支撑和一次调频功能，有效降低大功率缺额下电网频率失稳的风险。

4.4 高可靠性低损耗电力电子技术

4.4.1 存在问题及关键技术

目前，电力电子技术已广泛应用于电力系统中的发、输、配、用各个环节，用于实现能源转换和提升系统可控性，是支撑新一代电力系统灵活柔性运行的重要手段。但是，我国在电力电子的核心器件和装备等方面与国际先进水平仍有一定差距。

在电力电子器件方面，一是材料上存在基础机理研究不够深入、受制于国外的技术垄断问题；二是在工艺上还存在着制造复杂、难点众多等问题。在硅基材料上，已基本能够实现国产化，但是在长期可靠性和具体工艺上还存在少量缺陷；在碳化硅等宽禁带材料上，单晶生产、衬底与外延的基础理论仍然没有研究透彻，导致现在仍然基本依赖进口。在硅基电力电子器件方面，参数等级已经和国外比较接近，但是在设计工艺协同提升可靠性方面仍然有进步的空间。在碳化硅器件方面，设计、封装等方面仍有很多问题需要解决，与国外的参数差距较大，要进一步加大投入研发力度，推动器件的参数和可靠性提升。

柔性交直流输电技术和装备方面，我国在换流阀、换流变压器、新型换流器等方面的设计、制造和运维技术方面仍需加强，主要表现在换流变分接开关、直流海缆材料和附件、智能化换流站、新型换流拓扑等方面仍然有待实现自主研发。

发展新一代电力系统中的电力电子技术，重点包括电力电子器件、柔性交直流输电技术两个方面。

(1)高性能大容量电力电子器件技术。在电力电子器件方面，需要加强基础理论研究，进一步提升器件工艺制造水平，改善电气性能与可靠性，推动高压大容量硅基和碳化硅基电力电子器件的研发，实现在发电、输电、配用电等电力系统中的广泛应用。

(2)柔性交直流输电技术。重点开展高压直流抵御换相失败技术、智能化换流站技术、核心组部件、高压直流海底电缆、新型直流装备、多电压等级直流组网、低频输电等技术的研究，并逐步实现在大规模电网互联、海上风电并网等领域的推广应用。

4.4.2　技术愿景

高可靠性、大容量、低损耗是未来电力电子技术发展的总体目标。突破硅基和宽禁带电力电子器件关键技术，进一步提高电力电子器件的电气性能、强度与可靠性，降低其损耗，并广泛应用于可再生能源并网等领域，推动风能、太阳能等可再生能源的大规模开发和利用；突破新型柔性交直流输电技术研发，提高输电效率和可靠性，研发基于宽禁带电力电子器件的柔性交直流装置，具有更高功率体积比和更低损耗，给输电网、配电网和微电网带来革命性变化。

4.5　高强度绝缘技术和超导输电技术

4.5.1　存在问题及关键技术

1. 高强度绝缘技术

新型输配线路技术是我国各级电网发展的基础，是保障供电可靠性、实现低碳电能传输的重要途径和物理基石。高强度绝缘技术的发展可显著提高输变电设备工作性能，对保证电力系统的长期安全稳定运行具有重要的现实意义。

新一代电力系统中，为满足高电压、大容量、远距离的输电需求，推进分布式新能源发电并网、城市架空线入地和能源互联网建设，需要绝缘性能良好的电工材料提供支撑。目前，为节约输电走廊，特别是在市区和跨江线路(与大桥和隧道相结合)中，气体绝缘管道输电将被大量采用，需要研究气体绝缘输电管道的制造、应用和维护关键技术。此外，我国 500kV 及以上电压等级的电缆绝缘料、高端环氧树脂等材料仍缺乏自主生产能力。

高强度绝缘技术方向需要解决的核心关键技术主要有如下几方面。

(1)气体绝缘管道技术。获取气体绝缘特性，掌握各电压等级长距离、高可靠性 GIL 制造与安装技术，掌握高原、山区等特殊环境下工程设计及施工的环保技术，实现基于气体绝缘管道的城市综合管廊工程应用。

(2) 电缆用高强度绝缘材料。推进交联聚乙烯电缆料的国产化工作，实现交/直流 500kV 电缆料的稳定国产化；开发新型环保聚丙烯绝缘材料，通过接枝或共混改性方法增加材料韧性，克服低温抗冲击性能较差的缺点，研究聚丙烯电缆的生产工艺，尽早实现交/直流 500kV 的聚丙烯电缆自主生产。

(3) 高憎水性复合绝缘技术。开展硅橡胶材料配方和工艺研究，实现憎水性长效和持久，提高材料抗老化能力。加强硅橡胶等外绝缘材料老化试验方法和状态量化评估的研究，明确材料老化晚期状态的判据。推进包括线路悬式/柱式复合绝缘子、站用支柱绝缘子、套管等复合绝缘子在特高压交、直流输变电工程中的应用。

2. 超导输电技术

超导输电是利用处于超导态的超导体具有高密度无阻载流的能力，实现大容量的电力输送。国内目前在上海正在建设 35kV 国产公里级高温超导电缆示范工程，2020 年 10 月试拉试验成功，2021 年 11 月 3 日全线贯通。超导输电技术发展至今，正处在由试验示范向实际工程应用转变的关键阶段，在电缆性能、核心技术和经济性上仍有待进一步突破。超导输电技术将可能颠覆传统输电线路，成就新一代电力系统的输配电线路新形态。

在经济性方面，考虑到超导材料的价格高、必要的低温制冷辅机系统等因素，超导输电技术整体的经济性很难与常规技术竞争，这也是制约超导输电未来发展和产业化应用的重要因素之一。随着超导材料生产工艺与技术的进步、超导导线性能的提升，超导材料的性价比也将逐步得到改善。

在关键技术方面，应用于实际长距离、大容量输电，高温超导电缆单元之间的连接技术是重要瓶颈，制约了超导电缆长度的扩展，需要考虑到超导电缆运行环境的特殊性，在低温绝缘、真空绝热、超导焊接等方面开展研究。此外，大容量高可靠的低温制冷系统、在线监测与失超保护技术等也需更深入的研究。

在工程应用方面，国内有多家单位开展超导输电技术研究，但是主要以技术研究和实验室样机为主，实际并网运行的试验示范工程很少，积累的工程建设和运行维护经验相对较少。在高温超导输电工程规划技术、含超导电缆的系统分析、实用化施工敷设技术、检验检测标准、运行维护技术等多方面仍需开展进一步的研究。

超导输电发展需要解决的核心关键技术主要有以下四方面。

(1) 低成本、高性能的超导材料技术。研究超导转变机理及其性能表征方法，寻找具有更高临界转变温度、更大临界电流的新型超导材料；研究高温超导材料的成材工艺，突破高温超导线材临界电流、单线长度等方面的瓶颈与制约，提高成品率，最终实现低成本、高性能高温超导线材的产业化生产，为进一步推动超导输电技术的实用化奠定基础。

(2)超导输电关键技术。研究高效率、大容量、长寿命的新型工程化低温制冷技术，改善低温制冷辅机系统的性价比与可靠性；研究液氮低温条件下适用的新型绝缘材料与绝缘技术，掌握深冷、高温度梯度下耐高压绝缘结构设计方法与部件制造工艺；研究高温超导输电的监测保护及其与常规保护系统的协调运行技术。

(3)基于超导输电的能源管道技术。研究超导输电技术与液态燃料输送、储冷、储氢等多种技术相结合的新型拓扑原理与工作方式，实现更多的运行模式和应用方式创新，以应对未来电力系统在综合能源服务方面的多功能、多层次的技术需求。

(4)超导输电工程化应用技术。研究大容量高温超导输电线路的系统仿真、动态模拟和工程应用技术，实现示范工程的优化选点及其与常规电力系统的协调运行，通过示范工程建设及系统运维，制定工程建设与检测等方面的标准、规程和规范，推进超导输电技术的实用化进程。

4.5.2　技术愿景

高强度绝缘技术方面，未来发展的总体目标是提升输送容量，提高绝缘强度，降低损耗，实现环境友好和智能化。通过掌握高强度绝缘材料的关键技术，掌握核心制备工艺、开发高强度绝缘材料的专用生产线，研究和开发新型的大容量、可回收、高强度、环保型绝缘材料，实现高端绝缘材料如电缆料的国产化，满足我国新一代电力系统发展对高强度绝缘技术的需求。

超导输电技术方面，未来发展的总体目标是大容量、高效率、高可靠性、与常规电力系统良好的兼容性，以及提升技术经济性。高温超导输电技术的进步必将为新一代电力系统发展带来重大的技术变革。未来在解决大城市负荷中心大容量输电、大规模新能源发电直流汇集、山口峡谷等走廊紧张地区输电等现实问题方面，超导输电技术具有良好的应用前景。同时，结合超导输电技术的特殊性，突破液化天然气/液氢等新型工质冷却关键技术，使超导输电系统可以同时兼具输电、输送燃料、储冷、储氢等多种附加功能，构建全新的超导能源管道或超导能源枢纽，实现能源与资源的协调控制与优化配置。到 2035 年，超导材料制备技术成熟，价格降低，超导输电在经济性上具备与常规技术/装备竞争的基础，可实现多种功能与运行模式，在新能源基地、城市电网等场合得到广泛应用。

4.6 可再生能源电制氢和电制燃气及其传输应用技术

4.6.1 存在问题及关键技术

风电、光伏等可再生能源发电制氢，通过大规模储运环节，或再与CO_2(石化副产或火电厂碳捕集取得)合成甲烷、甲醇，实现较长时间尺度、较大容量的电能存储，并结合燃料电池发电、工业用氢等综合利用方式，促进大规模新能源消纳，是推动能源系统清洁低碳转型的重要手段。氢能产业已成为多个国家能源科技创新和产业支持的焦点，发达国家纷纷将氢能作为重要战略性技术，推动氢能成为未来能源系统的重要组成部分。

可再生能源电制氢和电制燃气及其传输应用技术需要整个产业链的贯通，加强氢能制备、储运、综合应用等各个环节的技术研发尤为重要。主流制氢技术方面，碱性电解水制氢技术相对成熟，投资成本相对较低，但后期运维较为复杂，安全性有待提高，质子交换膜电解水的灵活性调节性能良好，但成本相对较高；固体氧化物制氢效率最高，但技术尚不成熟；总体而言，目前大规模可再生能源制氢主要面临能量损失、电解池寿命、系统热管理等三类问题。在氢能储运方面，储氢材料的便捷性和耐压性仍有待进一步提升，化学储氢机理和高效催化剂合成需开展深入研究。氢能应用方面，组件成本和寿命是燃料电池应用的主要制约因素，同时需要进一步拓展氢与CO_2合成甲烷等多行业应用模式，推动能源资源高效利用及优化配置，促进电、气、交通等多行业耦合发展。

可再生能源电制氢和电制燃气及其传输应用技术方面，需要解决的核心关键技术主要有以下三方面。

(1)波动性可再生能源制氢及其电网互动运行技术。研究电解水制氢建模及参数优化技术，掌握功率波动下的电解制氢系统动态特性及其变化规律，研究计及氢电时变时滞特性的电解水制氢系统与电网互动稳定机理；突破宽功率、长寿命、低能耗千瓦级电解槽制备技术；研究大规模电解制氢系统优化及调控技术，实现可再生能源电制氢系统的宽范围稳定运行、灵活调控及能效提升，促进以风、光为主的可再生能源消纳，探索新型综合能源大规模传输及配置模式，助力我国能源转型和系统安全高效运行。

(2)多应用场景下的氢利用系统集成及应用技术。研发不同应用场景下的制氢—储氢—用氢联合优化能效提升与能量管理技术；研究面向高比例新能源接入场景下的电解水制氢技术经济性配置及商业模式；掌握适应宽功率波动的氢电混合储能协同控制技术；研究规模化氢利用系统入网检测标准及检测技术，提升电氢耦合系统安全监测及风险防护水平。

(3)融合 CO_2 捕集的可再生能源电制燃气相关技术。分析甲烷化装置的电化学反应机理及热力学动态特性，构建融合 CO_2 捕集及可再生能源电制氢合成甲烷的综合能源系统模型，开展多尺度过程耦合机理分析、协同规划及运行控制策略优化研究；研发电转燃气系统余热回收、梯级利用技术，提升综合能源利用效率；研究考虑电制燃气装置接入的气体输运网络压力响应特性，掌握电网与气网耦合效应与协同机制；借助可再生能源电制燃气及传输利用，提升系统灵活调节水平和多元资源配置能力，优化能源供需结构。

4.6.2　技术愿景

可再生能源电制氢和电制燃气及其传输应用技术方面，未来发展的总体目标是提升效率、降低成本和提高安全性。安全、高效、低成本氢能生产储运转化和应用技术的突破发展，将促进实现可再生能源发电、天然气管网和二氧化碳来源三者融合发展，共同成为我国终端能源体系的关键组成部分。在电源侧大规模可再生能源电解制氢，将有效平抑可再生能源的长周期波动性和间歇性，促进可再生能源消纳，缓解风能、太阳能等可再生能源大规模、高比例接入电网带来的巨大调峰压力；在能源输送环节，基于高压气态储氢、液态储氢和固态氢化物等多储存形式和管道、轮船、汽车多运输方式，结合电制燃气技术发展，逐步实现输氢、输天然气、输电等多元化能源配置系统，实现清洁能源的高效传输；在用户侧实施燃料电池车加氢和基于氢燃料电池的热电气综合系统，促进电网削峰填谷，实现电网与热网、气网、交通网等多类型能源网络互联，推进能源综合高效利用和“清洁替代”。

4.7　能源互联网和新一代人工智能技术

4.7.1　存在问题及关键技术

1. 能源互联网

能源互联网是实现新一代电力系统智能互动、开放共享的重要支撑技术之一，能源互联网的建设将实现横向电、气、热、可再生能源等“多源互补”，纵向“源—网—荷—储”各环节高度协调。目前，我国应用比较广泛的多能源管理技术为涵盖电、热、气、冷多种能源需求，以及天然气冷热电三联供、风电、光伏、储能等多种能量单元的微电网智能调控技术，而适应更大区域范围的多能调控技术仍处于前期发展阶段。在能源信息采集与传输技术方面，智能电表、SCADA 系统、电力光纤及无线通信已在电力系统中得到了广泛的应用。在能源信息挖掘与分析技术方面，大数据技术已被用于电网状态监测、设备检修维护及用户用电行为分析等多个领域，人工智能技术已在输电线路巡检、客服智能问答等领域实现推广应用。

我国能源互联网发展总体仍处于起步阶段，工程应用仍以试验示范为主要任务，仍不具备大规模商业化运行的条件，除建设成本较高和缺乏配套能源价格政策外，总体技术成熟度较低是重要的制约性因素，具体表现在以下几方面。

(1)多能源协调调控技术有待进一步突破。能源互联网涉及电、热、气、冷等多种能源,原有的各类能源运行控制技术已不能满足能源互联网横向“多能互补”、纵向“源—网—荷—储”协调的运行需求。

(2)信息物理融合技术尚不成熟。现阶段天然气、热力等网络的数据采集与通信设施不完善，多能源之间的通信互联与信息共享存在很大难度，尚未形成多能源信息融合、多网络信息融合、多主体信息融合的信息物理融合技术体系。

(3)能源信息采集与通信技术有待提升。能源互联网的协调运行与市场交易以各能量单元的实时运行与状态数据为基础，原有能源信息采集与通信技术已不能满足能源互联网实时监测、即时通信、开放共享的信息交互需求。

(4)能源大数据技术亟待提升。能源互联网运行将产生包括管网安全监控、经济运行、能源交易、电能计量等海量数据，现阶段这些繁杂的数据中包含的有用信息尚未被完全挖掘，能源大数据挖掘与应用技术有待进一步提高。

(5)能源互联网市场体系与新型业态亟待建立。我国能源互联网市场目前处于探索阶段，尚未形成市场化的能源价格，用户用能自主选择权有限，阻碍了以用户为中心的能源电力运营新型商业模式和业务业态的形成。

针对上述差距和不足，为充分发掘能源互联网在新一代电力系统中的支撑作用，需要在增强和提高能源互联网的多能源协调控制、信息物理融合、信息开放共享、市场化水平等，需在多能互补、能源信息集成分析、市场机制等方面进行技术攻关。具体包括以下几方面。

(1)多能流交换与路由技术。研究多能流能源交换与路由机制及方法，研制可实现多能流协同控制的能源路由器、能源交换机、能量网卡等关键设备，建立标准化的能源交换机与路由器系统架构与功能指标。

(2)能量信息化与信息物理融合技术。研究能量信息数字化处理技术、信息—能量耦合的统一建模技术及多元信息物理能源系统的网络协同控制技术，建立开放的信息物理能源融合技术接口标准。

(3)能源互联网信息通信技术。研究面向能源互联网的新型海量信息采集技术体系架构与高效传输处理核心技术，研发支撑大规模分布式电源和负荷计量、监测等功能的各类新型传感器件，建立能源互联网信息安全体系。

(4) 能源大数据及其应用技术。研究能源互联网多源数据集成融合与价值挖掘关键技术，能源大数据在引导政府决策、提升企业业务水平与服务质量以及创新能源产业商业模式等方面的支撑技术。

(5) 能源交易服务平台技术。设计能源结构生态化、产能用能一体化、资源配置高效化的全新市场架构，研究满足能源互联网各类功能的市场交易平台技术与基于能源互联网的金融服务技术。

2. 新一代人工智能技术

我国将人工智能应用于电力系统的研究于 20 世纪 80、90 年代即已经兴起，研究最为广泛的是专家系统和人工神经网络，主要应用于故障诊断、负荷预测等方面，但仍停留在研究探索阶段，鲜有成功的工程应用。

近年来，随着以深度学习为代表的新一代人工智能算法快速发展，以及硬件计算性能的几何增长，人工智能技术在电力系统的应用逐步进入到第二个阶段。与此同时，当前智能电网建设面临“双高”、“双峰”等问题的严峻考验，同时存在多能源融合、多网络融合和多主体融合需求，为了保障电力系统更清洁低碳、更安全高效的运行，提高电网的智慧性、柔韧性，解决不确定性带来的问题迫在眉睫。智能电网中采集的海量动态和稳态数据，以及用户电量数据、故障录波数据等其他数据，为人工智能和电网的结合提供了大数据基础。同时现代计算机硬件技术及边缘计算技术的快速发展为人工智能在新一代电力系统的应用提供了高性能的计算能力。

新一代电力人工智能的关键技术包括以下几个方面。

(1) 支撑电网全景感知的智能传感技术，针对电力领域对传感器抗电磁、抑干扰、耐高压、高可靠、强安全等特殊要求，研究智能感知、微源取能、边缘计算、物联网络等核心技术，重点突破光纤传感、MEMS 传感、传感通信一体化、泛在物联网、边缘智能等技术。

(2) 支撑能源互联网智能应用生态的人工智能平台技术。构建电力生产运行大数据和综合能源服务大数据驱动的人工智能应用支撑平台，整合人工智能研发基础数据资源、计算资源及运行框架资源，建设集成电力设备影像、电力业务语料等支撑上层业务的平台型、共享型数据库和模型库，实现资源统一调度和环境快速部署，支持数据处理、模型开发、训练优化和服务发布的全流程一站式服务，基于该平台开展人工智能相关研发工作，形成能源互联网智能应用生态。

(3) 支撑坚强智能电网和智慧能源服务的前沿机器学习技术。基于智能电网运行数据及电力物联网感知数据驱动，针对新一代电力系统安全稳定运行、大电网故障感知与辨识、可再生能源消纳、新型负荷智能感知与互动、电力资产运维管理、电力市场等智慧能源应用场景，开展前沿机器学习技术研究，重点研究数据知识融合驱动的建模技术，基于不对称信息交互博弈的群体智能技术，基于深度强化学习及人机混合智能的复杂系统决策控制技术等。

(4)支撑电网无人化高效运维及综合能源服务的智能机器人技术。以实现电力机器人的自主和智能化操作、服务为目标，重点突破人工智能算法封装、机器人自主识别、自主行为、自主学习和人机交互、协作等核心技术，开展调度机器人、巡检机器人、营业服务机器人等集成载体研发和业务应用。

4.7.2　技术愿景

能源互联网方面，以能源与信息深度融合为技术发展的总体目标，预计 2035 年，将初步实现能源互联网的商业化运行，实现由大量分布式能量采集装置、分布式能量储存装置和各类型负载构成的新型电力网络、石油网络、天然气网络等能源节点的互联，以电力系统为纽带，利用互联网思维和技术改造能源产业，形成“横向多能互补、纵向源—网—荷—储协调”、能源与信息高度融合的新型能源供用体系。在市场交易方面，将建成支持电、热、气、冷等多类型能源的能源互联网综合交易平台，分散化的微平衡将取代传统的整体平衡成为最主要的交易模式，分布式能源、分布式储能主体与工业大用户及个人、家庭级微小用能主体间的可实现点对点实时自主交易。依托“大云物移智”等先进信息通信技术，实现各类能源资源统筹发展，加强能源系统中“物—物”、“人—物”互联互通，促进能源需求侧实现多元化、低碳化、清洁化、综合化转型，通过向用户提供便捷互动的能源电力服务，助力能源市场化和相关产业发展，推动人民生活质量提升。

新一代人工智能方面，人工智能技术将逐步成为解决复杂电力系统问题的有力措施，成为推动电力系统演进的有效工具。将人工智能技术引入新一代电力系统，在电网安全与控制、输变电、配用电、新能源、企业经营管理等各领域，建成成熟可靠的新一代人工智能应用系统。突破人工智能基础算法及智能优化技术，为电网实际业务应用提供技术支撑；实现电力人工智能专用芯片及边缘计算设备，打通数据采集、模型训练、实验验证等环节壁垒，提供人工智能公共服务，支撑电力智能机器人技术综合应用；构建电网全信息数据模型，实现基于多源信息数据模型的跨领域综合数据分析应用；形成自主可控的电力人工智能支撑平台，全面支撑电力系统中的数值仿真、优化决策、预报预测等分析计算密集型应用。全面提升电力系统的智能化水平，有效提高系统运行安全性，节约能源生产成本，提高能源利用效率。

4.8 小　　结

为实现新一代能源系统目标，需要关注上述6个可能带来全局性影响的技术方向，这些技术的推广应用，塑造了新一代能源系统的以高比例可再生能源供电、大量电力电子设备接入为突出特征的新形态，实现多能互补的综合能源电力系统，而ICT技术与能源技术深度融合造就了未来能源系统的智能化和高性能水平。

第 5 章　实现新一代能源系统目标的政策措施建议

为实现新一代能源系统目标，提出政策和技术两方面的建议。

1. 政策建议

建议 1：在全民开展“绿色发展方式和生活方式”宣传教育，落实相关政策措施。

党的“十九大”报告指出：要“实行最严格的生态环境保护制度，形成绿色发展方式和生活方式，坚定走生产发展、生活富裕、生态良好的文明发展道路，建设美丽中国，为人民创造良好生产生活环境，为全球生态安全做出贡献”。“绿色发展方式和生活方式”涉及方方面面，这里仅就能源电力生产和消费方面建议如下。

(1) 大力宣传和促进“绿色生活方式”。提倡有能力的单位和居民购买“绿电”；研究制定相应的政策措施，鼓励集体和个人投资分布式光伏等清洁能源发电。

(2) 实施“绿色电价”制度。在消费电价中，适度增加新能源发展基金的加价份额，减少或取消工商业对居民用电的交叉补贴。居民的低电价是我国早期低工资制度的产物，早已不合国情，也造成用电浪费。“绿色电价”的实施，将保证新能源补贴费用的及时发放，促进能源绿色发展；抑制电力高消费，有利于节能节电和多能互补措施提高能效；降低工商业电价，有利提高我国产品和经济的竞争力。对低收入阶层居民用电给予补贴，不增加用电消费负担。

(3) 进一步放开天然气市场。天然气作为碳排放较低的清洁能源，是能源转型过渡期替代高碳排放能源的优质能源，理应在我国新一代能源系统特别是面向用户的综合能源系统中发挥重要的作用，但由于我国天然气供应和储备能力不足、价格高经济性差，极大地限制了其推广应用范围。建议加快国内天然气开发进度，放开液化天然气进口市场，以市场化为导向加速我国天然气生产供应体制改革。

建议 2：推动高耗能工业企业强化节能和多能互补措施实施。

本书研究结果表明，终端消费能源利用效率提高对能源系统整体效率贡献最大。建议对这些企业的各类用能现状做深入调查，提出采取相应技术措施和政策鼓励措施的建议。已有的研究表明，在大型企业内部实现煤、气、电多能互补综合能源、余热梯级利用最为有效，而包括促进各能源部门合作共赢以及金融、税收等政策措施需通过进一步深入调研制定。

建议 3：推动我国中部地区居民夏季冬季空调供暖的清洁高效发展，满足城乡居民日益增长的提高居住舒适度需求。

在国家重点解决北方地区冬季供暖的清洁化、高效化同时，要因地制宜，集成先进技术，制定相应鼓励政策，在我国广大中部地区推广应用分户或集中的空气源、地源热泵配合光热、储热等高效清洁空调、供暖系统，有条件的地区还可与分布式光伏发电相配合。改变依靠单一传统空调，致使夏季电力负荷高度集中、冬季舒适度差、能效低的现状，满足城乡居民对美好生活的追求。

建议 4：加大“统一、开放、竞争、有序、协调”的新一代能源市场体系的建设力度，为建设我国新一代能源系统提供市场机制的支持。

(1) 近期层面，我国正积极推动新一轮电力体制改革，目前，多地区已试行电力现货市场及可再生能源绿色证书交易，但仍处于初步阶段，缺乏有机协调；同时，电、气、油、热等市场的管理仍然条块分割，缺乏综合统筹。为此建议继续深化电力体制改革，实现电力中长期交易与现货交易的协调运作，积极推动可再生能源绿色证书、碳排放权等新型交易方式；开放社会资本准入，建立多方参股的综合能源企业投资与运营企业，积极建立综合能源服务，以推动能源企业参与新一代能源市场发展，为用户提供高效的综合能源服务。

(2) 中长期层面，目前，我国公用事业的价格机制仍有欠缺，能源法、电力法等法律法规尚不完善，也尚未有开放、共享的能源数据平台，无法真正实现电、气、油、热等多能源市场的有机协调协同管理。为此，建议从价格机制、法律法规和信息数据层面建立长效、合理的机制，加快完善公用事业和公共服务的价格机制，推动能源法、电力法等法律法规修编，建立能源市场数据共享平台，实现电、气、油、热等多能源市场的有机协调和协同管理。促进新一代综合能源市场的公平公正和健康发展。

2. 技术研发方面的措施建议

建议 1：加大关键技术和装备的研发和产业化力度，为建设我国新一代能源系统提供技术支持。

(1) 基于宽禁带半导体的新一代电力电子材料、元器件和电力电子装备技术和装备。随着可再生能源的广泛接入电网，新一代电力系统将以高比例电力电子装备为显著特征。基于宽禁带半导体的新一代电力电子装备具有耐高温、高电压及过载能力强、可靠性高的特点，目前国内外均处于研发和小批量生产阶段，为此建议国内加大碳化硅等新一代电力电子材料、器件和装置的研究开发力度，推动新一代电力系统和智能电网的转型发展。

(2) 用于分布式能源的燃气轮机电源和能源综合利用技术和装备。我国分布式能源装备基础较为薄弱，特别是利用天然气发电并实现余热利用的中小型燃气轮机主要依赖进口，相关技术被欧美发达国家垄断，建议加大研究开发力度，支持天然气分布式能源的发展。

(3) 小型安全高效核电及其能源综合利用技术和装备。小型核能反应堆是一种可应用于不同需求和条件的新型核能系统，代表着核能应用新的发展方向。建议我国积极开发小型化安全核电技术，推进沿海地区及海洋开发中小型核堆发电及供热的综合利用。

建议 2：积极利用我国西部水电、风电、太阳能发电资源开展氢能的制备、储存、转化和运输全链条相关技术研发及示范应用。

我国西部水能、风能、太阳能资源丰富，长远看依然是我国新一代能源系统中满足全国能源需求的重要能源基地。本书第 2 章 2050 年的情景分析表明，2050 年全国水电、风电、太阳能发电等可再生能源发电装机总容量达到 41.59 亿 kW，其中约 20 亿 kW 以上要在我国西部采用集中模式开发。如此大量的电能向中东部电力负荷中心传输是未来输电系统所无法承受的。为此除向东部输电和就地发展高耗能产业外，可通过大力发展可再生能源电解水制氢并进一步将绿氢转化为气体/液体燃料，在试点示范的基础上实现产业化，逐步实现输电和输送绿色清洁燃料并举的“西能东输”远景目标。建议如下：

(1) 发展高效低成本可再生能源电力规模化制氢技术。电解水制氢既能生产绿氢产品，其生产过程较大范围的灵活性调节能力，也有利于电力系统高比例可再生能源的消纳。

(2) 发展安全高效的氢能储运和燃料电池、氢燃气轮机等装备和技术，推动绿氢在发电、交通、建筑、工业领域应用，成为能源供应绿色转型的重要举措。

(3) 与能源化工技术融合，发展绿氢转化技术和产业。如利用可再生能源电解水生产的绿氢与燃煤电厂为实现低碳转型捕集的 CO_2 合成，规模化生产便于运输储存的甲烷、甲醇以及与空气中氮合成生产的氨等气体/液体燃料和化工原料。其产品既能替代石油、天然气等化石能源，又可作为未来高比例可再生能源电力系统应对中长周期能源电力供需不平衡的储能介质。

建议 3：建立高比例可再生能源示范省区、示范城市。

为验证高比例可再生能源未来能源电力发展场景的可行性并探索技术，建议设立 100 万人口城市级的能源电力转型示范和省区级高比例可再生能源示范，调动更大范围地方政府能源转型、推动能源体制革命的积极性，克服各种能源条块分割的体制壁垒，加快能源转型步伐。并在中小规模城市探索 100%可再生能源电力系统的可行性及其示范工程。选择风、光、水资源丰富且电网基础条件良好的中小规模城市，开展 100%可再生能源电力系统的可行性论证及示范工程建设，探索未来能源新业态的形态及运作机制。

建议 4：发展高效、低成本、长寿命储能技术和产品并实现广泛应用。

高比例可再生能源是未来电力系统的显著特点。各类储能（储电、储热、储氢）装置可适用于电网和用户平抑可再生能源出力的波动性和间歇性，满足分布式能源供电供能的稳定性和经济性需求，支持电动汽车的发展。为促进储能技术发展和应用，建议如下。

(1)加强未成熟产品前期研发、应用系统开发、示范工程全链条的研究。加强储能基础研究，重点支持高能量密度、低成本的先进电池储能材料（例如石墨烯）的开发，以及提高安全性和减小负面环境影响等方面的研究。积极开展工程示范和商业化前期支持工作，着力建设大规模、高性能、高可靠性的储能系统工程示范；为新商业模式下早期的市场主体提供财政支持，使新兴储能技术及相应的运营方式能够迅速走向市场发挥其作用。

(2)加强储能电站运营监管、完善储能应用的市场机制。制定完善的定价和补偿策略，以提高储能参加系统调节、提供辅助服务等的收益；对用户侧分布式储能进行经济补偿；建立完善的中短期电力市场机制，提高市场开放程度，鼓励竞争和新兴市场模式；引入民间资本投资储能建设，简化新型大型存储系统的融资过程。

建议 5：积极推动燃煤电厂 CCUS 技术从示范和实验走向规模化产业应用。

燃煤电厂是我国碳排放量最高的细分行业且远超其他行业，燃煤电厂加装 CO_2 捕获、利用和封存技术（carbon capture, utilization and storage，CCUS）可以捕获 90%的碳排放量，使其变为一种相对低碳的发电技术。CCUS 技术的部署有助于充分利用现有的煤电机组，适当保留煤电产能，满足电力系统灵活性需求。随着国内外对气候变化理解和谈判形势的改变，现役先进煤电机组结合 CCUS 技术实现低碳化利用改造已成为国内外关注焦点，亟需对其技术发展趋势进行系统研判，统筹考虑发展路径，建议如下。

(1)积极推动“煤电机组+CCUS”各环节技术的升级研发和集成，加速其规模化商业应用进程。燃烧后捕集技术是目前最成熟的捕集技术，可用于大部分火电厂的脱碳改造；富氧燃烧技术产生的 CO_2 浓度较高（约 90%～95%）从而更易于捕获，可用于新建燃煤电厂和部分改造后的火电厂。因此，亟需提高“煤电机组+CCUS”全链条技术单元之间的兼容与集成优化，加快突破大规模 CCUS 全流程示范的相关技术瓶颈，加速其规模化商业应用进程。

(2)明确面向碳中和目标的燃煤电厂结合 CCUS 技术的发展路径，及时开展大幅降低 CCUS 能耗与成本的研究与示范。CO_2 捕集过程的成本和能耗占 CCS 全环节成本和能耗的 70%～80%，是 CCS 的关键环节和研发焦点。为此，研发低能耗

和低成本的 CO_2 捕集技术是 CCUS 技术发展的突破口。

(3)推动建立燃煤电厂加装 CCUS 的技术适用性行业标准和国家标准,为释放 CCUS 减排潜力提供保障。技术标准是除了成本之外，影响现役煤电机组加装 CCUS 的另一个主要因素。建议尽快出台技术适用性标准，明确一个电厂是否可以成为 CCUS 改造候选电厂的技术规范，明确 CCUS 实施年份、机组容量、剩余服役年限、机组负荷率、捕集率设定、谷值/峰值等具体技术指标的有效范围。